一群人
一輩子
一件事
中國服務

丁酉秋
王忠友

中国服务理论体系

杨秀龙　崔立新◎著

北京理工大学出版社
BEIJING INSTITUTE OF TECHNOLOGY PRESS

图书在版编目（ＣＩＰ）数据

中国服务理论体系／杨秀龙，崔立新著．—北京：北京理工大学出版社，
2017.11（2024.5 重印）

ISBN 978 − 7 − 5682 − 4925 − 6

Ⅰ．①中…　Ⅱ．①杨…　②崔…　Ⅲ．①饮食业 − 商业服务 − 研究 − 中国
Ⅳ．①F719.3

中国版本图书馆 CIP 数据核字（2017）第 253223 号

责任编辑：梁铜华　　　文案编辑：梁铜华
责任校对：周瑞红　　　责任印制：李志强

出版发行 ／ 北京理工大学出版社有限责任公司
社　　址 ／ 北京市丰台区四合庄路 6 号
邮　　编 ／ 100070
电　　话 ／ （010）68944439（学术售后服务热线）
网　　址 ／ http://www.bitpress.com.cn

版 印 次 ／ 2024 年 5 月第 1 版第 4 次印刷
印　　刷 ／ 唐山富达印务有限公司
开　　本 ／ 710 mm × 1000 mm　1/16
印　　张 ／ 24
字　　数 ／ 316 千字
定　　价 ／ 98.00 元

亲爱的家人们：

你们好！

你我就像天上的一朵朵雪花，本来互不相识，飘飘洒洒落到人间，落在一个叫北京宴的地方，化成了水、结成了冰，便凝聚在了一起，组成了北京宴这个大家庭，我们就成了一家人，这就是我们的缘分。今天我们相聚在一起，投身北京宴的事业，我相信我们从事的是一份神圣的工作，未来的十年，必将是我们为之骄傲、为之自豪、为之奋斗的十年。

长久以来，一代代服务人为服务事业的发展付出了自己的青春，满腔的热情却没有赢得应有的社会地位和尊敬，这不是社会的错，而是我们还没有把服务业打造成让大家值得尊敬的行业，我们北京宴人的存在就是要用我们自己的行动来建立一种模式，推动整个服务业的发展，赢得整个社会对服务行业的尊敬，进而将北京宴所倡导的中国服务理念推广到全行业，影响整个时代。

我们的使命是：打造中国宴会文化一流品牌；创造北京宴亲情的家和文化；建立科学和艺术的管理模式；造就中国服务人才孵化基地。

北京宴的使命是神圣而又伟大的，她的出身已经注定了她的不平凡，我们北京宴这一群人，一辈子，一件事，中国服务，就是要为实现这一神圣使命而奋斗。

为此，我们必须在北京宴营造以下三个特别的环境：北京宴是一支部队——要求严格，强调服从，纪律严明，作风顽强，有战斗力；北京宴是一所学校——以育人为己任，让员工受到良好的培养和训练，让每个人都成为社会的有用之才；北京宴是一个家庭——大家互相关爱，相互帮助，和谐相处，分享工作的乐趣和生活的温暖。通过营造这三个特别的环境，把每一位家人培养成具有鲜明特质的北京宴人：意识超前、品质高尚、作风顽强、业务过硬；在每一个北京宴人身上都注入成功人士所必须具备的五大基因——有远见和理想抱负、有认知能力和表达能力、有应变能力、有坚定的信念、有创造性且敢于负责任；作为北京宴人，我们必须牢记，人可以不伟大，也可以不辉煌，但绝不可以不成功！

我们今天的地位，是由什么来决定的呢？是由若干年来我们自己的付出所决定的。十年后，我们的地位又将由什么来决定呢？将由今后十年中我们自己的付出来决定，我们今天的工作就是在书写我们自己将来的历史。我坚信，只要时刻开心地专注当下，我们就一定可以改变，只要我们变了，整个世界也会因我们而变。

北京宴是股东为我们大家搭建的舞台，作为业内资深的人士，北京宴凝聚着他们多少年来的心血和期望，也是我们大家实现梦想的舞台。我们将创造一个公平、公正、公开的工作环境，如果能让所有的家人通过自身的努力，用自己的双手来改变自己的命运，实现自己的梦想，进而改变整个家族的命运，那将是北京宴存在的最大价值。

北京宴的家人们，让我们一起行动起来，怀着感恩的心，感恩我们伟大的祖国、繁荣的社会、慈祥的父母、奋发的企业、勤奋的老板、光临的顾客，制心一处、精勤不断，顺势明道、守正助人，众合力、心联盟、共铸中国服务长城！

北京宴总经理

杨秀龙

2011年9月1日

当今世界，技术日新月异，经济形势瞬息万变，中国在世界经济舞台上扮演了越来越重要的角色，中国服务理念的提出及理论体系的构建，恰逢其时！

中国服务理念的推广，不仅是发展我国实体经济的需要，也是推动供给侧结构改革、调整我国经济结构、提高国际竞争力的需要，中国服务理论体系的全面构建需要成千上万个像北京宴这样的企业来践行和推动。

作为一名在服务下级教学科研一线奋战整二十载的普通一员，我愿意抖擞精神，继续推动中国服务的发展。

北京理工大学管理与经济学院

崔立新

　　从20世纪80年代开始，全球产业结构呈现"工业型经济"向"服务型经济"转型的总趋势。人类正从工业社会向服务社会过渡，"服务经济"将成为21世纪经济的主导。我国自2012年制造业与服务业产值占比持平后，2015年服务业在国内生产总值中占比首次超过50%，依照国际公认定义，我国已进入服务经济时期。

　　与世界其他国家相比，中国服务最大的优势是具有世界上最多的人口、最大的市场以及历史悠久的中国文化。

　　中国服务是以现代科学技术特别是信息技术为支撑，建立在新的商业模式、服务流程和管理理念基础上，融合中国几千年文化资源的新兴服务理念。中国服务理念将是统领21世纪世界经济的先进的、科学的理论纲要。中国服务理念将不仅引领农业服务化、制造业服务化，还将引领包括新服务业态、改造提升的传统服务业等所有服务业的发展。

　　中国服务恰逢其时。

　　技术催生中国服务：现代技术的日新月异，制造业与服务业的差异逐渐缩小，中国服务理念将有效指导制造业服务化、传统服务业升级、新型服务业态创新。

世界需要中国服务：中国经济在国际经济舞台上的作用逐渐增大，中国服务在充分吸收全球服务理论和实践创新的基础上，融合中国文化，推进服务理论和实践的创新，提升全球资源配置能力。"一带一路"中国需要请出的不仅是高铁、基建等硬实力，更多的是代表中国文化的软实力，而中国服务恰恰就是中国文化软实力的最好代表。

中国需要中国服务：改革开放40多年来，中国经济经历了跨越式发展，粗放式发展急需向集约式发展转型，产业结构急需优化，供给侧改革开始实施，精准满足顾客需求的中国服务适应潮流而生。

民生需要中国服务：随着人民生活水平的提高，顾客感知服务质量的需求不断上升，结合亲情家和文化、基于顾客感知角度的中国服务理念应运而生。同时，服务业是吸纳大量劳动力、促进就业的重要渠道，中国服务必将助力改善民生。

政府需要中国服务：我国医疗卫生、人力资源与社会保障、教育培训等社会公共服务还存在基本公共服务不均等化、政府公共产品供给不足等许多亟待解决的问题，严重制约了"以人为本"的服务型政府建设。中国服务有助于强化社会公共服务，推动服务型政府建设。

中国服务顺应时代潮流，响应环境需求，融合中国文化精髓，运用现代科学技术，构建规范化、标准化、程序化基础上的亲情化、个性化服务。

作为世界三大菜系之一的中国烹饪，是中国文化的重要组成部分，又称中华食文化。餐饮服务作为中国文化的传承和传播者，具有历史悠久、技术精湛、品类丰富、流派众多、风格独特的特点，是中国烹饪数千年发展的结晶，在世界上享有盛誉。因此，我们把餐饮服务作为中国服务研究的切入点。

北京宴把中国文化的核心之———家和亲情文化融合到餐饮服务中，是中国服务的实践创新者。我们可以通过剖析北京宴，凝练其实践创新，打造中国服务理论体系。首先，界定服务的内涵和外延，认为服务是为他人做事情，做他人需要的事情；认为没有给顾客留下美好回忆和可以流传故事的服务是零服务。其次，以中国服务的设计、生产、控制、反馈四大组成部分为理论框架，结合服务蓝图、关键时刻（The Moments of Truth）、交互质量模型等理论，梳理凝练北京宴"顾客四个基本需求""十八字真经""五块糖""七个哇"等实践创新，构建中国服务理论体系。最后，运用体验经济、GAP差距模型等理论，建立中国服务体验和中国服务可持续提升模型。

本书是北京宴总经理杨秀龙数十年实践经验和北京理工大学管理与经济学院崔立新副教授二十年理论研究结合的结晶。本书在编写过程中得到了来自理论界和业界专家的指导和建议，在此谨代表我们编写团队向各位专家表示真诚的感谢。本书的编写团队更是团结一心、众志成城，肩负巨大的使命，精益求精地完成本书的资料收集、整理、编写和校对工作。杨秀龙和崔立新负责整体框架构建；崔立新负责第一章、第二章、第三章的编写以及全书统稿；赵晓磊、孙洪涛负责第四章编写、第九章校对；裴凯程、陈奎义负责第六章编写、第五章校对；黄雷、蔡文轩负责第七章编写、第八章校对；任烜毅、路敏负责第九章编写、第四章校对；黄雷、张娇娇、任烜毅、赵晓磊、裴凯程、刘飞扬负责第五章编写；史冬莉负责第六章的校对；凌建负责整体协调；2024年5月，冯睿负责中国服务理论体系整体修正及稿件修改。

本书首创中国服务理论体系，具有重大的理论和实践意义，即在推动国内外服务管理理论的同时，改善目前世界范围内面临的严峻的经济形势。

由于能力和时间有限，本书肯定还存有不完美之处，请各位读者批评指正。

北京理工大学管理与经济学院

崔立新

北京宴总经理

杨秀龙

第四节 想到，说到，做到（外部营销和实际服务的差距）

第五节 把让顾客惊喜当成习惯（顾客期望和实际感受的差距）

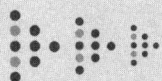 第一章　引言

第一节　中国服务恰逢其时（纵向历史分析）

　　根据人类社会经济形态的演变规律，我国在经历了中国农业、中国制造之后，即将迎来中国服务。

一、中国农业

　　中国农业发生于新石器时代。中国的黄河流域、长江流域，是世界农业起源地之一。在长达八九千年的发展过程中，中国农业曾经有过许多领先于世界的发明创造，但也经历过漫长的停滞时期。近代帝国主义的入侵使中国沦为半封建半殖民地社会，农业日益落后于发达的资本主义国家，传统"男耕女织"的自然经济结构开始解体。中华人民共和国成立后，半封建半殖民地制度的废除和社会主义制度的建立，使中国农村经济得到了迅速的恢复和发展，中国农业才结束了停滞的历史，进入了发展较快的新时期。农业生产条件和生产技术显著改善，产量水平迅速提高。在1949—1969年的国内生产总值中，农业产值一直占据首位（如表1-1所示）。中国以仅仅相当于世界7%的耕地养活了几乎占世界五分之一的人口，中国农业取得了巨大的成就。改革开放以来，我国农业教育与科技事业也蓬勃发展，极大地促进了我国农业生产力的提高。据中国农科院数据，我国农业总产量中科技进步的贡献率由1972—1980年的27%提升到1981—1985年的30%~40%，2015年，中国农业科技进步贡献率超过56%。在知识经济迅猛发展的今天,科学技术作为第一生产力在中国农业现代化建设中将发挥越来越大的作用。

表1-1　1952—1979年农业占GDP比重变化表（部分）　　　　%

年份	1952	1955	1957	1961	1963	1965	1967	1968	1969	1970	1971	1979
农业	50.5	46.2	40.1	35.8	39.8	37.5	39.8	41.5	37.5	34.8	33.7	30.4
制造业	20.8	24.3	29.6	31.9	33.1	35.1	33.9	31.3	35.4	40.3	41.9	47.2
服务业	28.7	29.5	30.3	32.3	27.1	27.4	26.3	27.2	27.1	24.9	24.4	22.4

数据来源：根据http：//data.stats.gov.cn/easyquery.htm？cn=C01整理

二、中国制造

中国制造是世界上认知度最高的标签之一,因为快速发展的中国和它庞大的工业制造体系,这个标签可以在广泛的商品上找到,从服装到电子产品。中国制造是一个全方位的商品,它不仅包括物质成分,也包括文化成分和人文内涵。中国制造在进行物质产品出口的同时,也将人文文化和国内的商业文明连带出口到国外。中国制造的商品在世界各地都有分布。如表1-2所示,从1970年中国制造业产值超过农业产值后,到2015年,中国制造业在国内生产总值中一直占据主导地位,保持相对稳定状态（在40%上下波动）。特别是经过改革开放后40多年的发展,我国已发展成为世界第一制造业大国,很多工业品产量居世界第一位,一些产品产量甚至比世界其他国家生产的总和还要多。

但是,在国际产业价值链中,我国制造业处于所谓的"微笑曲线"的底部,主要从事技术含量低、附加值低的"制造—加工—组装"中低端环节,在附加值较高的研发、设计、工程承包、营销、售后服务等环节缺乏竞争力，在消耗大量国内资源和排放大量污染物的同时，所获利益却很少。

"中国制造2025"是在全面评估第三次工业革命对中国制造业的可能影响情况下制定的。这场以智能化、数字化、信息化技术为基础，以大规模订制和个性化制造为特点的第三次工业革命，必将是制造业和现代服务业的深度融合，从根本上解决传统制造技术下新产品开发周期、产能利用、生产成本、产品性能、个性化需求等关键产品维度之间的冲突，实现生产制造的综合优化和产品及服务质量的大幅提升。

表1-2 1970—2015年工业占GDP比重变化表（部分）   %

年份	1970	1972	1979	1985	1990	1993	1997	2000	2005	2012	2014	2015
农业	34.8	32.4	30.4	27.9	26.6	19.3	17.9	14.7	11.6	9.4	9.1	9.0
制造业	40.3	42.8	47.2	42.7	41.0	46.2	47.1	45.5	47.0	45.3	43.1	40.5
服务业	24.9	24.8	22.4	29.4	32.4	34.5	35.0	39.8	41.4	45.3	47.8	50.5

数据来源：根据http://data.stats.gov.cn/easyquery.htm？cn=C01整理

三、中国服务

自20世纪80年代开始，全球产业结构呈现"工业型经济"向"服务型经济"转型的总趋势。人类正从工业社会向服务社会过渡，"服务经济"将成为21世纪经济的主导。

在中国，从2010年开始，中国高科技、创新型产业大发展，包括现代服务业、生产性服务业和消费服务业大发展，服务业所占的比重不断加大，并上升为国民经济主导产业。从表1-2可以看到，2012年制造业与服务业产值占比持平后，服务业产值开始超过制造业，占据首位，2015年服务业在国内生产总值中占比首次超过50%，依照国际公认定义，我国已进入服务经济时期。

　　我国产业结构变化与工业化发展一般规律是相符的。工业化发展导致三次产业结构变化的一般规律是：随着经济发展，第二产业在超过第一产业后，占据主导地位，之后，由于第三产业的发展，又被第三产业所超过的一个过程，即产业结构呈现由"一二三"（中国农业阶段）到"二一三""二三一"（中国制造阶段），最终到"三二一"（中国服务阶段）的变化过程。

　　与世界其他国家相比，中国服务最大的优势是具有世界上最多的人口、最大的市场以及历史悠久的中国文化。

　　中国服务是以现代科学技术特别是信息技术为支撑，建立在新的商业模式、服务流程和管理理念基础上，融合中国几千年文化资源的新兴服务理念。中国服务理念将是统领21世纪世界经济的先进的、科学的理论纲要。中国服务理念将不仅引领农业服务化、制造业服务化，还会引领包括新服务业态、改造提升的传统服务业等所有服务业。

　　中国服务恰逢其时。

　　技术催生中国服务：现代技术的日新月异，制造业与服务业的差异逐渐缩小，中国服务理念将有效指导制造业服务化、传统服务业升级、新型服务业态创新。

　　世界需要中国服务：中国经济在国际经济舞台上的作用逐渐增加，中国服务在充分吸收全球服务理论和实践创新基础上，融合中国文化，推进服务理论和实践的创新，提升全球资源配置能力。

　　中国需要中国服务：改革开放近40年，中国经济跨越式发展至今，粗放式发展急需向集约式发展转型、产业结构急需优化，供给侧改革开始实施，精准满足顾客需求的中国服务适应潮流而生。

　　民生需要中国服务：随着人民生活水平的提高，顾客感知服务质量的需求不断上升，结合亲情家和文化、基于顾客感知角度的中国服务理念应运而生，同时，服务业是吸纳大量劳动力、促进就业的重要渠道，中国服务必将助力改善民生。

政府需要中国服务：我国医疗卫生、人力资源与社会保障、教育培训等社会公共服务还存在基本公共服务不均等化、政府公共产品供给不足等许多亟待解决的问题，严重制约了"以人为本"的服务型政府建设。中国服务有助于强化社会公共服务，推动服务型政府建设。

第二节　中国服务环境支持（横向环境分析）

一、供给侧改革

2016年1月27日，中共中央总书记、国家主席、中央军委主席、中央财经领导小组组长习近平主持召开中央财经领导小组第十二次会议，研究供给侧结构性改革方案。

1.改革内容

如果用一个公式来描述供给侧改革，那就是"供给侧+结构性+改革"。其含义是：用改革的办法推进结构调整，减少无效和低端供给，扩大有效和中高端供给，增强供给结构对需求变化的适应性和灵活性，提高全要素生产率，使供给体系更好适应需求结构变化。

2.改革实质

供给方式：在协调计划与市场的矛盾中，充分发挥市场在资源配置中的决定性作用。

供给结构：以市场化为导向、以市场所需为标准调整经济结构，调整产业结构，要求政府在公共政策的制定和执行上，多方面降低对中国经济的供给约束，使产业、企业的自然活力更好地释放出来，而不是受限于作为公共政策供给方的政府约束。

3.改革目的

供给侧结构性改革的根本目的是提高社会生产力水平，落实好以人民为中心的发展思想。要在适度扩大总需求的同时，去产能、去库存、去杠杆、降成本、补短板，从生产领域加强优质供给，减少无效供给，扩大有效供给，提高供给结构适应性和灵活性，提高全要素生产率，使供给体系更好适应需求结构变化。

4.中国服务助力供给侧改革

近年来，中国整体经济结构不断优化，经济发展正加快向服务业主导的形态转变。然而，与欧美等发达国家70%以上的服务业比重相比，服务业的提升潜力仍然十分大。另外，中国产业体系中存在着供需对接差距，浪费、低效问题严重，内部结构矛盾十分明显。供给侧结构性改革，着力提高供给体系质量和效率，增强经济持续增长动力。无论是农业服务化，还是制造业服务化，中国服务从顾客感知角度出发，满足顾客精准需求，正是供给侧改革的实质。这为中国未来的产业结构调整政策指明了方向。

二、大众创业、万众创新

在2014年9月的夏季达沃斯论坛上，李克强发出"大众创业、万众创新"的号召。他提出，要在960万平方公里①土地上掀起"大众创业""草根创业"的新浪潮，形成"万众创新""人人创新"的新势态。此后，他在首届世界互联网大会、国务院常务会议和各种场合中频频阐释这一关键词。每到一地考察，他几乎都要与当地年轻的"创客"会面。他希望激发民族的创业精神和创新基因。

_____

① 1平方公里=1平方千米。

2015年李克强总理在政府工作报告中提到：推动大众创业、万众创新，"既可以扩大就业、增加居民收入，又有利于促进社会纵向流动和公平正义"；在论及创业创新文化时，强调"让人们在创造财富的过程中，更好地实现精神追求和自身价值"。

在"大众创业，万众创新"中，服务业表现突出。2015年，我国新登记注册服务业企业358万户，增长24.5%，占全部新登记企业总数的80.6%。2014年，服务业法人单位数968.4万个，占全部法人单位的70.7%。创业企业几乎全部都是服务业。

中国服务顺应时代潮流，在现代技术的支撑、政策环境的支持、顾客需求的推动下，中国服务"我的地盘我做主"理念正是"大众创业，万众创新"的落地实践创新。

三、工匠精神

李克强总理在2016年《政府工作报告》中首提"工匠精神"，国务院常务会新闻通稿中首次使用"品质革命"这一提法。报告原文（2016）鼓励企业开展个性化订制、柔性化生产，培育精益求精的工匠精神，增品种、提品质、创品牌。

工匠精神（Craftsman's spirit）是指工匠对自己的产品精雕细琢、精益求精的精神理念。工匠们喜欢不断雕琢自己的产品，不断改善自己的工艺，享受着产品在双手中升华的过程。工匠们对细节有很高要求，追求完美和极致，对精品有着执着的坚持和追求，把品质从99%提高到99.99%，其利虽微，却长久造福于世。

工匠精神的内涵

（1）精益求精。注重细节，追求完美和极致，不惜花费时间、精力，孜孜不倦，反复改进产品，把99%提高到99.99%。

（2）严谨，一丝不苟。不投机取巧，必须确保每个部件的质量，对产品采取严格的检测标准，不达要求绝不轻易交货。

（3）耐心，专注，坚持。不断提升产品和服务质量，因为真正的工匠在专业领域上绝对不会停止追求进步，无论是使用的材料、设计还是生产流程，都在不断完善。

（4）专业，敬业。工匠精神的目标是打造本行业最优质的、其他同行无法匹敌的卓越产品。

"工匠精神"在当今企业管理中有着重要的学习价值。当今社会心浮气躁，追求"短、平、快"（投资少、周期短、见效快）带来的即时利益，从而忽略了产品的品质灵魂。因此企业更需要工匠精神，以便在长期的竞争中获得成功。坚持"工匠精神"的企业，依靠信念、信仰，使产品不断改进、不断完善，最终，通过高标准要求历练之后，成为众多用户的骄傲。无论成功与否，这个过程，他们的精神是正面积极的。

中国服务提倡精益求精，提倡不断完善和提升，提倡精准满足顾客的需求，提倡专业、热情、用心、敬业、团队、亲情和执着，中国服务代表现代工匠精神。

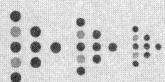

第二章　服务管理理论综述

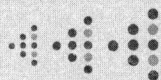

第一节　服务

一、服务的界定

服务是"一种复杂的社会现象，涵盖了从内部服务到外部服务、个人服务到产品服务，甚至还可以更广泛"。一台机器是实物产品，但是，一旦加进了顾客要求的设计，它就成为一种服务。服务不仅是一种无形的特殊活动，而且更是一种观念，它的实质是更好地与消费者沟通，挖掘消费者现有的或潜在的需求，并最大限度地满足需求，获得利润、创造财富，取得竞争力。

在20世纪的五六十年代，西方国家的市场营销学界开始广泛关注"服务"，并对这个概念进行系统的讨论和研究。通过总结、综合前人的理念后，被称为服务管理学派奠基人之一的格罗鲁斯（Gronroos）在1990年，对"服务"做出新的定义："服务一般是以无形的方式，在顾客与服务职员、有形资源商品或服务系统之间发生的，可以解决顾客问题的一种或一系列行为。"同时他还认为"服务是一个过程，这个过程是由一系列的活动所构成，构成服务的这些活动都具有无形性的特征。这种过程是在服务的提供者、顾客以及有形资源（包括系统、资源和商品）三者的互动活动中进行的，这个过程为顾客解决问题或给顾客提出解决问题的方案。有形资源的作用是为了解决顾客提出的问题"。

在中国，查询《辞海》以及众多文献资料可知，其对于服务的定义是："为社会、别人做事。"这是一个颇有计划经济色彩的定义。站在服务的提供方，想当然地认为我为你（社会、别人）做了事，就是提供了服务。其实不然，从顾客的角度去看，也许你做的事并不是顾客所需要的。例如：顾客去足疗店做足疗，穿着白皮鞋。他脱了鞋之后，你却为他擦了黑鞋油，这就不叫服务，而是破坏。白皮鞋、黑鞋油我们能轻松辨认，但顾客的需求不是写在顾客的额头上的，是藏在顾客的心中的。

而且随着时代的变化、场景的不同、心态的不同，顾客需求也会有所不同，所以理解服务的定义，应当像理解重力加速度定律$G=mg$一样（G为物体受到的重力，m为物体的质量，g为定量，约等于9.8）。服务也可以用一个公式进行推算，就是S=RC，S代表服务，R代表顾客需求，C代表中国服务文化、私人定制模式。随着顾客需求的不断提升，中国服务文化、私人定制模式也随之迭代升级，更好的满足人民日益增长的美好生活需要。

所以，北京宴结合实践经验，赋予服务的定义是：**为他人做事情，做他人需要的事情。**

二、服务的特性

服务区别于有形产品，可以总结为以下四个特性：无形性、同时性、差异性、不可储存性。

（1）无形性（Intangibility），又可以称为服务的抽象性。服务是非实体化的、是无形的、是感性的，不可实际地触摸而是靠体验。人们在购买服务之前，对服务是不能感受得到的；购买服务以后，也只能主观上评价和衡量它的质量效果。

（2）同时性（Inseparability），或称不可分割性、不可分离性。服务生产过程与消费过程是同时发生的，服务生产的过程，同时就是服务消费的过程，二者在时间维度上是无法分离的。

（3）差异性（Heterogeneity），或称异质性。在服务涉及的领域，没有两种服务是完全一致的，服务的内容及其质量水平经常随环境变化而变化，服务性企业提供的服务不可能完全相同，很难有个固定的标准或水平。

（4）不可储存性（Perishability），或称为易逝性。服务行为很容易消失，无法储存。服务人员在为顾客完成提供服务的行为以后，服务本身也即刻消失。服务性企业虽然在提供服务前，可以将所需要的场地、设备、提供服务的人员等准备好，但这些仅能表示其具备服务的生产能力，而不代表服务已经被储存起来。同样，服务中的剩余能力不能回收，以备未来出售。因此，服务性企业的服务供给能力与顾客需求之间的平衡是非常重要的。

三、服务的分类

多年来，研究者随着对服务的研究不断深入，对服务的分类方法也提出了很多意见，比较有代表性的分类主要如表2-1所示。

表2-1　国内外部分研究者对服务的分类

研究者	服务的分类
托马斯（R. E. Thomas），1978	分成两类：设备为主提供的服务，人工为主提供的服务
蔡斯（Richard B. Chase），1981	根据顾客和服务体系接触程度的比例，服务可以分成三种类型：纯服务体系、混合服务体系、准制造体系
施曼纳（Roger W. Schmenner），1986	根据服务性企业的劳动密集程度、顾客和服务人员相互交往及订制化程度，将服务分成服务工厂、服务车间、大众服务、专业服务
洛伍劳克（Christopher H. Lovelock），1983	分别根据服务行动的性质和对象、服务性企业与顾客之间的关系和服务传递性质、服务订制化程度及服务人员主观判断程度、服务供求关系、服务传递方式和服务网点的设置对服务进行了分类

第二节　服务质量理论

一、服务质量的概念

自20世纪70年代开始，国际学术界对服务质量管理进行探索研究，学者们对服务质量的相关问题进行了大量的有价值的研究。

服务质量的概念引申自有形产品质量的概念。人们对于有形产品质量的认识包括：无瑕疵、符合某种规范或标准、对顾客需求的满足程度、"内部失败"与"外部失败"的发生率。服务的特性使其形成的服务质量的概念与有形产品有显著的区别。

国外学者从不同角度提出了"服务质量"的概念，如表2-2所示。

二、顾客感知的服务质量的概念

1.格罗鲁斯服务质量模型

20世纪80年代初期，芬兰的克里斯廷·格罗鲁斯（Christian Gronroos，1984）对服务质量的内涵进行了较为科学的界定，提出了顾客感知的服务质量概念以及较早的服务质量模型构架。

表2-2 服务质量概念

学者（年代）	基本观点
萨瑟（Sasser）（1978）	服务表现为三个层面，其中包括材料、设备、人员。服务质量不仅包含最后的结果，还包括提供服务的方式
罗尔博（Rohrbaugh）（1981）	服务质量由人员质量、过程质量和结果质量三部分组成
邱吉尔（Churchill）、休普瑞南（Suprenant）（1982）	对服务的满意程度，决定于实际的服务与原来期望之差异
格罗鲁斯（Gronroos）（1982）	服务质量包含技术质量（服务结果）和功能质量（服务过程）两部分
莱特南（Lehtinen）（1982）	服务质量包含三个层面的内容：有形质量、公司质量、互动质量
PZB（A. Parasuraman、Valarie A. Zeithaml、Leonard L. Berry）（1985，1988）	服务质量取决于顾客购买前期望、感知的过程质量和感知的结果质量，服务质量是这三者的乘积。顾客对服务质量的衡量标准：可靠性、响应性、胜任力、接近性、礼貌性、沟通性、信赖性、安全性、了解性、有形性。1988年10维度被缩减为5项，即有形性、可靠性、反应性、保证性和移情性
格罗鲁斯（Gronroos）（2000）	良好的服务质量的维度有7项，它们分别为：1.职业作风与技能；2.态度与行为；3.服务得以获得性与灵活性；4.可靠性与信任性；5.服务补救能力；6.服务环境组合；7.声誉与信用。其中1为技术质量，2、3、4、5和6为功能质量，而7则为感知质量"过滤器"

格罗鲁斯认为服务质量是一个主观范畴，是顾客对服务的期望和实际感知之间的比较；同时他还提出服务质量可分解为"技术质量"（what）、"功能质量"（how）两个方面。"技术质量"是指服务过程的产出，即消费者最终从服务过程中得到的东西；"功能质量"主要涉及服务的过程。顾客感知服务质量并不取决于"技术质量"和"功能质量"这两个要素，而是取决于顾客期望与实际感知的差距。服务质量模型是关于顾客的感知服务质量相对于他的期望服务的差异比较，如果顾客对服务的感知水平高于其预期水平，则顾客获得较高的满意度，认为企业具有较高的服务质量水平；反之，则会认为企业的服务质量较低。格罗鲁斯的"顾客感知服务质量模型"，在服务质量的研究历史上具有里程碑意义，是最早建立起来的、最具

权威性的模型之一，为后来学者们对顾客感知服务质量的研究奠定了理论基础。从此顾客感知的服务质量管理研究全面展开。

1988年和2000年，格罗鲁斯又对原服务质量模型做出了修正（如图2-1所示）。新模型的最大改进是对企业形象给予了特别的关注。形象对于顾客感知服务质量的高低起着异常重要的影响作用。

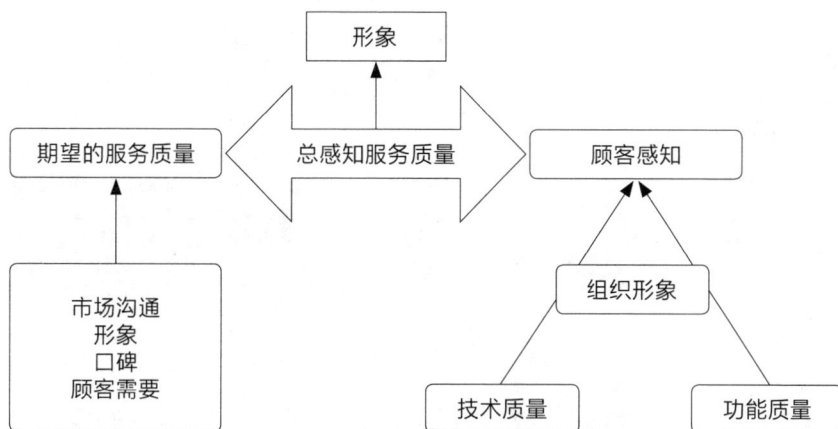

图2-1 格罗鲁斯服务质量模型

2.PZB服务质量差距GAP模型

1985年，美国的研究组合：帕拉索拉曼（A. Parasuraman）、泽斯曼尔（Valarie A. Zeithaml）和贝里（Leonard L. Berry）（简称PZB）三位学者发表了论文《A Conceptual Model of Service Quality and Its Implication for Future Research》，提出了"服务质量差距模型"，如图2-2所示。

该模型依时间顺序将服务质量的传递过程进行层层细化，以便人们从此模型中找到影响质量差距的环节和原因。PZB的"服务质量差距模型"中有5个差距：①管理者理解的差距；②服务质量规范的差距；③服务传递的差距；④承诺的差距；⑤顾客服务期望与服务感知的差距。

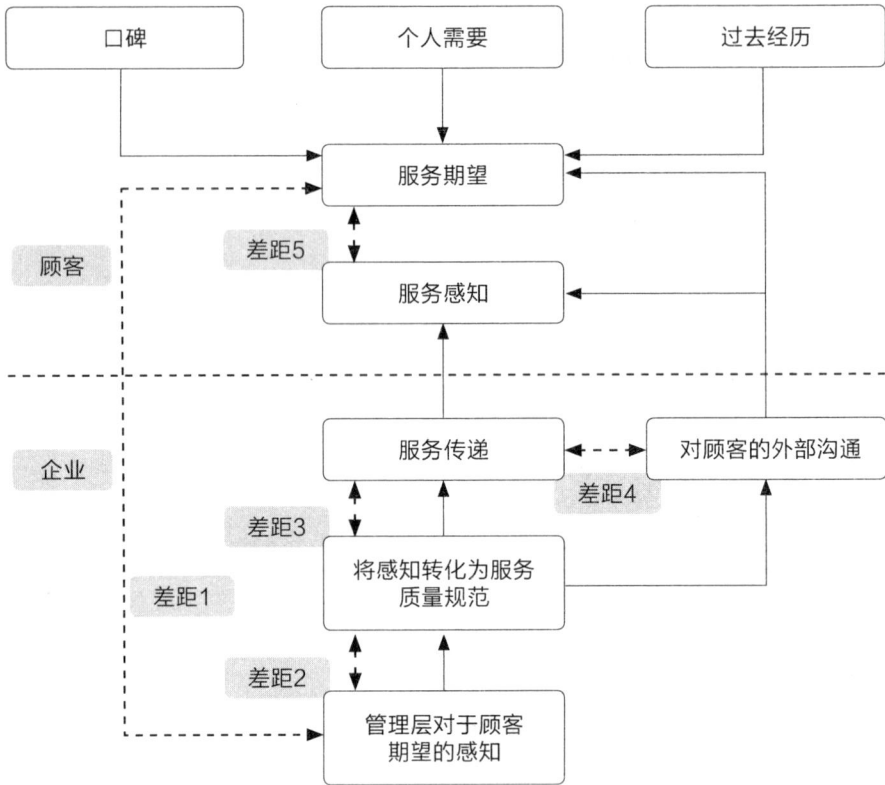

图2-2　PZB服务质量差距模型

1993年，PZB对他们之前提出的"服务质量差距模型"作了修改，将顾客的"容忍区域"加到新的"顾客感知服务质量模型"之中，理想服务和适当服务之间的区域就是容忍区域，顾客就是通过比较这两个水平来评估服务质量的。他们还将顾客的预期服务做了细化和分解，如图2-3所示。

PZB"顾客感知服务质量模型"为后人解决了一系列关于服务质量的问题，具有重大意义：①为企业对于服务质量的管理奠定了理论基础。"服务质量差距模型"的提出，使企业清晰地了解到应从哪些方面对服务质量进行监控和管理。②"顾客感知服务质量模型"中"容忍区域"理论的提出，提高了该模型的实际应用价值。引入了"容忍区域"的概念后，企业的服务质量水平即使在该区域内有波动，顾客仍将认可企业的服务或会感到满意的。

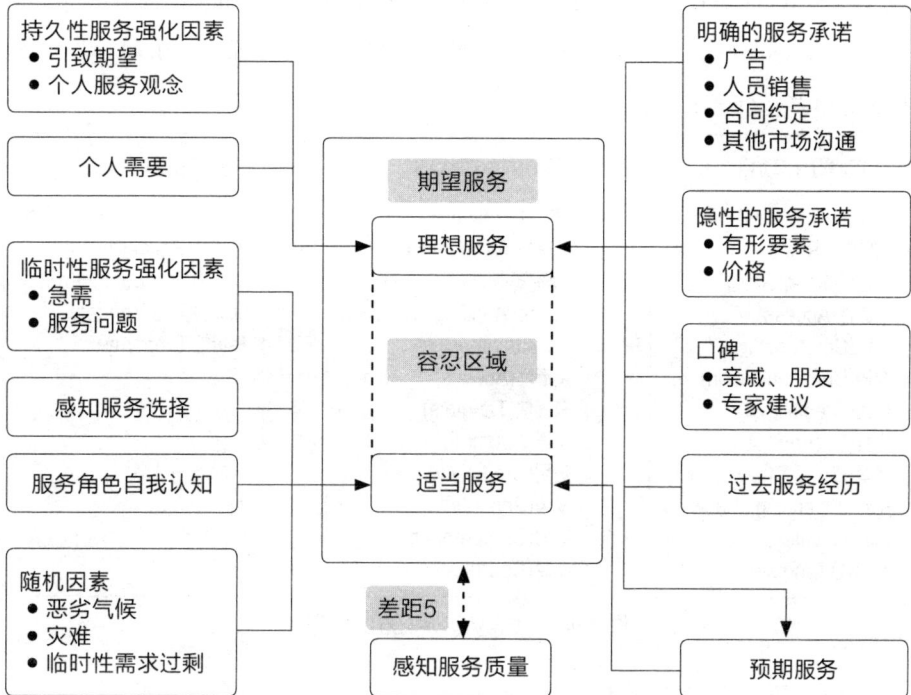

图2-3 PZB顾客感知服务质量模型（1993年修改）

三、顾客感知服务质量评价

1.SERVQUAL评价方法

1）SERVQUAL模型的提出

SERVQUAL评价法是建立在顾客感知服务质量概念基础上的。1985年，PZB建立了服务质量的评价体系，包含10个维度，97个测试项目。其中10个维度包括：可靠性、响应性、能力、接近性、礼貌、沟通、信用、安全、了解、有形性。

1988年，PZB通过实证研究，对评价服务质量的10个因素做了修正，在论文《SERVQUAL：A Multiple-Item Scale for Measuring Consumer Perceptions of Service Quality》中将其缩减到5个因素、22个项目，称为"五维度"，如图2-4和表2-6所示。

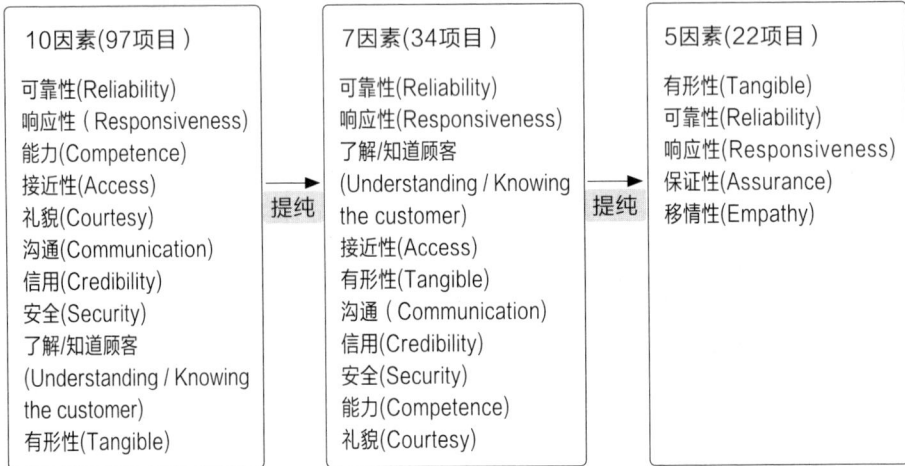

图2-4　SERVQUAL方法的产生

2）SERVQUAL五维度

（1）有形性（Tangible）：物质设施、设备以及员工的外表。

（2）可靠性（Reliability）：可靠地、精确地履行服务承诺的能力。

（3）响应性（Responsiveness）：愿意并能及时地对顾客提供服务。

（4）保证性（Assurance）：员工的知识、礼貌以及能让顾客产生信任感的能力。

（5）移情性（Empathy）：关心、照顾，能为顾客提供个性化的服务。

SERVQUAL每个维度对应的项目具体内容，如表2-3所示。

表2-3　SERVQUAL五维度的22个项目

维度	项目
有形性	1.有现代化的服务设施。 2.服务设施具有吸引力。 3.员工有整洁的服装和外表。 4.公司的设施与它们所提供的服务相匹配
可靠性	5.公司对顾客所承诺的事情都能及时地完成。 6.顾客遇到困难时，能表现出关心并提供帮助。 7.公司是可靠的。 8.能准时地提供所承诺的服务。 9.正确记录相关的服务。
响应性	10.不能指望他们告诉顾客提供服务的准确时间。※ 11.期望他们提供及时的服务是不现实的。※ 12.员工并不总是愿意帮助顾客。※ 13.员工因为太忙以至于无法立即提供服务，满足顾客的需求※
保证性	14.员工是值得信赖的。 15.在从事交易时顾客会感到放心。 16.员工是有礼貌的。 17.员工可从公司得到适当的支持，以提供更好的服务
移情性	18.公司不会针对不同的顾客提供个别的服务。※ 19.员工不会给予顾客个别的关怀。※ 20.不能期望员工会了解顾客的需求。※ 21.公司没有优先考虑顾客的利益。※ 22.公司提供的服务时间不能符合所有顾客的需求※

SERVQUAL评价模型，如图2-5所示。

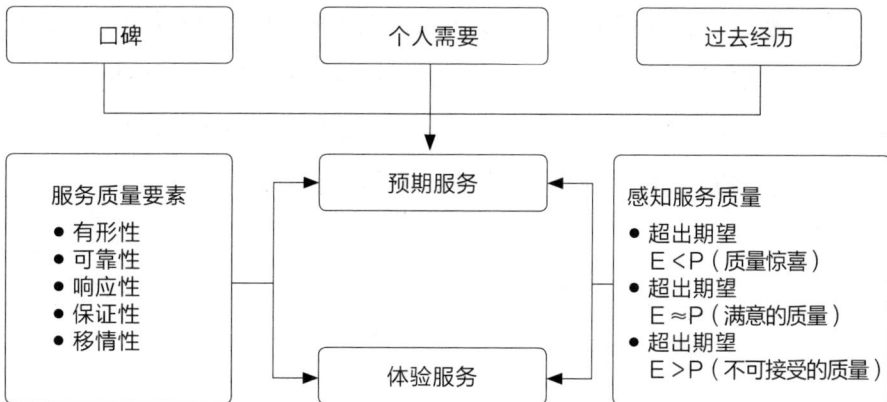

图2-5　SERVQUAL 评价模型

2.SERVQUAL 模型的应用

目前，SERVQUAL模型在零售、饮食、银行、保险、图书馆、宾馆、医院、高等教育机构等众多行业中得到了广泛应用。

在餐饮服务领域，Stevens，P.、Knutson，B.和Patton，M.（1995）基于SERVQUAL模型开发了DINESERV指标体系。DINESERV指标体系，包括29项指标：有看得见的引人注目的停车区域和建筑外观；有看得见的引人注目的餐饮区域；有干净、整洁，并且衣着合宜的员工；有符合其形象和价格幅度的装饰布置；有简单易读的菜单；有看得见的引人注目的，且能够反映餐厅形象的菜单；有舒适的餐饮区域，能容易地在这片区域里走动；有十分干净的洗手间；有十分干净的就餐区域；在餐厅有舒适的座位；按承诺的时间给予服务；迅速纠正任何错误；可靠的（可信赖的）、始终如一的；提供准确的账单；准确提供你预订的食物；在业务繁忙时段，增加员工数量以确保服务的速度和质量；提供快速的服务；为了你的特殊要求而付出额外努力；有能够完整地回答你的问题的员工；在你与他们打交道时，让你觉得舒服、自信；有能够并且愿意给你提供关于菜单项目、其原料和制作准备方法信息的员工；使你觉得有安全感；有看上去训练有素、有能力、经验丰富的员工；给了员工相关支持，以便他们能比较好地完成工作；有对你的个人需要和想法有灵敏嗅觉的员工，他们不总是依赖于规章和程序；让你觉得自己很特别；预见到你的个人需要和想法；如果存在错误，有具有同情心的、可靠的（让人安心的）员工发现和解决问题；顾客利益至上。

第三节　服务运营管理理论

运营管理理论起源于工业化时期制造业的生产管理，核心是流程管理。由于服务经济的到来，虽然服务的特殊性使服务流程管理异常复杂，但是服务运营管理理论及实践已经蓬勃发展起来。其中，代表服务流程管理核心的服务蓝图理论得到了广泛应用。

一、服务运营管理

1.服务运营管理概念

服务运营管理是指对服务企业所提供服务的开发设计及服务提供过程的管理，是对服务运营过程及其运营系统的设计、计划、组织和控制。

2.服务运营管理特点

1）服务业是以人为中心组织运营

从运营的基本组织方式上说，制造业是以产品为中心组织运营，而服务业是以人为中心组织运营。

制造业企业通常是根据市场需求预测或订单制订生产计划，在此基础上采购所需物料，安排所需设备和人员，然后开始生产。在生产过程中，由于设备故障、人员缺勤、产品质量问题等引起的延误，都可以通过预先设定一定量的库存和富余产量来调节。因此，制造业企业的运营管理是以产品为中心展开的，主要控制对象是生产进度、产品质量和生产成本。

服务业的运营过程往往是人对人的，需求有很大的不确定性，难以预先制订周密的计划；在服务过程中，即使是预先规范好的服务程序，仍然会由于服务人员的随机性和顾客的随机性而产生不同的结果。因此，运营活动的组织主要是以人为中心来考虑的。

2）服务和服务提供系统必须同时设计

在制造业企业，产品和生产系统可分别设计；而在服务业，服务和服务提供系统必须同时设计。因为对于制造业来说，同一种产品可采用不同的生产系统来制造，如采用自动化程度截然不同的设备。这二者的设计是可以分别进行的。而在服务业，服务提供系统是服务本身的一个组成部分（即服务的"环境"要素），不同的服务提供系统会形成不同的服务特色，即不同的服务产品，因此这二者的设计是不可分离的。

3）服务能力的规划具有挑战性

制造业企业可以用库存来调节供需矛盾，而服务业企业往往无法用库存来调节供需矛盾。市场需求往往是波动的，而企业的生产能力通常是一定的。制造业企业对应这种需求波动的方法主要是利用库存，预先把产品制造出来，以满足高峰时的需求或无法预期的需求。因此，可以充分利用一定的生产能力。而很多服务企业无法预先把服务"生产"出来以供应给其后的顾客。例如，航空公司某航班的空座位无法存起来出售给第二天的顾客，饭店的空余房间也无法放在架子上等第二天再卖。因此，对于服务业企业来说，其所拥有的服务能力只能在需求发生的同时加以利用，因此服务能力的规划具有很大的特殊性。

4）运营过程管理中离不开顾客的管理

制造业企业的生产系统是封闭式的，顾客在生产过程中不起作用，而服务业企业的运营系统是非封闭式的，顾客在服务过程中会起一定作用。在有形产品的生产过程中，顾客通常不介入，不会对产品的生产过程产生任何影响。而在服务业企业中，"顾客就在你的工厂中"。由于顾客参与其中，顾客有可能起两种作用：积极作用或消极作用。在前者的情况下，企业有可能利用这种积极作用提高服务效率、提高服务设施的利用率；在后者的情况下，必须采取一定的措施防止这种干扰。因此，服务运营管理的任务之一，是尽量使顾客的参与能够对服务质量的提高、效率的提高等起到正面作用。

5）服务运营管理的职能集成化

在制造业企业，"生产运营""销售"和"人力资源管理"三种职能的划分明显，而在服务业，这样的职能划分是模糊的。对于制造业企业来说，产品生产与产品销售是发生在不同时间段、不同地点的活动，很多产品需要经过一个复杂的流通渠道才能到达顾客手中，因此这两种职能划分明显，分别由不同人员、不同职能部门来担当。此外，由于制造业企业的生产运营管理是以产品为中心，加工制造过程和产品质量用严格的技术规范来控制，所以人的行为因素对生产结果没有太大的影响。而对于服务业来说，由于是人对人的运营，人的行为因素，如人的态度和技能对服务结果很关键，而且由于服务生产与服务销售同时发生，因此很难清楚地区分生产与销售职能。所以，必须树立三者集成的观念，用一种集成的方法来进行管理。

6）服务选址靠近顾客

由于服务中生产与消费同时发生，所以对大多数服务类型来说，提供者与顾客必须处在同一地点，不是顾客去服务的提供地（如去餐馆就餐），就是提供者来找顾客（上门服务）。因此，制造业中的传统分销渠道并不适用于服务业。为了方便顾客，服务设施必须分散化，并尽量靠近顾客，这样就限制了每一座设施规模的扩大，也使管理者对分散设施的管理和控制难度进一步加大。

7）人力资源管理是第一关键因素

与制造业企业相比，服务业企业中员工的地位更重要。首先，服务基本上是一个以"人"为中心的运营过程，员工的表现对其运营效率影响极大；其次，员工本身的技能和知识，对服务结果有重要的影响；再次，在服务业中，没有愉快的员工，就没有愉快的顾客，对员工的激励以及员工的态度，是决定服务水平和服务效果的重要因素。

同时，与制造业不同，服务业中的技术进步更多地体现为员工技能的更新和管理水平的提高。因此，人员的长期培训对服务业企业更为重要。

8）服务质量衡量与评价主观、复杂

衡量服务业企业的产出比制造业复杂得多。数量标准对很多服务业组织来说，并不能成为很重要的标准，因为质量与效果更为重要，而服务质量本身就比制造业中的质量更难定义和描述，也更难以精确评价。另外，许多服务业组织具有多元化的目标，着眼于长期利益和社会利益（如公共管理、教育和医疗）。而且，对服务业企业来说，即便在投入相同的情况下，也不能简单地通过收入、成本等数据来评价其绩效，其以"人"为中心的运营性质使服务过程所造成的结果隐性化、复杂化。所有这些，都使得对服务业企业的评价更加困难。

二、服务蓝图

1.服务蓝图概念

服务蓝图不仅包括横向的客户服务过程，还包括纵向的内部协作，是描绘整个服务前、中、后台构成的全景图。

顾客常常会希望提供服务的企业全面地了解他们同企业之间的关系，但是，服务过程往往是高度分离的，由一系列分散的活动组成，这些活动又是由无数不同的员工完成的，因此顾客在接受服务过程中很容易"迷失"，感到没有人知道他们真正需要的是什么。为了使服务企业了解服务过程的性质，有必要把这个过程的每个部分按步骤画出流程图来，这就是服务蓝图。

服务具有无形性，较难进行沟通和说明，这不但使服务质量评价在很大程度上依赖于主观感觉和主观判断，更给服务设计带来了挑战。20世纪80年代美国学者GLy等人将工业设计、决策学、后勤学和计算机图形学等学科的有关技术应用到服务设计方面，为服务蓝图法的发展做出了开创性的贡献。

2.服务蓝图构成

服务蓝图包括顾客行为、前台员工行为、后台员工行为和支持过程。顾客行为部分包括顾客在购买、消费和评价服务过程中的步骤、选择、行动和互动。这一部分紧紧围绕着顾客在采购、消费和评价服务过程中所采用的技术和评价准则展开。与顾客行为平行的部分是服务人员行为。那些顾客能看到的服务人员表现出的行为和步骤是前台员工行为。这部分则紧紧围绕前台员工与顾客的相互关系展开。那些发生在幕后，支持前台行为的雇员行为称作后台员工行为。它围绕支持前台员工的活动展开。蓝图中的支持过程部分包括内部服务和支持服务人员履行的服务步骤和互动行为。这一部分覆盖了在传递服务过程中所发生的支持接触员工的各种内部服务、步骤和各种相互作用。

4个主要的行为部分由3条分界线分开。

第1条是外部互动分界线，表示顾客与组织间直接的互动。一旦有一条垂直线穿过该互动分界线，即表明顾客与组织间直接发生接触或一个服务接触产生。

第2条分界线是极关键的可视分界线，这条线把顾客能看到的服务行为与看不到的分开。看蓝图时，从分析多少服务在可视线以上发生、多少在以下发生入手，可以很轻松地得出顾客是否被提供了很多可视服务。这条线还把服务人员在前台与后台所做的工作分开。比如，在医疗诊断时，医生既进行诊断和回答病人问题的可视或前台工作，也进行事先阅读病历、事后记录病情的不可视或后台工作。

第3条线是内部互动分界线，用以区分服务人员的工作和其他支持服务的工作和工作人员。垂直线穿过内部互动线代表发生内部服务接触。

蓝图的最上面是服务的有形展示。最典型的方法是在每一个接触点上方都列出服务的有形展示，如图2-6所示。

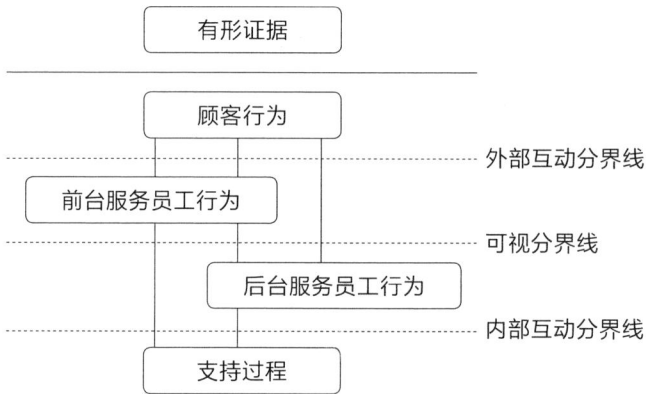

图2-6 服务蓝图示意图

3.服务蓝图的绘制步骤

步骤一：研究顾客经历服务要素的顺序（Sequence of Service Elements）。研究方法一般多为观察法（Observation）。

步骤二：把顾客的经历画成一套流程图（Flow Chart）。

步骤三：研究服务递送系统（Service Delivery System）的特征。

步骤四：把服务递送的要素画成流程图。

步骤五：分析服务递送系统中顾客的经历，确定失败点。研究者从顾客的角度，分析影响顾客感知服务质量的关键点。

步骤六：评估现有服务递送系统缺点的代价。即对服务递送系统中的失败点所造成的损害进行评估。如对这些失败点的管理不当，会大大降低顾客感知质量，无法保证顾客忠诚度，难以形成"常客"和"回头客"，尤其是这些顾客关于公司服务质量低下的不良口碑传播，将给公司带来潜在损失。

步骤七：评价改进机会及评测改进成本。

三、关键时刻

1.关键时刻概念

关键时刻（Moments of Truth，MOT）这一理论是由北欧航空公司前总裁詹·卡尔森创造的。他认为，关键时刻就是顾客与北欧航空公司的职员面对面相互交流的时刻，放大之，就是指客户与企业的各种资源发生接触的那一刻。这个时刻决定了企业未来的成败。卡尔森在1981年进入北欧航空公司担任总裁的时候，该公司已连续亏损且亏损金额庞大，然而不到一年时间卡尔森就使公司扭亏转盈。这样的业绩完全得益于北欧航空公司员工认识到：在一年中，与每一位乘客的接触中，包含了上千万个"MOT"，如果每一个MOT都是正面的，那么客户就会更加忠诚，为企业创造源源不断的利润。

北欧航空总裁卡尔森提出：平均每位顾客接受其公司服务的过程中，会与五位服务人员接触；在平均每次接触的短短15秒内，就决定了整个公司在乘客心中的印象。因此给出定义：与顾客接触的每一个时间点即为关键时刻，它是从人员的A（Appearance）外表、B（Behavior）行为、C（Communication）沟通三方面来着手。这三方面给人的第一印象所占的比例分别为外表52%、行为33%、沟通15%，是影响顾客忠诚度及满意度的重要因素。

2.关键时刻的种类

（1）第一关键时刻（First Moment of Truth，FMOT）——接触时刻：当顾客开始接触和面对实体店或实际生活中的服务提供者时，包括服务人员和服务系统。

（2）第二关键时刻（Second Moment of Truth，SMOT）——体验时刻：当顾客决定购买和开始体验服务质量时。

（3）第三关键时刻（Third Moment of Truth，TMOT）——反馈时刻：当顾客通过口口相传或社交媒体发布信息，针对所体验的服务作出反应、给出反馈和评价时。

（4）零关键时刻（Zero Moment of Truth，ZMOT）——网络调研时刻：是谷歌公司2011年提出的，是指顾客在采取购买行动之前，在网络上做的关于各个品牌的服务评价等调研的时间。这个网络调研决策时刻叫作零关键时刻。按照谷歌公司的调研结果，88%的顾客在实际购买之前会做网络调研。

（5）小于零关键时刻（The Less than Zero Moment of Truth，<ZMOT）——事件刺激时刻：是eventricity Ltd. 公司2014年提出的，是指顾客生活中某个事件的发生到零关键时刻之间的这段时间。

顾客接触品牌或厂家数量逐渐减少，如图2-7所示横放漏斗型图框，以及图2-8中的曲线所示。

不同类型关键时刻与不同时间和活动的关系如图2-7和图2-8所示。

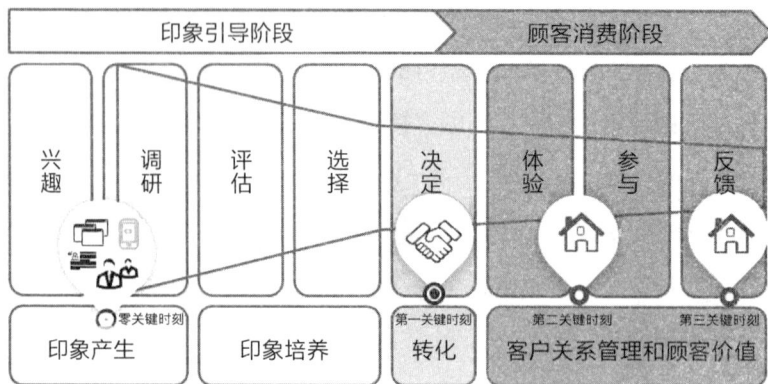

图2-7　不同类型关键时刻示意图

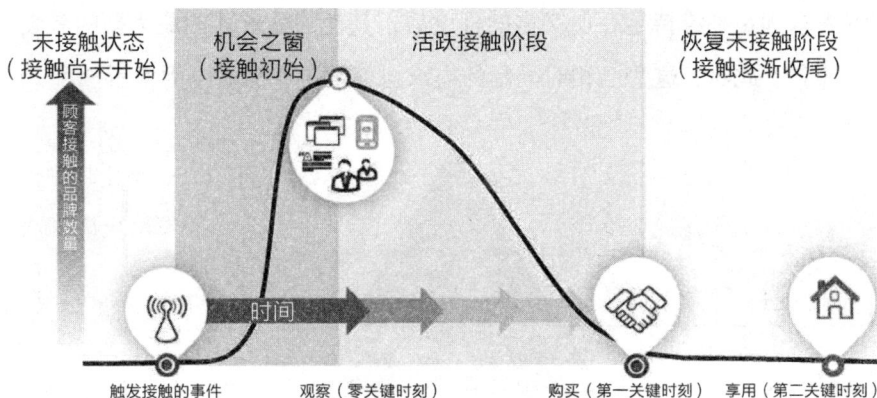

图2-8　不同类型关键时刻与时间、品牌数量关系示意图

四、需求层次理论

需求层次理论，即马斯洛需求层次理论（如图2-9所示），是美国犹太裔人本主义心理学家亚伯拉罕·马斯洛1943年在《人类激励理论》一书中提出的一种关于人的需求结构的理论，它将人类需求像阶梯一样从低到高按层次分为五种，分别是生理需求、安全需求、社交需求、尊重需求和自我实现需求五类，是行为科学理论之一。该理论基于三个基本假设，即人要生存；他的需求能够影响他的行为；只有未满足的需求能够影响行为，满足了的需求不能充当激励工具。

1.生理需求

这是人类维持自身生存的最基本要求，包括对以下事物的需求：呼吸、水、食物、睡眠、生理平衡、分泌、性。

如果这些需求（除性以外）中任何一项得不到满足，人类个人的生理机能就无法正常运转。换言之，人类的生命就会因此受到威胁。在这个意义上说，生理需求是推动人们行动最首要的动力。马斯洛认为，只有这些最基本的需求满足到维持生存所必需的程度后，其他的需求才能成为新的激励因素，而到了此时，这些已相对满足的需求也就不再成为激励因素了。

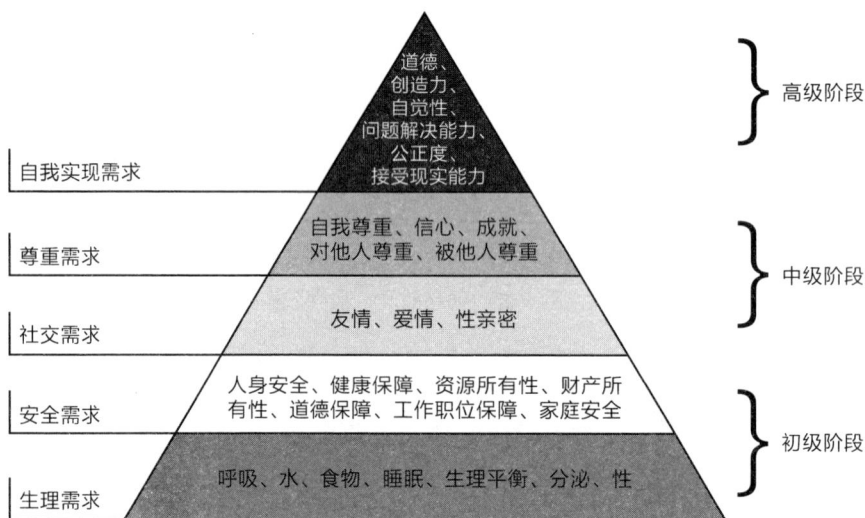

图2-9 马斯洛需求层次理论示意图

2.安全需求

这是人类要求对以下事物的需求：人身安全、健康保障、资源所有性、财产所有性、道德保障、工作职位保障、家庭安全。

马斯洛认为，整个有机体是一个追求安全的机制，人的感受器官、效应器官、智能和其他能量主要是寻求安全的工具，甚至可以把科学和人生观都看成满足安全需求的一部分。当然，当这种需求相对满足后，也就不再成为激励因素了。

3.社交需求

这一层次包括对以下事物的需求：友情、爱情、性亲密。

人人都希望得到相互的关心和照顾。感情上的需求比生理上的需求更细致，它和一个人的生理特性、经历、教育、宗教信仰都有关系。

4.尊重需求

该层次包括对以下事物的需求：自我尊重、信心、成就、对他人尊重、被他人尊重。

人人都希望自己有稳定的社会地位，要求个人的能力和成就得到社会的承认。尊重的需求又可分为内部尊重和外部尊重。内部尊重是指一个人希望在各种不同情境中有实力、能胜任、充满信心、能独立自主。总之，内部尊重就是人的自尊。外部尊重是指一个人希望有地位、有威信，受到别人的尊重、信赖和高度评价。马斯洛认为，尊重需求得到满足，能使人对自己充满信心，对社会满腔热情，体验到自己活着的用处和价值。

5.自我实现需求

该层次包括对以下事物的需求：道德、创造力、自觉性、问题解决能力、公正度、接受现实能力。

这是最高层次的需求，它是指实现个人理想、抱负，发挥个人的能力到最大程度，达到自我实现境界的人，接受自己也接受他人，解决问题能力增强，自觉性提高，善于独立处事，要求不受打扰地独处，完成与自己的能力相称的一切事情的需求。也就是说，人必须干称职的工作，这样才会使他们感到最大的快乐。马斯洛提出，为满足自我实现需求所采取的途径是因人而异的。自我实现的需求是在努力实现自己的潜力，使自己越来越成为自己所期望的人物。

1954年，马斯洛在《激励与个性》一书中探讨了他早期著作中提及的另外两种需求：求知需求和审美需求。这两种需求未被列入他的需求层次排列中，他认为这二者应居于尊重需求与自我实现需求之间。于是有人将其组成了7个层次。

马斯洛和其他的行为心理学家都认为，一个国家多数人的需求层次结构，是同这个国家的经济发展水平、科技发展水平、文化和人民受教育的程度直接相关的。在不发达国家，生理需求和安全需求占主导的人数比例较大，而高级需求占主导的人数比例较小；在发达国家，则刚好相反。

服务管理的首要任务是人的管理，包括顾客和员工，所以，对需求层次理论的理解和创新，是中国服务创新的源泉。

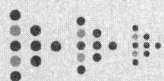

第三章　中国服务理论框架

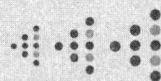

中国服务顺应时代潮流，响应环境需求，融合中国文化精髓，运用现代科学技术，构建规范化、标准化、程序化基础上的亲情化、个性化服务。

作为世界三大菜系之一的中国烹饪，是中国文化的重要组成部分，又称中华食文化。餐饮服务作为中国文化的传承和传播者，具有历史悠久、技术精湛、品类丰富、流派众多、风格独特的特点，是中国烹饪数千年发展的结晶，在世界上享有盛誉。因此，我们把餐饮服务作为中国服务研究的切入点。

北京宴把中国文化的核心——家和亲情文化融合到餐饮服务中，以创新烤鸭和创新豆腐这两个世界影响力最大的中国特色菜品作为特色菜品，是中国服务的先行实践创新者。因此，我们通过剖析北京宴，打造中国服务理论体系。

北京宴赋予服务的定义：**服务就是为他人做事情，做他人需要的事情。**

中国服务理论以中国服务的设计、生产、控制、反馈四大组成部分为理论框架，结合服务蓝图、关键时刻"The Moments of Truth"以及GAP差距模型等理论，梳理凝练北京宴"十八字真经""五块糖""七个哇"等实践创新，构建了"北京宴中国服务"理论体系。

中国服务的公式为S=RC。

S：（Services）是我们将要提供的服务、产品；

R：（Customer Requirement）是市场顾客的需求；

C：（China Services Model）是我们中国服务的文化。

中国服务认为，服务、产品一定不是一成不变的，而是因地制宜、与时俱进的。我们将要提供何种服务或产品（S），应当根据市场顾客的需求（R），用我们中国服务的文化（C）来去满足，总之一句话就是"盯着市场变，围着顾客转"。

第一节　中国服务内涵

中国服务是在程序化、规范化、标准化基础上的亲情化和个性化服务。服务分为5类（如表3-1所示）：冷淡服务、生产服务、友好服务、优质服务和中国服务。冷淡服务，如路边摊，基本上是针对过路人的服务，既没有规范化、标准化、程序化，更没有亲情化、个性化，多属于一次性服务；生产服务，有规范化、标准化、程序化，没有亲情化、个性化，如快餐店，是工厂化的服务；友好服务，由于缺乏科学化的管理制度、方法，只有想干好的热情，除了亲情化，没有规范化、标准化、程序化，也没有个性化，是属于打亲情牌的服务类型；优质服务，这是目前服务业追赶的潮流，在追求规范化、标准化、程序化的基础上，打出亲情牌；中国服务是在规范化、标准化、程序化基础上的亲情化、个性化服务，如北京宴。由于个性化需求随着社会、经济发展水平的提高而增加，所以优质服务之上需要加上个性化服务，构成中国服务的内涵。

表3-1　不同类别服务的内涵及举例

服务内涵 服务类别	科学性			艺术性	
	程序化	规范化	标准化	亲情化	个性化
冷淡服务	O	O	O	O	O
生产服务	√	√	√	O	O
友好服务	O	O	O	√	O
优质服务	√	√	√	√	O
中国服务	√	√	√	√	√

中国服务坚持以顾客为导向、为顾客创造价值的核心文化理念，基于马斯洛需求理论，满足顾客受欢迎的需求、受重视的需求、享受舒适的需求和被理解的需求四个基本需求，把"家人"和"亲情"的概念作为基本内涵，在服务中注入个性化的情感因素，重视顾客感知和体验，集中体现"把客人当亲人、客人永远是对的"经营理念，提倡给顾客留下美好回忆和可以传颂故事的服务，认为没有给顾客留下美好回忆和可以传颂故事的服务是零服务，顾客、员工、供应商、股东、社会是为中国服务源源不断提供支持的五个重要根基。用由一个核心文化理念和流程化、规范化、标准化、亲情化、个性化地递送满足顾客感知体验的四个基本需求的服务组成的树干，以及保证可持续性的五个根基，建立中国服务理论体系（中国服务树，如图3-3所示）。

中国服务内涵从内到外包括五层：基本服务、配套服务、辅助服务、内部沟通、外部沟通，如图3-1所示。

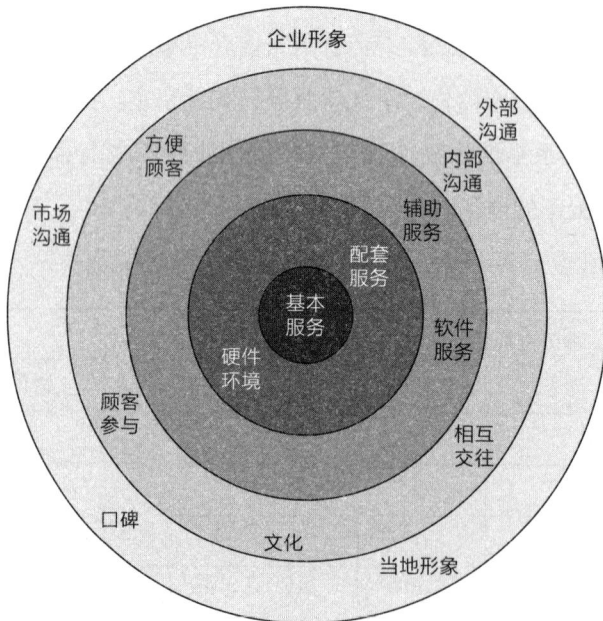

图3-1　中国服务内涵示意图

一、基本服务

基本服务是服务性企业为顾客提供的基础性、功能性服务，如旅馆的基本服务是住宿服务，民航公司的基本服务是客运服务。北京宴根据餐饮服务的需求特色凝练出顾客的四个基本需求：受欢迎的需求、受重视的需求、享受舒适的需求和被理解的需求。

中国服务的基本服务特点：

1.以顾客为导向

重视顾客感知，站在顾客角度，提供满足顾客需求的基本功能性服务。

2.创新性

基本功能性服务的创新性包括服务内容的创新和服务过程、方式的创新。如北京宴不断创新菜品，并根据外部环境变化创新服务过程和方式。

3.有效性

提供顾客需要的功能服务才是有效服务，一切顾客不需要的服务的提供都是无效服务。

4.精益求精

北京宴始终坚守"好的食材自己会说话"，利用自身在全国各地拥有上百家兄弟店的优势，在全国范围内广泛地挖掘新鲜特色食材，用最原始的方法，采用创新融合的技艺，不加味精，用近乎裸烹的方式做出"小的时候妈妈做菜的味道"，不求形意，只求其味，称之为"北京宴·中国味"。

二、配套服务

配套服务，是指服务性企业为了保证满足顾客的基本服务而提供的必要的服务。这类服务在行业内已经形成了基本共识和标准化的配置，如民航公司提供的登记服务、餐馆的预订服务、接待服务和停车服务等。

中国服务的配套服务的特点：

1.程序化

配套服务程序化是指服务的生产有法可依，提高服务结果的统一性、可靠性和一致性。

2.规范化

规范化的定义是：在经济、技术和科学及管理等社会实践中，对重复性事物和概念，通过制定、发布和实施标准（规范、规程和制度等）达到统一，以获得最佳秩序和社会效益。配套服务在行业内或企业内已经达成基本共识，已经是重复性服务。

3.标准化

标准化为科学管理奠定了基础。虽然整体服务标准化存在困难，但是具有重复性特征的配套服务的标准化，可促进统一、协调、高效率，可以提高服务质量，可以使新技术、新方法得到迅速推广和应用，促进技术进步。

三、辅助服务

辅助服务，也是指服务企业为顾客提供的一些额外服务。但是这类服务与配套服务的区别是：顾客要消费基本服务，就必须消费配套服务，但是不必消费辅助服务。辅助服务的作用是提高基本组合的消费价值，使本企业的服务与竞争对手的服务区别开来，提高本企业的竞争力。例如，餐馆的餐桌摆设和菜品介绍、旅馆的餐饮服务和旅馆客房内的洗发剂和擦鞋纸。北京宴的辅助服务，为顾客提供了订制化的体验。

中国服务的辅助服务的特点：

1.亲情化

结合中国家和文化，把顾客当亲人，诚心待客，用心做事，想顾客所想，做顾客想要，急顾客所急，让顾客放心，获得顾客的信任和忠诚。

如北京宴提倡的：让顾客感到你十分乐意见到他，并且他的到来对你来说很重要。因为，顾客是你的亲人、家人。

如北京宴三个最好：①为顾客用心做事，员工去做最好——让客人体会到每一位员工的亲情。要记住，越是级别低的员工去做，越能感动客人。②满足顾客开口需求，主管去做最好——让客人感到受尊重。③帮助顾客解决困难，化解顾客抱怨，经理去做最好——让客人感到受重视。

如北京宴的"五位一体"，让顾客感觉到员工的真心，而不仅是职业的微笑。

每个岗位以"客人为中心"，围绕"五位一体"设计糖文化，在与顾客接触的每一个瞬间（Moments of Truth），都向顾客展示积极热情的服务。

2.个性化

处处主动为顾客着想，主动用心发现顾客的个性化需求和困难，并及时给予解决，让顾客感到惊喜和感动。让顾客有参与感；让顾客感到对于你来说，他自己始终是一个特殊的人物，在享受别人享受不到的特殊的关照；让顾客感到在与你有效的交流过程中，你始终关注他发出的信息，而且能够在感情上分享或分担顾客的喜悦和忧愁。

北京宴的订餐人是编剧，服务员是导演，顾客是演员的理念是提供个性化服务的实践创新措施之一。

北京宴定义的服务境界为：顾客的实际感知值减去预期值，即：

服务境界=顾客来到酒店后的实际感受 – 顾客来酒店之前的期望值

北京宴给出了服务的三个境界：

让顾客满意；

让顾客惊喜；

让顾客感动。

北京宴通过个性化的门牌、沙盘、照片、欢迎屏、烤杯子、团扇、折扇、台历、小册子等具体工具在细节上实现订制化。

四、内部沟通

为顾客提供满意的，甚至惊喜和感动的服务，不只是需要一线服务员工的努力，更需要所有员工的支持，包括后台职能管理员工和干部，甚至总经理。顺畅的内部沟通机制和重视有效沟通的企业文化建设是顾客满意的保证。

1.重视顾客意见

顾客意见是一种稀有财产，顾客的意见和建议意味着对企业服务的关心、关注和信任。如何保证顾客意见的及时反馈和实施，需要建立自下而上的沟通机制，如北京宴的倒金字塔。

2.重视一线员工的意见和建议

由于服务的生产与消费的同时性，一线员工与顾客互动最多，是听得见炮声的战士，他的意见和建议可以等同于顾客的需求反应。

3.员工不满意，顾客就没有办法满意

员工管理是服务业第一要务，没有满意的员工就没有满意的顾客，所以要运用马斯洛需求层次理论建立科学员工管理体系、从企业组织层面到企业非组织层面的社团，以及加强员工文化建设。

如北京宴十大社团。

如北京宴的"视员工为家人"的家和文化，北京宴的许鹏董事长坦言："在北京宴，最值钱的就是我们的员工。"

如北京宴的六"不"文化：上道工序不对下道工序说不；二线部门不对一线部门说不；上级不对员工提出的困难说不；下级不对上级的命令说不；被检查者不对检查者查出的问题说不；全员不对客人说不。

图3-2所示为北京宴中国服务示意图。

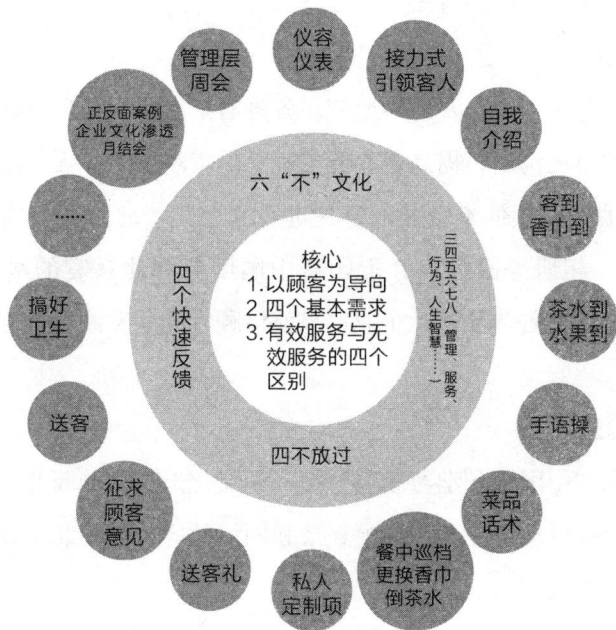

图3-2　北京宴中国服务示意图

五、外部沟通

金杯银杯不如顾客的口碑，金奖银奖不如顾客的夸奖。中国服务企业追求的目标是为顾客创造享受、为员工创造前途、为企业创造效益、为社会创造价值。通过报纸、电视等权威媒体，宣扬企业的社会责任，树立良好的社会公众形象；通过被感动的和带给惊喜的顾客利用微信、微博等网络媒体，更广泛地传播故事和回忆，树立高大的企业形象。

1.口碑

让顾客惊喜和让顾客感动的故事，通过口口相传，传播扩散。由于服务的无形性，其传播扩散比有形产品要难。中国服务让每一个顾客都变成一个销售中心，以每一个顾客为核心，传播出去。

2.市场沟通

在市场沟通活动中，要巧妙地使用各种有形展示，与现有顾客和潜在顾客形成良好的市场沟通，提高企业优质服务的市场形象。无形的服务通过有形展示，使消费者相信本企业的各种进步和变化。北京宴在朋友圈、媒体照片、杯子、相册等服务媒介上印有中国服务和北京宴的水印，当顾客拍照分享自己的用餐体验时，企业形象就借顾客的朋友圈在社交网络上传播开来。

3.业界沟通

研修班和"中国服务学习联盟"是一种文化上松散的兼并，共同进退的平台，放眼合并供应链，利用规模经济和网络效应，帮助北京宴成为中国服务业的领军赢家。

4.企业形象

由于服务的无形性，企业形象的作用是显著的。良好的企业形象可以提高顾客感知的服务质量，不利的企业形象会降低顾客感知的服务质量，企业形象的设立可以通过广告、品牌、图徽、象征物、口碑等可视的、有形的或者可信的方式传达给顾客，达到有效沟通。

5.社会责任

社会责任是指一个组织对社会应负的责任。一个组织应以一种有利于社会的方式进行经营和管理。社会责任通常是指组织承担的高于组织自己目标的社会义务。企业通过承担地方的、国家的社会公益活动与社会达成良好沟通。

生态系统

茶水到
水果到

菜品
话术

餐中巡档
更换香巾
倒茶水

五位
一体

私人
定制项

客到
香巾到

私人
定制项

送客礼

手语操

六个阶级
64项

自我
介绍

征求顾客
意见

接力式
引领客人

送客

七个
"哇"

仪容
仪表

搞好
卫生

......

中国服务准则

员工

客户

股东

供应商

社会

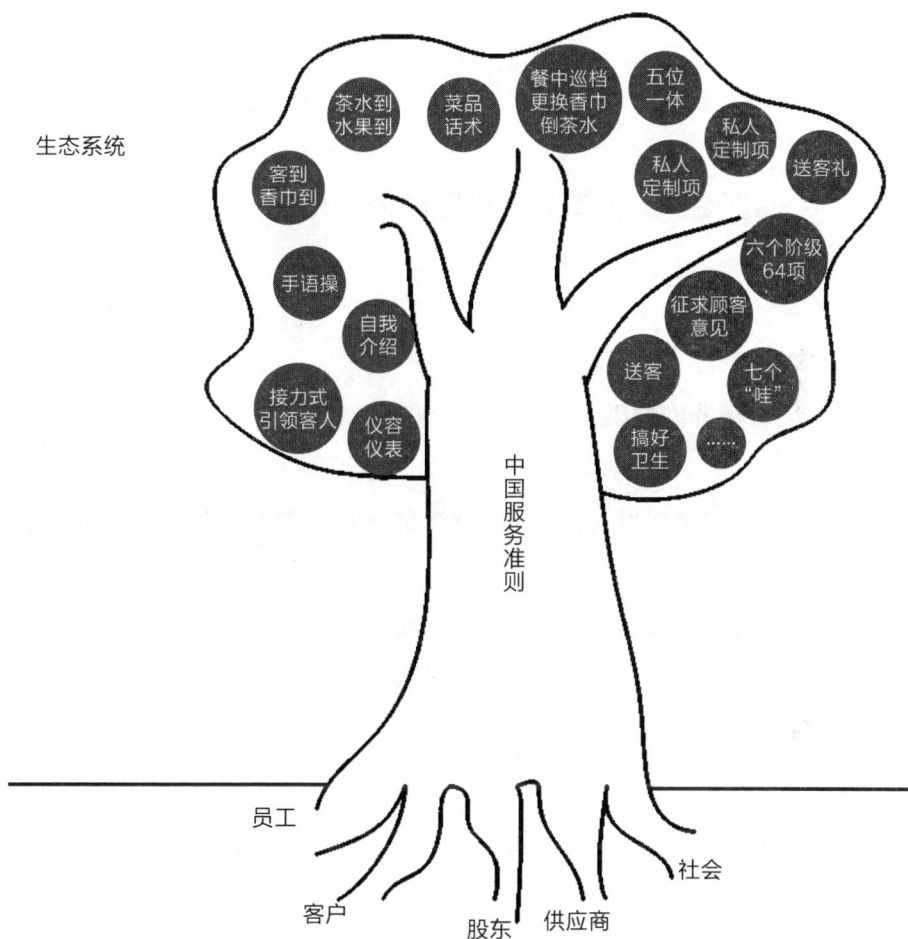

图3-3　中国服务树

第二节　中国服务外延

一、中国服务精准匹配供需、高效配置资源

中国服务倡导顾客导向，从顾客感知角度出发，以市场所需为标准配置资源、调整供给结构，由之前的以企业为中心、把设计和生产的产品及服务推向市场的模式改变为由市场拉动生产的模式，以满足顾客个性化精准需求，达到高效配置资源的目的。

1.中国服务应用于农业服务化

改革开放以来，我国农业教育与科技事业蓬勃发展，极大地促进了农业生产力的提高。在知识经济迅猛发展的今天，科学技术作为第一生产力在中国农业现代化建设中发挥着越来越大的作用。农业教育服务和农业科技服务对中国未来的经济发展将发挥巨大的作用。

2.中国服务助力制造业服务化

过去，在国际产业价值链中，我国制造业处于所谓的"微笑曲线"的底部，主要从事技术含量低、附加值低的"制造—加工—组装"中低端环节，在附加值较高的研发、设计、工程承包、营销、售后服务等服务环节缺乏竞争力，在消耗大量国内资源和排放大量污染物的同时，所获利益却很少，如图3-4所示。中国服务以智能化、数字化、信息化技术为基础，以大规模

订制和个性化服务为特点，对制造业和现代服务业进行深度融合，从根本上解决传统制造技术下新产品开发周期、产能利用、生产成本、产品性能、个性化需求等关键产品维度之间的冲突，实现生产制造的综合优化和服务质量的大幅提升。

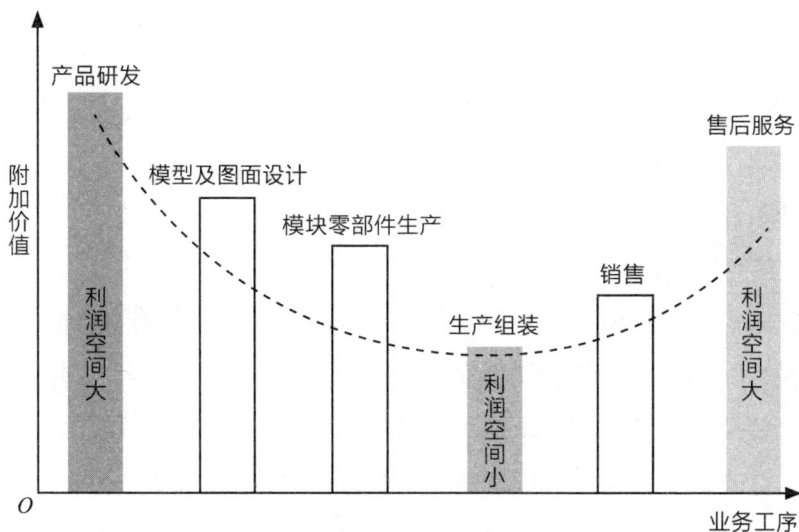

图3-4　制造业的价值链微笑曲线示意图

3.中国服务提升服务质量和服务水平

由于服务的无形性、感知差异性、生产与消费的同时性、不可储存性等特性，增加了服务管理的复杂性和艰巨性，使服务管理水平很难提高；同时，服务业的门槛比较低，造成了企业规模和管理水平参差不齐，从业人员平均受教育水平偏低，而顾客随着生活水平的提高，对服务质量的需求也提高，从而造成了供给和需求的差距和不匹配。

中国服务倡导顾客导向，缩小供给与需求的差距，提升整体服务质量和服务水平。

二、中国服务打造平台化企业、创客化员工、个性化顾客

服务业大量吸收就业的同时，中国服务倡导为员工提供创新、创业的平台，"我的地盘我做主"极大地激励了员工的创新动力，提供让顾客感动的服务。

1.平台化企业

中国服务企业平台为了提供顾客满意的订制化服务，授权员工，为员工提供创客化的平台。这里包括系统化的机制、严谨的制度规范和企业文化建设。在现代技术的支撑、政策环境的支持、顾客需求的推动下，建设中国服务企业平台顺应潮流、势在必行。

2.创客化员工

让人们在创造财富的过程中，更好地实现精神追求和自身价值。从感情上说，服务的文化是贴近顾客的亲情化的文化。要求员工走出刻板的服务方式，转换角色，根据客人的年龄或特征，和自己的亲人做以类比，把客人当成自己的亲人，用对待亲人的情绪、情感体验客人的需求，用心、用情关照客人，提供最优服务，让客人感到比在自己家里更舒适、更方便、更富有人情味儿，是充满亲情的"家外之家"。中国服务需要员工的创客定位，用心、用情来创新。

3.个性化顾客

中国服务坚持"以顾客为导向"的核心文化理念，把"家人"和"亲情"的概念作为它的基本内涵，在服务中注入情感元素，集中体现"把客人当亲人，客人永远是对的"的经营理念，为顾客打造个性化的服务。

三、匠人精神

中国服务提倡精益求精，提倡不断完善和提升，提倡精准满足顾客的需

求，提倡专业、热情、用心、敬业、团队、亲情和执着，中国服务诠释工匠精神。

1.精益求精

中国服务提供者对提供的服务精心设计、精雕细琢、精益求精。坚持以体现细微、个性和亲情的优质服务给客人留下美好的第一印象。中国服务提供者对细节有很高要求，追求完美和极致，对精品有执着的坚持和追求，不惜花费时间精力，孜孜不倦，反复改进产品。

2.严谨，一丝不苟

用心、用情做事，不投机取巧，不达要求绝不放弃。在顾客到来之前精准预测顾客需求；在顾客开口之前全面满足顾客需求；在顾客不悦之前耐心化解顾客抱怨；在顾客离店之前给顾客一个惊喜。

3.耐心，专注，坚持

目标定了，方法和路子也对，要成功就需要耐心、专注和坚持。不断创新和提升服务，在专业领域上绝对不能停止追求进步。

4.专业，敬业

中国服务提供者为了打造本行业最优质的产品，打造同行无法匹敌的卓越产品，不仅需要敬业的精神，更需要专业的能力和素质。如北京宴给顾客惊喜的五字方针：查——查看客史档案；问——询问客人要求；听——倾听客人谈话；看——观察客人行色；用——用是关键。

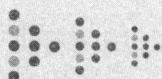

第四章　磨刀不误砍柴工，
不打无准备之仗

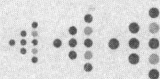

——顾客感知服务质量设计："抓住情布好景"

以顾客感知和体验为核心的中国服务，其成功实现需要以中国服务的设计、生产、控制、反馈四大组成部分构成的理论体系做支撑。服务前——顾客感知服务质量的服务设计阶段，这里的关键是做好服务体系设计和内外部沟通体系设计。中国服务强调的是顾客感知服务质量，而不是以服务提供者的感知质量为标准的，因此，服务提供者与顾客之间的沟通质量以及企业内部信息沟通渠道的通畅，对中国服务的顾客感知服务质量起着决定性的作用。

通过完善的服务设计，让员工有准备、有流程、有感情、有保障地面对顾客，有助于实现北京宴"打造中国宴会文化一流品牌，创造北京宴亲情的家和文化，建立科学和艺术的管理模式，造就中国服务人才孵化基地"的崇高企业使命。

服务就是为他人做事情，做他人需要的事情。如果做的不是他人需要的事情，就是无效服务，就是零服务。他人的需要是什么？即顾客的需求是什么，这是顾客感知服务质量设计的起始点。为了给顾客创造最大化的价值，为了让顾客满意、惊喜，甚至感动，为了让顾客"疯"和"炫"，为了给顾客留下美好回忆和可以流传的故事，北京宴深入挖掘顾客需求，定义了顾客的四个基本需求：受欢迎的需求、受重视的需求、感受舒适的需求、被理解的需求（如图4-1所示）。

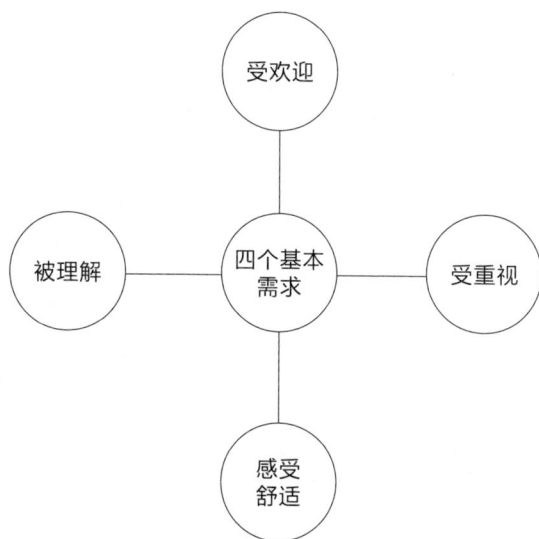

图4-1　四个基本需求示意图

受欢迎的需求

让顾客感到你十分乐意见到他，并且他的到来对你来说很重要。

对于有业务往来的顾客，如果顾客感到自己像一个局外人的话，那么这位顾客就不会成为回头客。

受重视的需求

让顾客感到对于你来说，他自己始终是一个特殊的人物，在享受别人享受不到的特殊的关照。自尊是马斯洛需求层次理论中较高一级的需求，是人类的强烈需求，我们都喜欢受到别人的重视，为此，你所做的任何事情都要本着重视顾客的原则。

感受舒适的需求

让顾客完全得到他期望的服务后，再享受到超出他期望值的服务时，顾客才会感受到舒适。顾客需要得到物质上和心理上的舒适，需要得到热情的照顾和特殊要求的满足。

被理解的需求

让顾客感到你在与他有效地交流过程中，你始终关注他发出的信息，而且能够在感情上分享或分担顾客的喜悦或忧愁。

第一节　让顾客忘不掉的服务体验（整体服务体系设计）

【案例1】服务设计案例——西湖的故事

有位客人想办一场结婚二十五周年纪念日宴会，北京宴的工作人员就找他要了从他与他的爱人第一次认识，直到相恋、相爱、结婚、生子将近三十年的经典照片，然后对这些照片进行梳理，最后选定了十二张精典瞬间，做成了一本台历，在纪念日的现场送给了他太太作为礼物。在宴会的现场，他太太亲手翻开了这本台历，在台历的一月份，是一张他们在杭州上大学时在西湖边游玩时的照片，那个时候他们手都还没牵呢！照片上面写着"那年，只因在西湖边上多看了你一眼，今生今世便再也难以忘记你的容颜"；翻到二月，他们已经牵手了，"读你的感觉像春天，读你千遍也不厌倦"；当他太太翻到六月时，眼泪已经止不住地在眼里打转。此时，北京宴的服务员把祝福的蛋糕推上来，他太太说谢谢北京宴今天为他们所做的一切，北京宴的经理说："你先不要谢我们，请看大屏幕。"这时屏幕上播放的是她先生比她先来酒店五分钟录制的一段VCR，她先生穿上酒店的厨师服，拿上在蛋糕上写字的裱花笔，选了一段酒店准备的意境最深的文字，他说："老婆，25年前，你为了我这片树叶，放弃了整片森林，和我举办了一个没有房子、没有车子、没有票子的三无婚礼。你是否还记得当年在婚礼的现场我曾经给你庄严的承诺——我会还你整个世界？今天老公非常自豪地对你说，虽然我的世界并不大，但完全属于你。也许再过25年，我已经没了今天的激情，但老公爱你的心永远不变。老婆，也许再过25年我们已经没有了今天的浪漫，但是我现在能想到的最浪漫的事情，就是牵着你的手和你一起慢慢变老。老公爱你。"看完这段VCR，他太太在大庭广众之下搂着他，流着热泪，"砰砰砰"亲了三口。

家是最小的国，国是最大的家，家和国才强，国强家才旺，我们每个人在家里的位置和习大大在国家的位置是一样的重要。我们之所以努力地工作，根本在于希望家庭幸福、家族兴旺。但是大家平时都忙于工作，疏于照料家庭，所以，每年有这么一天，有这么一场结婚纪念日，让酒店来讲述背后的故事、来策划，北京宴承诺："如果不让您的爱人当众亲你两口，北京宴免单。"

北京宴对每一种宴会都有深度的私人定制，从孩子出生的出生宴，到满月宴、百天宴、生日宴、求学宴、升学宴、谢师宴、毕业宴、求婚宴、订婚宴、结婚宴、结婚纪念日，银婚、金婚、钻石婚，将人生36个炫彩的片段，做成了36种宴会，对每种宴会都进行了深度的私人定制，最少的生日宴9项，过寿有13项，结婚有36项，还有家宴、朋友宴。我们经常说，在北京宴结过婚的人，这辈子想感情不和都很难。

顾客感知的服务质量不仅与服务结果有关，而且与服务过程有关。要提高顾客感知的整体服务质量，服务性企业管理人员必须做好服务体系设计工作，确定本企业应该为顾客提供哪些服务，以及本企业应该如何提供这些服务。

中国服务体系设计，包括基本组合设计和沟通设计（如图4-2所示）。其中，从马斯洛理论出发，把需求分成生理需求（Physiological Needs）、安全需求（Safety Needs）、爱和归属感（Love and Belonging）、尊重（Esteem）和自我实现（Self actualization）五类，依次由较低层次到较高层次排列，基本组合是由基本服务、配套服务和辅助服务组成，逐步满足消费者高层次需求。

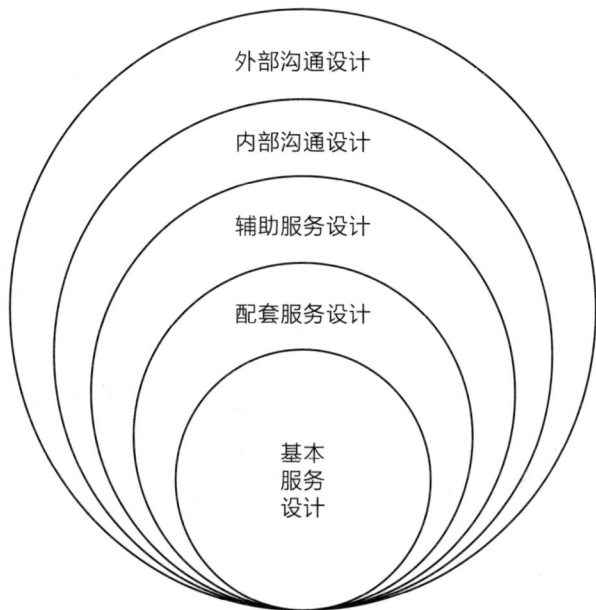

图4-2　中国服务体系设计

北京宴针对高端、普通消费人群提供个性化订制餐饮服务。为了更好地理解北京宴的服务设计，需回顾北京宴和整个餐饮行业近几年来的发展状况：

2014年，在北京市高端餐饮营业额整体下滑的大背景下，北京宴人次增加96.38%，营收增加43.28%。

2015年，在北京市高端餐饮持续低迷的大背景下，北京宴人次增加20.16%，营收增加22.42%。

2016年，全国高端餐饮营业额较去年同期仅增长6.2%，而北京宴仅总店营收就增加35.54%。

表4-1所示为北京宴的发展历程。

表4-1 北京宴的发展历程

阶段	发展
2011.08.31—2012.05.18	北京宴开天辟地篇
2012.05.18—2012.11.08	北京宴初战告捷篇
2012.11.08—2013.02.08	北京宴寒冬之前篇
2013.02.16—2013.05.31	北京宴失落孤独篇
2013.05.31—2013.12.14	北京宴逆势坚守篇
2013.12.15—2014.01.29	北京宴柳暗花明篇
2014.02.07—现在	北京宴良性发展篇

大众点评数据显示，2015年北京关闭餐厅数量达到49 731家，占总量的30.8%，远超广州和深圳。曾经在北京市场上知名的高端餐饮品牌门店硕果仅存，而在2015年，北京宴相继开出北京宴·华贸店、北京宴·金宝店两家门店，一开业就取得了骄人的成绩。

自2012年"国八条"政策出台，餐饮行业面临的政策与舆论环境持续恶化，进入艰难生存的寒冬期。大多数餐饮企业都面临禁收包间费、可自带酒水、高额水电费、各种卫生排污费用、媒体各种负面报道、上游不可控的食材等问题，外部经济形势正在由好转差，中国整体经济增长速度不断降低，对高端餐饮更是致命性打击。

此时，北京宴率先意识到，餐饮行业的市场已经发生了翻天覆地的变化，消费者的需求已经从过去的吃饱，转变为吃好，再转变到吃体验。多数企业之所以严重亏损，就是因为他们对服务的思索停滞不前，不思进取，停留在顾客吃饱的需求上。

消费者已经从满足性消费向愉悦性消费发展，要提升消费者服务质量感知，就要根据外部市场需求的变化来调整我们的服务。

随后，北京宴立刻从为顾客创造价值的企业本质出发，重新进行服务设计，着重改善顾客体验，并开创"给顾客留下美好的回忆和可以流传的故事"的服务理念，率先走出行业低谷。

北京宴是如何设计其服务的呢？其服务体系设计就是围绕硬件环境上的体验、菜品口味上的体验、软件服务上的体验三方面展开的——基本服务设计中追求菜品口味，这是企业的生命；配套服务设计中追求硬件环境，这是企业的本命；辅助服务设计中强调软件服务体验，这是企业的寿命；并在此基础上，建立了宴会私人定制服务体系。

一、菜品口味：基本服务设计

基本服务是服务性企业为顾客提供的基础性服务，如旅馆的基本服务是住宿服务、民航公司的基本服务是客运服务。中国服务北京宴有如此周到细致的服务体系，其基础在于顾客到酒店来的最终目的是用餐，为顾客提供餐饮这一职能是进一步开展服务的基础、平台和前提。

菜品的核心是两个字"味道"，它是由"味"和"道"两个字构成的，"味"强调的是事物先天本身内在的特性，"道"则注重的是食物后天所经过的各种烹饪方法以及所呈现的外在特性。北京宴始终坚守"好的食材自己会说话"，利用自身在全国各地拥有上百家兄弟店的优势，在全国范围内广泛地挖掘新鲜特色食材，用最原始的方法，采用创新融合的技艺，不加味精，用近乎裸烹的方式做出"小的时候妈妈做菜的味道"，不求形意，只求其味，称之为"北京宴·中国味"。

每道菜背后都有一个故事、一个传说，要让顾客了解菜品背后的文化，愿意为每一道工序之精心设计、原材料精品选用和加工运输之不计成本买单。其中颇具特色的一道菜是冲汤活海参。海参是生活在海边至8 000米水深的海洋软体动物，距今已有六亿多年的历史，海参对周围的水环境要求很高，怕油怕脏，一滴油或一根头发就能让它溶化成水。古人云："宁吃海鲜一口，不吃走兽千头。"海参不仅是珍贵的食品，也是名贵的药材，因其效力足敌人参，故名海参。海参同人参、燕窝、鱼翅齐名，是世界八大珍品之一。鲜活海参与干海参相比较，由于省略了海参脱水干制的过程，所以更具有营养性。

胶东沿海有个武状元村，历史上先后出过上百名武状元，中华人民共和国也诞生过几十位将军，当地渔民自古以来就有出海捕捞到海参开水烫食的传统，所以，北京宴冲汤活海参就选用胶东野生活海参，简单处理后，洗净、飞水、切段、冲汤、即食，最大限度地保持了海参的营养成分和新鲜口感，这是一道典型的把出海渔民渔船上的吃法移植到都市餐桌上的原生态美食，是北京宴融合菜的代表之一。

除此之外，北京宴还有老北京熏货、脆炸黄金带鱼、自家手掰豆腐、北京宴烤鸭、砂锅老南瓜、烤包子等12道特色菜。

二、硬件环境：配套服务设计

配套服务，是指服务性企业除基本服务外为顾客提供的一些额外服务，但必不可少。在长期实践的过程中，北京宴的配套服务定位于追求极致，在硬件环境的设置上，其标配水平高于其他同行，是下一步服务的基础环境。

北京宴总店宴会厅设计聘请了国内著名设计大师陈林先生亲自担当室内装修主设计师，领衔十余家专业设计公司组成了北京宴的精英设计团队，选用了澳大利亚邦奇的调光系统，世界领先的大厅空气清新系统，QS级别的食品留样化验室，全自动的风淋设备，日本原装进口垃圾处理器，恒温恒湿的专业级别红酒屋，来自世界各地的装饰品、工艺品共计约2.5万件，影印故宫藏品画作近万幅，从世界各地淘来的旧书3万余本，使用各种纯铜翻模制造灯具千余件，铺设布查拉红、高斯波玉等名贵大理石3 000多平方米。整体装潢美轮美奂，成为欧式建筑的殿堂。对于订制化房间，也都配备了灯光、音响、大屏幕、KTV，为宴会私人定制提供了硬件基础。

北京宴金宝店作为国内首家时尚电影主题餐厅，将时尚元素与电影艺术混搭，营造了一个穿越古今、躺漾中外的场景设计。一出电梯门，西方铁艺围栏、马蹄石的路面、街边的红酒坊和中世纪的邮筒，仿佛把人们带进了某个欧洲小镇的街头。沿街而行，对面一座庄园，庄园门口的雾幕机若隐若现形成的水雾电影，上面播放着经典的卓别林的黑白电影。人们穿雾而过后，就进入电影世界。走到星光大道，右手边的法国午夜巴黎，仿佛化身于吉尔和阿达莉亚娜，沉醉于灯红酒绿的巴黎街头，不能自拔。再前行，来到西部牛仔，古朴的圆木、苏格兰情调的格子布、"二战"时期的军用水桶，仿佛又让人化身为那个年代横刀跨马、手起刀落的西部少年枪手。进入赫本花园，瞬间打开人们尘封许久的记忆，仿佛置身于奥黛丽·赫本身边，体验她一生演绎的典范，品味她那消失已久的气质，譬如高贵，譬如优雅，身心随着赫本的一生来个光影穿越。16个包房，16部古今中外的经典电影，让人们从中世纪的斯巴达勇士，到近代的花样年华，不停地进行角色转换，时空穿越。忽而风平浪静，忽而狂风大作；忽而教堂钟声响起，火车进站出站，人声鼎沸；忽而电闪雷鸣，风声鹤唳，大雨倾盆。"人生如戏，如梦随影；戏如人生，如影随梦；人如戏中人，戏如人中戏；一餐尽享古今中外，一宴穿越百年时空"，便是北京宴金宝店的真实写照。

北京宴华贸店主题是时尚京剧餐厅，位于华贸购物中心东区四层，装修尽显民国时尚风情和国粹京剧神韵，是国内首家在室内营造出户外民国风情的时尚京剧主题餐厅。不论是扶梯直达处首见的玉石桥、百花亭，还是直梯直达处呈现的剧照墙、石窟门，到处流淌着那个摩登岁月、花样年华的民国时尚，诉说着久远的梨园春色、唱念做打的京剧神韵。餐厅共有各类主题包间16个，还有1个可以随时观看京剧演出的多功能戏厅区，共有餐位300多个。戏厅设有108个餐位，整块的新西兰手工地毯、可以随意变换或长条分餐或圆桌围餐的餐桌布置、可以长袖圆舞的古典戏台与现代化的高清拼接大屏、雕梁画栋的天花板下点缀着柔和的点点古灯，可满足会议、沙龙、年会、发布会和各类party之需，不论是时尚中餐，抑或休闲下午茶，都是情侣、密友的不二选择。包房外景有海派风格的租界名流别墅，也有中式风情的北平名人故居，而包房内景的家具摆放和工艺品陈设则有让人穿越回民国的错觉。在包房内打开外窗向外望，巍巍十里长安豪车绵延，行人如织，高楼耸立；回望室内，三十年的民国风尚，无不诉说着那个留芳岁月的花样年华；推开内窗向内看，百年之前的民国时尚腔调十足，戏厅舞台国粹神韵绕梁入耳，有句诗写出了北京宴华贸店的意境："窗内窗外三世界，戏里戏外两人生。"民国时尚隽秀悦目，京韵绕梁旋回悦耳，视听之觉与舌尖的味觉浑然一体，令人流连忘返，便是来北京宴华贸店的真实体验。

三、软件体验：辅助服务设计

辅助服务的作用是提高基本组合的消费价值，使本企业的服务与竞争对手企业的服务区别开来，提高本企业的竞争力。例如，旅馆的餐饮服务和民航公司的客舱服务都是辅助服务，还有旅馆客房内的洗发剂和擦鞋纸都是辅助产品。北京宴的辅助服务，是为顾客提供订制化的体验。

在北京宴，60%的顾客都是回头客，对基本服务和配套服务十分熟悉，这些很难再创造出顾客超预期的体验，因此需要提供专门的订制服务作为辅助服务，不断设计出个性化的超预期体验。有时候，配套服务和辅助服务之间的界限并不明显。例如，长途航班的机内饮食服务是配套服务，而短程航班的机内饮食服务却是辅助服务。

企业管理人员需要在服务的实践经验中，不断归纳总结，适当区分自己所提供的服务中哪些是配套服务，哪些是辅助服务。服务性企业必须提供配套服务，否则，顾客就无法消费基本服务；而没有辅助服务，顾客仍然可以消费基本服务，但基本组合对顾客的吸引力会减弱，竞争力会降低。管理人员必须通过市场调研，深入了解顾客的需要，才能确定适合于本企业的服务概念。精心设计的配套服务和辅助服务都能将本企业的基本组合与竞争对手的基本组合区别开来，增强本企业的竞争实力。

对于高端餐饮市场，企业主动提供辅助服务，并将其融入基本服务的过程中，极大地提高了顾客感知服务质量体验。

在长期实践的过程中，北京宴的辅助服务定位于颇具特色的宴会私人定制服务，并将其立足于宴会私人定制核心理念——十八字真经。通过把"抓住情、布好景、帮TA做、助TA说、使TA疯、让TA炫"十八个字作为核心理念，宴会私人定制根据宴会背后的故事，紧紧围绕核心理念，通过一系列的设计，给客人创造感动，留下美好的回忆和值得传颂的故事。

抓住情是核心，布好景是形式，帮TA做、助TA说是助推剂，使TA疯、让TA炫是目标。中国服务北京宴设计的辅助服务的重点表现于抓住情、布好景。

策划一场主题宴会，首先需要抓住情，抓准情，再以感情为主线进行布景，通过门牌、沙盘、照片、欢迎屏（此四项为必需）、气球等房间装饰，设计帮TA做、助TA说的环节。例如，有顾客提出需求，要为妈妈办一场特别生日宴，以表达与母亲血脉相连的感情——亲情，要在宴会中承载一系列的感情，过去：感恩。现在：惜福。未来：期许。

特别是在中国，与西方餐饮不同，吃饭被称为"饭局"，除了"饭"——菜品口味和硬件环境外，还有更深层次"局"的含义——体验和亲情。一场宴请，有缓和气氛、增加公共交流和增进友谊的作用。比如在饭桌谈生意，增加了彼此深层次的交流，从而增加好感和信任。再如为老人过寿，兄弟姐妹意在通过一场宴会表达对长辈的孝心。又如夫妻二人一起为母亲庆祝，北京宴会专门邀请儿媳妇来为老人亲自煮一碗面条，这比儿子来做更加契合和更易引起妈妈感动的情感。通过订制化的服务，可以将中国传统文化积极正向的一面表达出来。

四、宴会私人定制体系保障（服务体系设计）

宴会私人定制体系保障架构如图4-3所示。

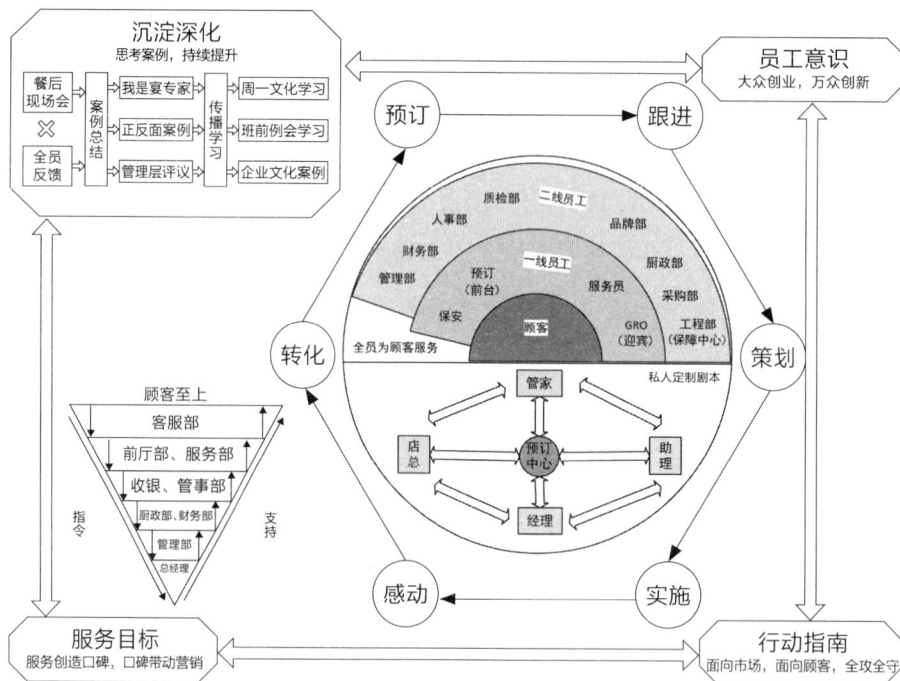

图4-3　宴会私人定制服务体系保障架构

中国服务坚持"以顾客为导向"的核心文化理念，把"家人"和"亲情"的概念作为基本内涵，在服务中注入情感因素，集中体现"把客人当亲人、客人永远是对的"的经营理念。根据一个核心、四个基本需求、五个根（员工、顾客、股东、供应商、社会），建立中国服务生态系统。具体包含：私人定制剧本、全员为顾客服务、私人定制服务流程、案例深化口碑战略。

（一）私人定制剧本设计

私人定制由预订中心作为信息集散中心，聚集和分发与顾客有关的所有私人定制信息。这些信息可能来源于管家、助理、经理、店总任何一方，首先要确认顾客预订的初始信息，随后在倒金字塔模式的支持下，店总作为总编剧，管家、助理、经理、店总可以畅通地沟通、交流、互相帮助，精心完成宴会的设计工作——私人定制剧本。

剧本订制源于对顾客信息的充分了解，北京宴七个"哇"中第一个哇——专业，要求向客人报道之前，助理、经理必须四查、七知。

剧本订制时，十分重视"抓住情"的理念。感情是指对外界刺激的比较强烈的心理反应、动作流露，对人或事物关切、喜爱的心情等，是多种感觉、思想和行为综合产生的心理和生理状态。文学家元好问的经典名词《摸鱼儿·雁丘词》中说道：问世间情为何物，直教人生死相许？足以说明情能够带给人举足轻重的感受，而情按照医学角度分为喜、怒、哀、乐、爱、恶、欲七种，这七情全部是人与生俱来的一种反应，只是在现在快节奏、高压力的生活中，我们很难有机会去释放，所以一旦抓住这种情感，一定会产生出其不意的效果。按照道德情感来说，情又分为亲情、友情、爱情、战友情、师生情、同窗情，等等。

下面就以亲情为例来阐述说明应该在哪里抓住什么情。

母亲的八十寿宴，主人公是寿星，孩子是第二主人公，那么所有的感情都应该从这两代人身上去寻找。作为寿星来说，自20世纪30年代一路走来，历经了抗战、中华人民共和国成立、社会初建、改革开放等社会变革，身经百战，是见证共和国文明的一代，所以他们的国家情怀是非常浓重的，那么在抓住感情的时候就可以选择那个年代的音乐，从而唤起他们内心的共鸣，比如播放《天涯歌女》的音乐，比如房间里放置那些年代里比较流行的物品照片（胸前佩戴的毛泽东像章、周璇的照片、缝纫机等）。

另外，也可抓寿星与儿女之间的感情，80岁老人的孩子大多在50岁上下，他们已经为社会做出了贡献，也拥有了一定的社会地位，这是老人最值得开心的一份情感。对于他们的儿女来说，在他们有足够的能力和时间陪伴父母的年纪，父母还健在，正所谓，我长大，你未老，这样的幸福刚刚好。

所以，只要抓住了感情这张牌，就没有创造不了感动的宴会，正所谓"北京宴，家宴、喜宴、同学宴、生日宴，婚宴、寿宴、朋友宴、商务宴，宴宴精彩；中国情，亲情、爱情、朋友情、师生情，激情、恩情、战友情、兄弟情，情情至诚"。

完成剧本基本订制后，通过"布好景"抓住情感脉络，制作出有针对性的视听觉布景。需要在餐前客人未到时布置好，而且从四个方面入手。

1.包间的门牌

门牌是酒店、餐饮行业内包间的指示牌，具有导向作用，一般以数字或其他山、河、花的名称命名，固定不变。北京宴的门牌号根据不同的宴会主题随时进行更换，如"合家欢""和乐厅""安居阁"等。

2.桌面的沙盘

沙盘是北京宴首创，在餐桌的转盘上用细沙、泡沫板组合而成，以映衬本餐的宴会主题或宴请客人所要表达的情谊。有文字和图片两种呈现形式，也可以使用普通沙盘、模板刻画、彩砂等多种制作工艺实现。文字形式，如谢师宴：因为有您，心存感激，师恩难忘。图片形式又包含沙盘和沙画两种形式，如生日宴刻画生日蛋糕。

3.电视欢迎屏

电视欢迎屏是利用包间的电视显示静态图片，或播放滚动的图片，以突出本餐的宴会主题或宴请客人所要表达的情谊。既可以使用静态画面：在客人到店用餐和离店始终保持一个画面，突出一个主题，或撰写藏头藏尾诗的画面也十分富有底蕴；也可以使用动态画面：在合适音乐的映衬下，滚动播放画面，或者根据餐前、餐中、餐尾的气氛实时转换画面，通常使用的两个软件是小年糕视频和爱剪辑视频。另外，为了给顾客惊喜，通常也可以将实时发生的一些照片随机播放，比如，在寿宴中，客人许愿切蛋糕的时候肯定会有很多照片，而切完蛋糕在品尝蛋糕的时候就可以将这些照片播放在电视上，客人会非常惊喜。

4.烘托气氛的音乐

音乐是烘托气氛的很好的方法，但是什么样的音乐能够抓住顾客的感情，也是有一定的规律可循的。首先要了解订餐人和宴会的主题是什么；再根据参加者的年龄范围定一个年代的框架；然后再去选择相对应情感的音乐，就一定能和顾客产生共鸣。例如，"70"后的同学聚会，一首《同桌的你》就会勾起大家的回忆。

5.锦上添花的装饰

锦上添花的装饰包括提前打印装入相框的照片、现场打印创造感动的照片，增加浪漫气氛的蜡烛、彩灯，富有寓意、能给人视觉上冲击的、用花瓣拼成的字体或图案。

未来更多更便捷的布景途径，也将不断尝试创新。

（二）全员为顾客服务的服务体系设计

美国著名服务营销学家肖斯塔克（Shostack）就曾使用"视野分界线"概念，将服务体系划分为顾客可以看见的前台操作体系和顾客无法看见的后台辅助体系。

北京宴则从员工职能的角度，将前台操作体系形象地称为一线人员，他们是与顾客大部分时间接触的人，直接服务于顾客；而将后台操作体系概括为二线人员，他们为一线人员和服务体系提供支撑和保障。

管理人员应根据本企业的服务概念来确定服务过程。前台操作体系不仅应为顾客提供优质基本服务，保证服务结果的质量，而且应为顾客提供优质交往服务，保证服务过程的质量。还应根据服务过程设计工作的任务，确定前台操作体系需要多少人力资源和物质资源，以及本企业应如何使用这些资源为顾客提供优质的服务。这就要求管理人员明确服务概念与顾客、服务概念与员工、服务概念与经营管理系统、员工与经营管理系统、顾客与员工及顾客与经营管理系统之间的关系。

1.一线人员——前台操作体系

1）顾客参与服务：服务概念与顾客

管理人员必须根据顾客要求的服务方式，在服务概念中明确规定顾客应完成的服务工作。服务的生产过程和消费过程的不可分离性，使得顾客必然是服务工作的积极参与者。在消费过程中，他们必须为服务人员提供必要的信息，配合服务人员的工作，才能获得优质的服务。在不同的服务操作体系中，顾客的参与程度会有些不同。银行储户使用自动柜员机，只需参与一个分支操作体系的服务工作，而旅馆的住客却需要参与整个操作体系的各种服务工作。然而，无论是哪一种情况，顾客都是前台操作体系中重要的人力资源。因此，管理人员在设计前台操作体系时，应充分重视顾客在服务过程中的作用。

抓住关键时机、以合适的方式、提供充足的帮助、获取全面的信息，才能达到有效引导顾客参与服务工作的目的。北京宴善于抓取服务过程中的细节，在宴会设计交流阶段，充分挖掘顾客的心理预期，为服务生产打下基础。顾客既是服务的消费者，也是服务的设计者，更是北京宴市场扩张的推动者。

2）员工提供服务：服务概念与员工

员工配备是服务性企业的一项重要管理工作。前台服务人员直接为顾客服务，他们最能了解顾客的需要和愿望，最能直接控制服务质量，最能及时发现服务过程中存在的问题，最能尽快采取补救措施，纠正服务差错。服务人员与顾客的每次接触，都是服务的"真诚的瞬间""关键时刻"。顾客感知的整体服务质量，是由服务人员和顾客之间的相互交往的结果决定的。因此，管理人员在设计前台操作体系时，应根据本企业的服务概念，重视企业文化建设的设计工作，目的是激励全体员工自觉地、全身心投入地为企业提供优质服务。此外，企业的内部管理制度应能调动员工的工作积极性，如考核和奖惩制度的设立应能激励员工为顾客提供优质服务，使顾客满意。

3）制度和资源保障服务：服务概念与经营管理系统

经营管理系统包括经营管理制度、服务操作程序、服务工作中需使用的技术和物质资源。管理人员应根据本企业的服务概念，确定经营管理制度，设计服务操作程序，采用适当的技术，使用必要的物质资源，以使前台服务人员做好服务工作。如北京宴的倒金字塔系统。

4）操作流程方便员工：员工与经营管理系统

服务性企业的经营管理制度、服务操作程序、技术系统和服务设备应有助于员工为顾客提供优质服务。如果服务操作程序太复杂，经营管理制度非常僵硬，后台信息检索工作速度缓慢，那么必然会影响前台服务人员为顾客提供满意的服务。北京宴以感动顾客为目标，依靠企业价值观来巧妙化解细节烦琐和无法完全流程化的问题，辅以宴专家ERP办公系统，效果出色。

5）顾客与员工

员工的服务态度对顾客感知服务质量有极大的影响，顾客的消费行为也同样会影响员工的服务态度。与不文明的顾客相比，懂礼貌、讲文明的顾客往往能得到更优质的服务。因此，企业管理人员在设计前台操作体系时，不仅应高度重视员工服务行为的研究、设计和管理工作，还应当高度重视顾客消费行为的研究、设计和管理工作。

6）顾客与经营管理系统

服务性企业的经营管理系统须方便顾客消费基本服务。如果管理人员只根据内部效率的要求，确定经营管理制度和服务操作程序，而不考虑外部效率，迫使顾客适应本企业的规章制度和操作程序，就必然会引起顾客的不满，降低顾客感知的服务质量。

北京宴用"顾客永远是对的"，来不断发现、改善经营管理系统中的问题，其背后的逻辑是，当员工看到或听说顾客有错时，要告诉自己，不是自己看错了就是自己听错了；如果没有看错听错，那一定是因为员工先犯了错或者企业经营管理系统设计不当才使顾客出了错。因此，要顺着服务流程向前追溯，直至找到服务质量问题发生的根源，以从本质上解决问题。

总之，管理人员应根据目标细分市场的需要，合理地处理上述的各种关系，确定各种人力资源、物质资源和信息资源的适当组合，才能做好前台操作体系的设计工作。

2.二线人员——后台服务辅助体系

后台服务辅助体系的工作对前台操作体系的服务质量会有很大的影响。因此，做好后台辅助性服务的设计，往往是前台操作体系为顾客提供优质服务的必要前提。芬兰著名服务营销学家格鲁诺斯认为后台辅助体系应为前台操作体系提供以下三类支持，企业管理人员在进行后台服务辅助体系的设计时应当对这三类支持给予充分重视。

1）管理人员的支持

管理人员的支持是最重要的一类支持。管理人员应加强企业文化建设，在企业内树立包括内部服务在内的全面服务的价值观，鼓励全体员工树立服务导向的工作态度，为不论是内部顾客还是外部顾客提供最优的服务。管理人员不仅应不断提高领导能力，鼓励、支持、指导服务人员为顾客着想，为顾客提供优质服务，还应该为全体员工树立优质服务的榜样。

中国服务北京宴提出团队打造六件宝：用目标引导员工、用身教影响员工、用案例唤醒员工、用文化融化员工、用机制保障员工、用培训提高员工。

2）后台职能部门的支持

前台服务人员经常需要后台职能部门员工的支持，才能为顾客提供优质服务。例如，如果旅馆维修部门工作人员不能及时做好客房设备维修工作，那么，客房部服务人员就无法为顾客提供优质服务。因此，后台职能部门的员工必须把前台服务人员和其他职能部门的员工当作"内部顾客"，并为他们提供优质服务。

北京宴七个"哇"中第一个哇——专业，要求向客人报道之前，助理、经理必须四查、七知。四查，是指查《顾客信息预订登记表》了解预订信息、查顾客历史档案了解顾客历史信息、查网络了解顾客信息、查订餐人核对交办信息；七知，是指知道顾客是谁（姓氏、籍贯、称呼、公司）、第几次来（上次是什么时间来、在哪个房间）、有何丰功伟绩（简历）、今天宴会的主题是什么（主题、目的）、就餐人数（最重要的人是谁、从哪里来、和订餐人的关系）、什么时间到及其他特殊交办的喜好或忌讳。如果前台服务人员无法详细确认这些信息，就需要后台工作人员的支持，才能保证获取充分的信息，完成第一个"哇"。

3）经营管理系统的支持

在服务性企业里，现代科技成果的作用越来越明显。采用新技术、新设备，可极大地提高服务质量、服务工作效率和企业的获利能力。如北京宴的ERP系统和倒金字塔系统。

上面我们分别对前台操作体系和后台服务辅助体系的设计进行了分析，从服务体系的整体设计来看，应该注意的问题是，前台操作体系和后台服务辅助体系这两部分各自所占比重应如何根据本企业的服务概念进行设计。

一线满意是二线工作的结果，二线员工为一线员工服务，上一道工序为下一道工序服务，全体员工为顾客服务。同时，为了保证这些服务设计的实施，中国服务北京宴在后台服务体系中要求不说"不"字的态度和文化理念——六"不"文化，即上道工序不对下道工序说不、二线部门不对一线部门说不、上级不对员工提出的困难说不、下级不对上级的命令说不、被检查者不对检查者查出的问题说不、全员不对客人说不，充分保障后台服务辅助体系的支持作用。

在六"不"文化的基础上，北京宴提出二线对一线的"四个理解"：

（1）充分理解一线的地位。提倡"一线工作至上"。也就是说，一线员工直接面对客人，为客人服务，他们所处的位置最重要。在酒店工作的舞台上，一线唱主角，二线唱配角，最终都是为了让客人满意，二线员工要自觉克服心理上的障碍，甘当配角，甘做幕后无名英雄，二线对一线要像一线对客人一样热情、亲切。

（2）充分理解一线的急需。一线在对客人服务中，常常向二线提出紧急需求，包括人力援助。时间紧，任务急，作为二线员工应当把一线的急需看作客人的急需，打破"按常规办事"的工作方式，认真做出永远是"YES"的回答和承诺，千方百计提供有利的服务保证，满足一线需求，切不可强词夺理，更不可置之不理。

（3）充分理解一线对二线工作的不满。在相互协作中，一线对二线的工作常常表示不满意。面对这种不满，切不可认为是一线跟二线过不去，而要以平静的心态反省。要知道，一线的不满正是用客人的视角看待二线工作的必然反映。即使一线的意见或投诉与实际情况有出入，也应当理解一线的良苦用心。

（4）充分理解一线的甘苦。一线人员相对比较辛苦，他们劳累了一天，需要二线为他们提供衣、食、住、行方面的优质服务，由于个人修养、心态等因素，某些一线员工对后勤保障工作不满，甚至是挑剔，二线要宽容他们，并用温暖的双手为之排忧解难，用真情去感化他们。

（三）私人定制服务流程设计

确定了基本服务项目之后，管理人员就可以根据顾客消费过程中各个消费阶段的特点，确定服务工作必需的各种人力资源和物质资源。瑞典著名企业管理学家贾莫·莱赛宁（Jarmo Lehtinen）认为，顾客消费过程可划分为结合阶段、主要消费阶段和分离阶段。

结合阶段是顾客消费过程的第一个阶段。顾客主动与服务性企业接触，要求购买和消费基本服务。在这个阶段，服务性企业的主要服务项目是配套服务。例如，餐馆为顾客提供预订服务和接待服务。有时，服务性企业还需提供一些辅助服务，如餐馆可为顾客提供停车服务。

主要消费阶段是顾客消费基本服务的阶段。企业不仅应尽力为顾客提供优质核心服务，而且需要为顾客提供一些配套服务和辅助服务，以便满足顾客的需求。例如，餐馆的基本服务是饮食服务，餐桌摆设和菜肴介绍是配套服务，乐曲演奏是辅助服务。

分离阶段是顾客结束消费，离开服务场所的阶段。在这个阶段，服务性企业需要提供某些配套服务，也可能会提供一些辅助服务，如餐馆为顾客开票结账（配套服务），停车场服务人员为顾客提供车辆领取服务（辅助服务）。

确定好了基本组合，管理人员就确定了本企业应为顾客提供哪些产品和服务，而基本组合的质量在很大程度上取决于服务过程的设计。产品和服务的整体组合是由这些服务过程成分和基本组合成分共同组成的。对大多数服务性企业来说，服务过程设计工作和管理工作的重点是：

（1）帮助顾客参与服务过程。

（2）增进互动，确定买卖双方相互交往的方式，加强服务"真诚的瞬间"的质量管理工作。

（3）方便顾客购买和消费。

顾客与服务性企业相互接触可划分为下面几种类型：

（1）顾客与服务人员。服务人员的言行对顾客感知的整体服务质量有极大的影响。

（2）顾客与企业的有形设施。顾客接触服务性企业的各种生产资料，包括服务设施、服务设备、服务工具，以及顾客在被服务过程中必须填写的各种书面资料。

（3）顾客与企业的规章制度、文化、形象。顾客接触服务性企业的各种规章制度，如排队制度、等待制度、付款制度、交货制度、维修制度、预约制度、索赔制度等。

（4）顾客与顾客之间互动过程的设计，更具体地，指与同时接受服务的其他顾客相互交往。

顾客感知的服务质量会受上述各类相互交互的影响，因此，管理人员必须精心设计产品和服务整体组合中的各个组成部分，确定服务工作必需的人力、物力、技术资源和信息资源。如果顾客认为企业的操作制度和管理制度过于复杂、服务人员不够友好、服务设备不易使用、其他顾客令人讨厌，即使服务性企业能为顾客提供优质基本服务，顾客感知的整体服务质量也会较差。

其实，不仅仅是场景的布置让顾客感动，更重要的是准备工作的用心程度和感情投入，员工参与的融入和认同。在周围的环境与情感相符合、互相衬托的氛围中，用表情流露和语言表达来大幅提升顾客感知的服务质量是至关重要的，或者说，没有情的景只能算是敷衍了事。

从另一个角度讲，将要提到的沟通也是无形服务中必须考虑到的，这是有形服务的基础。例如，餐前确定宴会场景和感情氛围、布置环境场景、用餐过程中提供问候和礼品，这些都需要在与顾客交互的过程中，时刻注意寻求和记录对顾客感知体验服务质量有用的信息，并及时地将这些信息传达给前台可能与顾客接触的服务人员以及后台准备工作人员，确保所做的工作都是面向顾客，以顾客服务体验为核心的。

（四）案例深化口碑战略

初级的服务订制要求门牌、沙盘、欢迎屏，中级服务订制要求房间布置、小册子、用心做事，而最细致的服务订制则要求具备策划方案、照片、顾客赞誉，需把大众点评、朋友圈分享和当餐转化作为评价依据，撰写案例。

面对已经体验过北京宴服务的顾客，如果不持续改进服务，顾客的感知是服务退步；如果稍稍改进，顾客的感知是服务变化不大；只有持续创新，提升服务，变革升级，才能让顾客每一次的体验都充满惊喜。从菜品到环境，再到私人定制化服务，从基础服务五位一体到糖文化，再到感动文化，从规范化到个性化，再到亲情文化，都体现着北京宴持续改进的企业文化。

在整个宴会私人定制保障体系流程的各个环节，都会进行沉淀深化，在思考中撰写经典案例，促进北京宴持续提升，深化以口碑营销的企业经营战略。通过餐后现场检查、员工总结、管理层监督的全员反馈过程，总结出各种案例。随后，以"我是宴专家"、正反面案例、经理层点评等形式和方法进一步提炼。在"我是宴专家"中，将以助理为导师，携员工展示本周营业中最具特色的服务，评比出最优正面订制服务，分享最好的案例作为学习榜样。在正反面案例中归纳出典型的正面和反面案例各三个，用于传播学习。

这些案例可以在日常的周一文化课、班前例会中学习，周一文化学习中向企业全体员工介绍展示本周案例，并由总经理讲课进行工作指导；班前例会中则是由助理带领全班组完成日常学习；也可以记录在企业文化案例中，使服务中的闪光点能够持续深化，促进服务提升。

在阅读这些案例后，员工可以培养大众创业、万众创新的意识，每一个人都是企业价值的创造者，共同依照企业"面向市场，面向顾客，全攻全守"的行动指南，共创"服务创造口碑，口碑带动营销"的服务发展目标。

第二节 让员工离不开的家和文化（内部沟通体系设计）

——全马力提升员工参与感

【案例2】内部沟通案例——胡晓明和路敏

胡晓明：圆梦星光大道

胡晓明是北京宴一名普通的传菜员，对音乐的热情和坚持却感动了每个人，也感动了一位好心人，从此有了这架"圆梦钢琴"。

他的音乐路充满坎坷，也曾经一蹶不振，但为了追求心中最爱的音乐，他从未在现实面前低头。晓明因为机缘巧合而帮朋友创作出了北京宴店歌的曲子，来到了这个大家庭。

北京宴的家和文化、身边人的爱护，让晓明渐渐走出过去的阴影，回归生活的正轨，他脸上的笑容也多了起来，并且主动给"家人"写歌，给客人们唱歌，常常博得满堂喝彩，其中最受大众欢迎的是他为北京宴写的第一首歌——《感恩》。

十几年对音乐的热爱，晓明为他的音乐梦想坚守。1929首原创歌词，凝聚着晓明对音乐的追求，诉说着晓明对人生的探索。晓明的音乐梦，被《人民日报》选定为《100个人的中国梦》之一。

为了圆晓明的音乐梦，北京宴专门购买了这架顶级专业钢琴，晓明见到后十分惊喜地说："没有任何人能阻止我追梦的脚步。"每天下午，晓明都会盛装端坐在他梦寐以求的钢琴前，深情投入地弹奏，仿佛置身于他的专属舞台。

习主席在讲中国梦时提到："每个人都有理想和追求，都有自己的梦想。"梦想，也许对于北京宴的胡晓明来说真的快要实现了。

北京宴，中国梦的圆梦办，助力圆每个人的梦！

路敏：我从未离开过

刚刚加入北京宴时，因为从事的工作不需要经常接触客人，又因为长期在学校的温室中，路敏无法快速融入环境，没有严格遵守员工化妆的规定，不梳规定的发型，杨老师在管理人员例会上因为这事当着所有领导的面说："路敏，你的发型合格吗？连阿姨们都在学着梳这个发型，你连阿姨们都不如，女人一定要活得精致！"当时路敏不明白，为什么每天要那么麻烦。

之后的日子里，路敏开始学习按照酒店的要求做，不自觉地也养成了上班或出门前必须化妆的习惯。直到去年寒假找工作的时候，她才真正意识到精神利落的妆容和衣着是多么重要，当时那个酒店的总经理见到她第一句话就是："就凭你这个化妆和气质，不用面试，直接录用。"

实习结束回到学校准备考研，在选专业的时候，她选择了天津师范大学的思想政治与企业文化管理。虽然达到了国家的A区线，能够去一个二流学校，可是想到了北京宴的愿景，要争做一流，回忆起杨老师说过，人们往往只会记住第一名，而永远不会记得第二名的名字，于是，她宁可放弃或者再考，也不愿在一个不知名的大学蹉跎三年青春。

今年四月份，路敏参加了县城的一个事业单位考试，其中一个选择题是选择正确的一项，宋徽宗最擅画鸟，其流传下来的代表作有《瑞鹤图》，她记得清清楚楚，那幅画在北京宴有两幅，其中一幅在201包间的棋牌室，另一幅在215棋牌室。宋徽宗赵佶画鸟时有个特点，擅长把鸟的眼睛点成像豆子状的立体感，极为传神，所以印象很深刻。在北京宴，做工作就是学东西，东西学到自己脑袋里，不知道什么时候就用得着了。杨老师曾说，经历是人生一笔宝贵的财富，不是雇用员工的双手，而是武装员工的大脑。

在选择工作的时候，路敏关注的是这个企业的文化、培训和晋升机制。像北京宴这样能给员工以持久长期正规培训的企业真的少之又少。路敏说："在和面试官交流的过程中，他问我择业最重要的是什么时，我的回答是自身能力的提高。一个企业如果不能让我学到东西，只是重复地做一些了无生趣的工作，尽管工资再高，我觉得终将会被社会淘汰。"

北京宴记录下她的改变，她的改变离不开北京宴，因为她从未离开。"只要我变了，整个世界也会因我而变。"

管理人员应当通过内部沟通质量的设计，使全体员工了解本企业产品和服务整体组合的特点，并使全体员工充分了解外部顾客的真正需求及需求的变化，更好地激励员工为顾客提供优质服务。

服务组织内部定期沟通应该是各层次管理者的一个特色。建立一个适当的信息系统，是沟通和服务作业的基本工具。北京宴的内部沟通体系是建立在家和文化之上的。

中国传统文化非常注重家庭，中国人浓厚的家庭观念来源于《易经》，因为《易经》本身就是讲一个大家庭，而且《易经》中还有一个卦，叫家人卦（离下巽上），是专门讲应该如何治家的。

"家和"文化是北京宴文化的本色，"视员工为家人"也是北京宴"家和"文化的根本和核心。整个北京宴建筑面积1.7万平方米，总投资约2个亿，其中不乏名贵物件，但北京宴的许鹏董事长坦言："在北京宴最值钱的，就是我们的员工。"北京宴将员工视为立基之本，选、用、培全方位人力资源管理，注重选好人、用好人、培养人。同时，把员工当家人，当他们把公司当成家时，就不会是机械刻板地对客人服务了，而是会把客人当作自己的亲人，用心、用情关照客人，提供最优服务。

这就是亲情的家和文化——"视员工为家人、把客人当亲人、视社会为恩人、把供应商当朋友、视股东为兄弟"，员工是"家"里的主体。通过优质食宿、未婚人员承诺书、已婚人员承诺书、四方师徒协议、我的地盘我做主、不裁员等措施，让员工感到自己被公司当作家人。

一、企业文化生根发芽

广义的企业文化，是指企业在其生存和发展过程中所创造的具有该企业特色的精神财富和物质财富的总和。包括物质、行为、制度、精神四个层面。狭义的企业文化，是指企业的员工共同创造并享有的价值观、信念、思想意识、做事的方式和准则。

概括起来，文化源于行为，行为导致习惯，习惯久了就是文化。企业文化的核心——价值观。

1.企业文化的作用

1）导向功能

企业文化是旗帜，是方向盘，它引导员工思想，对企业内部所有员工具有强烈的感召力，从而使员工始终不渝地为了实现企业的目标而共同努力。

2）规范（约束）功能

企业文化虽然是无形的，但作为内在的心理力量，它对员工行为具有规范和约束作用。在一种特定的文化氛围中，大家都知道应该做什么不应该做什么，就会比较自觉地服从企业确定的价值观念和行为准则。这种服从，就是自我规范和自我约束。因此企业文化对员工具有自我调适、自我管理的作用。

3）凝聚功能

企业文化通过种种微妙的方式来沟通人们的思想和情感交流，使员工在统一的思想指导下，产生对企业战略目标、准则、观念的认同感和作为其中一员的使命感。同时，在企业文化氛围的作用下，每个员工通过自身的感受，产生对本职工作的自豪感和对企业的归属感。它可以潜意识地对企业产生一种强烈的向心力，把员工的思想和行为与企业整体联系起来。

4）融合功能

在良好的企业文化氛围中，通过耳濡目染，潜移默化，员工接受了企业群体共同的理想和价值观之后，思想、性格、情趣、思维方式等也产生相似性和相容性，从而将"个体"融入群体之中，达到和谐统一，形成一加一大于二的群体力量。

5）激励功能

企业通过文化建设，将企业愿景、经营目标大张旗鼓地进行宣传，使全体员工看到自己从事事业的社会意义和光明前途，就能够启发、诱导、刺激、发挥员工潜在的热情、才干和智慧，调动其积极性和创造性，使其自觉在岗位上建功立业。所以企业文化具有加压和激励的作用，是企业活力的源泉。

6）辐射功能

企业文化有利于传播企业理念，树立企业的良好形象，对社会舆论产生积极影响。

2.让文化落地——企业文化渗透的八种途径

在文化认同、领悟、渗透、行动、结果的过程中，渗透是重要的一环。正所谓"如汝欲学诗，功夫在诗外"，渗透好企业文化，其效果是润物细无声的。

通过正反面案例、手册日常使用、多渠道文化宣传、企业文化学习、案例分析会、榜样激励、社团活动、十字评估沟通八种途径，让文化落地、生根、发芽、生长，使得北京宴的文化具有活力，令其既不是轻飘飘的气球文化，一扎就破，也不是沉重的铅球文化，无法提升。

叛逆，攀比，脆弱，没有责任心，没有追求，缺乏亲情，喜欢以自我为中心，满不在乎，……对"85后"和"90后"的管理几乎成为整个社会的难题，在餐饮行业中，这个群体占了绝大多数比例，于是，"员工说不得""能干就不错了，不敢过高地要求""现在管理人员得求着员工干""能有人来就不错了，容不得我们挑三拣四了"，这样的声音频频出自许多饭店高层之口。服务中高投诉率、管理中高出错率、员工高流失率成为困扰餐饮行业的"三高"难题。

北京宴于2011年9月开始组建团队（图4-4），2012年5月18日正式对外试营业，400多名员工全部来源于社会招聘，其中"85后""90后"占80%以上。2012年，年员工流失率低于15%，月员工流失率仅为1%左右，这样的数据足以令国内外的同行惊讶和赞叹。在全国餐饮一片缺人的浪潮中，唯独北京宴喊出了不缺人的声音，拥有400多名员工的北京宴人事部竟然只有1名员工，原因很简单，因为北京宴几乎不需要招聘。高稳定性让人事工作变得简单。而且，形成了这样一个北京宴现象：一边是周边的酒店两倍以上的工资挖不走，一边是所有走了的员工都削尖了脑袋想再回来。北京宴人利用业余时间学习、研究蔚然成风，北京宴这边风景独好。这些都归功于北京宴的家和文化。

为了建立一支志同道合的员工队伍，培养和留住员工的心，北京宴在创建之初便着手建设员工的归属感，从把北京宴建设成一所学校——"以育人为己任，让员工受到良好的培养和训练，每个人都成为社会的有用之才"等方面入手，武装员工的大脑，把员工培养成发动机。北京宴"十大社团文化"便是在这一背景之下应运而生的。

北京宴社团完全由员工自发形成并发展，是不折不扣的"民间组织"。北京宴日常的培训工作已经无法满足员工对知识的渴望，他们就根据自己感兴趣的方向自发组织成立形象北京宴、生活北京宴、话说北京宴、艺术北京宴、礼仪北京宴、印象北京宴、糖化北京宴、茶艺北京宴、养生北京宴、感动北京宴共10个社团组织，所有社长都由普通员工担任，助理级以上管理人

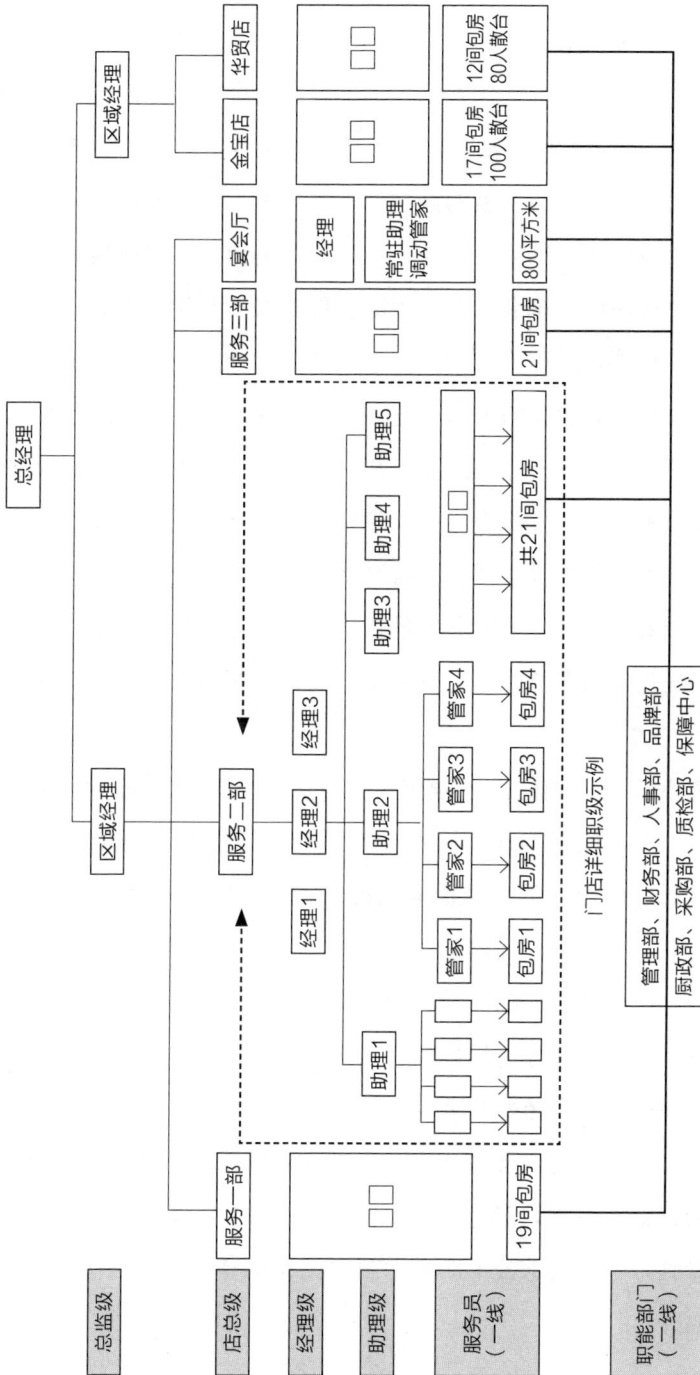

图4-4 北京宴的直线—职能人员组织结构

总监级

店总级 ← 服务一部 — 服务二部 — 服务三部 — 区域经理

总经理

经理1 经理2 经理3 经理 常驻助理 调动管家

经理级

助理级 助理1 助理2 助理3 助理4 助理5

服务员（一线） 管家1 管家2 管家3 管家4
包房1 包房2 包房3 包房4

宴会厅 金宝店 华贸店
区域经理

19间包房 共21间包房 21间包房 800平方米 17间包房 100人散台 12间包房 80人散台

门店详细职级示例

职能部门（二线） 管理部、财务部、人事部、品牌部、厨政部、采购部、质检部、保障部、保障中心

083

员只能担任副社长和秘书长一职，提供基础的服务和保障，社长自己发展队员，壮大队伍，每个社团少则10人，多则不限。每个社团都编有自己的社团手册，每月组织一次本社团的活动，每年组织一次全员的集体活动。

北京宴十大社团伴随北京宴的试营业走过了近一年的时间，社团工作取得了丰硕的成果，员工在创作中工作，在工作中创作，充满激情和求知的欲望，酒店为每个社团设立基金，对员工的合理建议和意见尽全力满足，员工有了成就感，归属感自然增强，大大促进了员工的稳定性。对员工的关心和培养投入越大，员工对顾客的付出就越大，顾客对企业的回报就越大。

社团活动可以大大提升员工的工作积极性，这可以保证员工用充足的热情和较好的素质来给客人提供个性化、亲情化的服务。那么，如何从培训角度入手让员工的工作积极性得以长久维系？再者，由于北京宴是面向政务、商务人士的高端餐饮企业，因此服务的标准化、规范化异常重要，那么如何保证北京宴标准化的服务流程，尤其是如何让北京宴的文化理念能融入员工的心里呢？

北京宴的办法是每周一面向全体员工开办企业文化学习渗透活动——企业文化大课，其主题是针对每周工作中出现的问题进行批评总结和案例式教育。每周都会选取典型的正面、反面案例各三个，作为企业文化学习的重点。

北京宴在企业文化课上点评正反面案例，是让员工明白北京宴是一支部队，要求严格，强调服从，纪律严明，"通过将案例上升到理论来指导员工的行为，就像下毛毛雨一样，日日月月年年，让大家在这种文化氛围当中熏陶我们的理念和行为。"杨秀龙说。

在追寻其发展轨迹的过程中，让顾客感动的服务无疑是其立足的根本，而在这种感动式服务的背后实际是"以人为本"的充满亲情的家和文化，以及能让员工看到希望的追求公平的激励制度。北京宴员工的工作热情正是来自他们的幸福感。

二、互通有无——传统的企业内部交流形式

传统的企业内部交流形式包括简报、交流会、文件等。小组活动，诸如质量改进讨论会，能有效地增进人员之间的沟通，并能提供一个支持员工参与并合作解决问题的机会。在北京宴，内部交流以三级例会制度为基准：酒店例会、部门例会、班组例会；另外，北京宴的倒金字塔体系，可以有效解决管理层接收到不准确的或理解错了的客人信息的问题。

在周二的管理人员会议上，重点讨论企业经营管理上的优势和不足，确保信息沟通流畅。内容要求涉及上周工作已完成情况、上周工作未完成情况、下周工作需完成情况、上周大质检复查结果汇报、本周管理中心人员测评得分、人事报告、宣传策划的汇报、服务规范和私人定制的汇报、新规定/通知/制度下发公示、本部门上周做得最好的工作、本部门上周做得最差的工作、本部门下周重点跟进的工作、配合最好的部门、需加把劲的部门。这里特别注意，对于与其他部门的沟通，措辞十分重要，"需要加把劲"从鼓励和改进的角度提出批评，可以有效减少部门间的矛盾。除此之外，保障中心还须额外汇报本周工程费用各店统计、下周保养计划，厨政部和各营业部须汇报本周营业报表、公布本周大质检结果，财务中心须汇报挂账人员、各店领用报销费用统计、各店领用物料。

为了加强酒店企业文化学习组织的纪律性和规范性，北京宴专门制定了规范，要求员工和管理层人员参与企业文化学习，其内容分别是指周一全体员工企业文化大课及周二管理人员企业文化学习。

北京宴还在员工宿舍区和员工餐区设置多个总经理信箱，并在信箱上公开公司总经理联系方式，以便员工可以通过信件、电话、短信的方式与上层管理人员直接取得沟通。

利用信息技术设施，可以极大提高沟通效率。QQ、微信等即时通信技

术的普及，使企业员工和管理层突破庄严的界限，工作时间内是同事，工作之外则是一起生活娱乐的朋友。北京宴在总部为员工专门设立生活区域，倡导"家"的管理理念，为员工打造温馨舒适的工作外环境，微信就是联结员工情谊的重要桥梁，让员工在工作外具有家人的角色体验。但是，因为大众社交媒体的网络不稳定、待办事项易遗忘、沟通网络不清晰、生活信息干扰多、卫生安全难保障等缺点，在工作环境内，北京宴使用专门的现代化信息技术软硬件设备支持工作流程。北京宴为员工们配备了专门的传呼设备进行语音交流，对于直接参与餐品作业的人员，设置专门的手机充电柜，上岗前用来存放员工个人手机。

在检查待办事项方面，北京宴独创观影思忆的方法，践行事事日清日毕的理念，鼓励员工在观影时回顾通话记录、短信、微信、手机新增电话号码等手机杂乱的信息，并以之为线索，回忆当日事，确保不忘当日事，并将过去未完成事项转化为待办事项记录于个人笔记。

三、倒金字塔——创新的团队建设模式

中国服务北京宴坚持认为，把员工当家人，是给顾客提供优质服务的前提。但问题是，如果员工内部之间的关系理不顺，那么用亲情文化塑造的优质服务可能会难以持久。比如，服务员要给客人赠送一碗雪梨汤，但厨师长不配合，怎么办？

服务人员是距离顾客最近的信息入口，北京宴提出"让听得见炮声的人去指挥战斗"，设计了一个倒金字塔的团队模式作为亲情文化的机制保障。

这个倒金字塔模式是：上道工序不对下道工序说不，二线部门不对一线部门说不，上级不对员工提出的困难说不，下级不对上级的命令说不，被检查者不对检查者提出的问题说不，全员不对客人说不。北京宴的服务理念是，顾客的需求永远被放在第一位，因此，在服务上谁越靠近顾客，谁的指

挥权就越大（如图4-5所示）。"最接近顾客的是客服部，因为他们是直接与顾客沟通、给顾客做预订的，也是最了解顾客需求的；再下面是前厅部、服务部；再后面是二线的厨政部、管理部等；最下面的是总经理。上面对下面说的话是指令，下面对上面说的话不是指示，要让听得见炮声的人去指挥战斗。"杨秀龙说。在北京宴，一线服务员的权威最大，而总经理是全酒店最大的店小二。当客人有抱怨时，服务员可以指挥经理赶快到房间；当客人有特定的需求比如需要雪梨汤时，服务员可以指挥厨师长赶快准备好。如表4-2所示为北京宴倒金字塔沟通模式与普通结构沟通模式对比情况。

表4-2　北京宴倒金字塔沟通模式与普通结构沟通模式对比情况

项目	时间	成本	效率
普通结构沟通模式	多	冗余	高
倒金字塔沟通模式	少	节俭	低

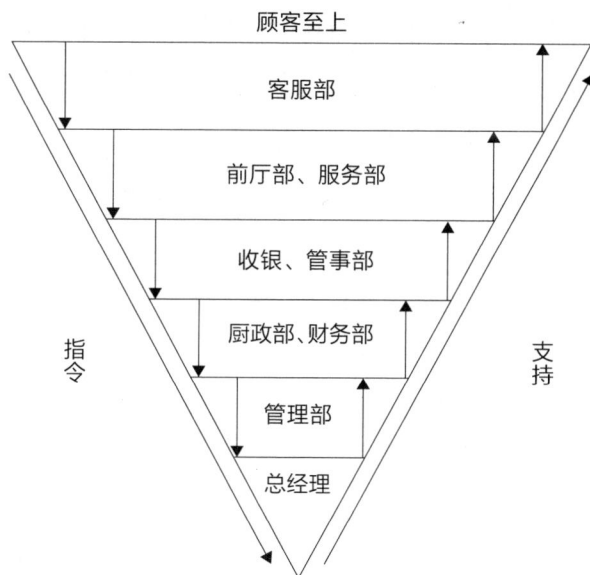

图4-5　北京宴倒金字塔模式示意

倒金字塔模式的具体方法包括"公平、公开、公正"的激励制度体系，全方位评估考核机制，"事后奖励"、"现场奖励"、捐款复活制度的惩罚机制以及一个公平、清晰、能让员工看到希望的晋升机制，还有包含总经理信箱、每月一次合理化建议的收集和上报、听取员工的合理化建议并拿出切实可行的解决方案的无障碍沟通机制。

为配合倒金字塔模式发挥最大作用，打造科学与艺术相结合的管理模式，中国服务北京宴配以现代化办公体系予以支持，包括客户预订系统、厨房订餐系统餐行健等，引进办公自动化系统（Office Automation，OA），新型办公方式可以将现代化办公和计算机技术结合起来，实现数字化办公，可以优化现有的管理组织机构和顾客服务流程，调整管理机制，在提高效率的基础上，增加服务型企业的协同办公能力，强化决策的一致性，提高决策效能。

北京宴还将OA办公系统与预订管理、收银系统、后厨管理和供应链系统结合，提出"宴时代"下不一样的ERP系统，它跳出了传统企业边界，从供应链范围去优化企业的资源，是基于网络经济时代的新一代信息系统，用于改善企业业务流程以提高企业核心竞争力。

第三节　让大众记得住的沟通魔法（外部沟通体系设计）

【案例3】外部沟通案例——黄晓明婚宴

2015年10月8日，全民瞩目的黄晓明和Baby的婚礼终于落下帷幕，这个婚礼承载了黄晓明对Baby浓浓的爱，这份真情感天动地。黄晓明为了让自己心中最靓丽的公主，在人生中最重要的日子，能在婚宴上用带有妈妈做菜的味道的菜品招待至亲宾朋，特意把能让Baby吃出家里味道的北京宴厨师团队请到上海。相信黄晓明也是想在婚宴上用这片心意，向岳父岳母表明自己对Baby的爱像钻石一样坚贞。

究竟什么样的菜品是Baby钟爱的妈妈做菜的味道呢？这些让人垂涎欲滴的美味背后，其实还有很多不得不说的故事。

首先回顾一下婚宴菜单，如图4-6所示。

前菜		
吉庆有余	—	本帮熏鱼
比翼双飞	—	上海酱鸭
长相厮守	—	老北京熏猪手
早生贵子	—	咸水五香花生
龙凤呈祥	—	咸爽口龙豆
良辰美景	—	青柠冰草

图4-6　黄晓明、Angelababy婚宴菜单

主菜		
天作之合	—	鲜松茸配顶级和牛肉
情深似海	—	冲汤活海参
执子之手	—	红花土豆焗大虾
花好月圆	—	鲜鱼汁十月红
甜品		
甜蜜满溢		

图4-6　黄晓明、Angelababy婚宴菜单（续）

　　能呈现出这样华丽的婚礼，靠的是幕后专门成立的筹备小组，他们先后五次奔赴上海，实地勘察场地，确保食品安全，确定菜单和设备，挑选食材及运输保存渠道。总之，所有小细节都事无巨细地反复考虑并演练多次，真正做到了万无一失的准备。他们到底做了哪些工作呢？下面就是答案。

　　首先，开创了大型宴会第三方监督机制。通过聘请奥运会指定国际公认的第三方食药监公司，全程监督本次活动，确保食品安全卫生。其次，确定厨房接待架构。分为两个方面：一是确定人员架构，共组建五个小组，100名厨师空降上海；二是确定设备，本次活动共租用各类大型设备80多台（件）。最后也是最重要的，本次活动集合了北京宴等五家中国服务餐饮集团，五家联动，众志成城，可谓人心齐泰山移。在原材料方面也不敢马虎，北京宴采取了全国采购、空运送货的方式，其中海参、松茸、龙虾、番茄分别从威海、云南、广州、新疆空运到上海，其余大部分菜品从北京空运。在菜品制作方面，更是团队合作、分工包干，每个小团队专门针对1~2道菜品制作，从温度、口味、卫生上确保菜品出品质量。

　　北京宴总经理杨秀龙透露，这次婚宴主打的菜色正是"中国味"，寓意

"小时候妈妈做菜的味道"。至于口味方面，则迎合了黄晓明与Baby双方的喜好，"大家组建试菜团队试过几次后，分别从装盘、吃的方便程度、寓意上进行了调整"。另外，这次婚宴用的餐具也都是订制款，红花土豆象征Baby晓明，餐盘上都印有AH的字样。

值得注意的是，这次黄晓明其实是用自家生意宴请。早前，他曾携手任泉、李冰冰一起开了火锅店。如今，他的饮食事业版图日渐壮大，三个初始热辣股东加上黄渤、何炅、井柏然一起入股北京宴，这次婚宴菜品亦是顺理成章由"北京宴"承接。

至于黄晓明为啥会入股这家餐厅，则完全是为了Baby。据说Baby是个地地道道的吃货，尝遍全国各地美食，却独独迷恋"家"的味道。黄晓明便立志遍寻全国，也要找到一家餐厅，能在婚礼上呈现家的味道。后来偶然有一天，Baby在北京宴吃出了家的感觉，黄晓明便毅然决定入股。坊间猜测，既然黄晓明是股东，那么自然这次也算是"低成本"了。对此，杨秀龙说："我们也是有公司章程的，大家为了做事业聚到一起。他消费也要掏钱，只不过有相应折扣，具体数额就不便透露了。"

此前，黄晓明透露席开50桌，宴请500多名客人。不过最终情况远远不止这些。当日的餐品共设三种：主宴会餐、媒体餐及工作餐。"主宴会区之前的确是52桌，后来人数又增多，最终主会场72桌。加上媒体区300多位，还有其他嘉宾的助手在内的工作餐，应该是预估的2000人。"

为了应付如此庞大的餐量，北京宴集团迅速从全国上百家餐厅中调集人马。包括北京宴北京总部、太原海外海餐饮集团、新疆路上餐饮集团、上海新荣记集团、安徽蜀王集团等，最终组成将近120名"精兵强将"的庞大阵仗，其中包括100名厨师。核心人员已在一个月前在北京会师，确定菜品，回去练习，并于一周前陆续抵达上海。当然，原材料的运输也是一大挑战。

为求新鲜，大部分都得飞机运送。"海参是威海空运，松茸是云南空运，龙虾广州空运，其余大部分北京空运。"

本次黄晓明和Baby的温馨婚礼，开创了北京宴异地承接高端订制婚宴的先河，这次不单单是北京宴承接了这场明星的婚宴，而更像是整个中国餐饮行业的一次大练兵，是集体协作取得的胜利，真正体现了北京宴"众合力、心联盟、共铸餐饮长城"的行动纲领。北京宴人在用自己的拼搏与努力推动着整个餐饮行业的发展，进而为一代代餐饮人赢得社会的尊重，使中国服务的理念最终走出国门，享誉全球。

北京宴的企业宗旨是：为顾客创造享受，为员工创造前途，为企业创造效益，为社会创造价值。通过外部沟通的五大方式、两大技巧和提升外部沟通效率的五个原则，淋漓尽致地让北京宴的企业宗旨为社会、市场、业界、顾客所知晓和体验。

一、全方位外部沟通五大方式

外部沟通体系设计包括企业形象、市场沟通、业界沟通、顾客沟通和名人效应五个组成部分。

（一）企业形象：社会责任与新闻媒体

北京宴的企业宗旨是为顾客创造享受、为员工创造前途、为企业创造效益、为社会创造价值。通过报纸、电视等权威媒体，宣扬企业的社会责任，树立良好的社会公众形象。

良好的企业形象可以提高顾客感知的服务质量，不利的企业形象会降低顾客感知的服务质量，企业形象的设立可以通过广告、品牌、图徽、象征物、口碑等可视的、有形的或者可信的方式传达到顾客，达到有效沟通。

北京宴所有员工微信头像都使用正面、正装的照片，微信昵称加入"北京宴"字样，为顾客留下良好的第一印象。北京宴通过《人民日报》三次整版报道、央视新闻七次正面报道以及与多位大牌明星建立客户关系，为北京宴中国服务打下了坚实的根基，如图4-7所示。

图4-7　北京宴的报纸报道

北京宴的正面企业形象，获得社会各界的肯定和关注，包括《北京青年报》《北京商报》《中华工商时报》《中国消费者报》《国际商报》《参考消息》和《人民日报》等7家平面媒体，《餐饮世界》《闪耀》《旅游休闲》《现代企业文化》《中国连锁》《东方美食——餐饮经理人》《中国品牌饭店指南》《世界都市》《中国影响力》等9家杂志媒体，天津电视台、北京电视台、中央电视台等3家平面媒体报道，河北航空、南方航空、中国国际航空等3家航空公司跟进报道。

北京宴也十分注重企业社会责任的公共关系，2014年9月由中国社会福利基金会联合新华网、北京师范大学、河北中华职业教育社、中育教育集团主办的"邵通灾区教育救助·迎新生"助学活动在"授渔计划"项目学校思源亭举行，北京宴总经理出席本次活动，助力公益教学，探索人才孵化新模式，开拓市场布局，真心回报社会。

"授人以鱼不如授人以渔"，资助孤儿、留守儿童、贫困家庭的初高中毕业学生有计划地完成五年成长助学项目或成人高等教育，中国社会福利基金会推出"授渔计划"公益项目。该公益项目在民政部、中国社会福利基金会的政策支持下，由中国社会福利基金会授渔基金管理委员会负责募集，合作企业和合作大学共同参与自助学生读大专期间学费，为适龄孤儿和贫困家庭的学生搭建一个有保障、可持续全面成长成才的公益平台。北京宴成为中国福利基金会"授渔计划"公益项目的重要合作单位。

本次"授渔计划"公益项目采取创新型的"工学一体化"学习模式，除常规的在校学习外，学生在企业实习期间由企业负责学生管理、提供学习场所和教学设施，每月根据大学课程设置安排学生统一学习。参加北京宴实习的学生，北京宴将为其提供与正式员工相同的薪酬待遇，同时，学生可以参与北京宴内部晋升选拔，与企业内部其他员工享有相同的职业发展路径。

目前，北京宴投入100万元，面向邵通灾区教育救助项目，首批50名学生于2014年9月10日正式注册入学。另外，北京宴"造就餐饮专业人才孵化基地"的项目也正在紧锣密鼓地进行中，这一契机的到来，为此项目的运行又增添了新的模式。北京宴将倾力落实学生实习需求，开通绿色通道，保障学生在北京宴实习期间的生活和工作将是充实、愉快和有收获的。

北京宴用真心和真情履行社会公益的责任和使命，帮助需要资助的学生，在圆一个学生的求学梦和就业梦的同时，点燃了一个家庭的脱贫致富梦。在未来工教一体化的实践中，北京宴将认真履行作为合作者的责任，对学生的成才和未来的人生负起责任，在中国梦的感召下，践行北京宴的社会责任。

（二）市场沟通：面向所有消费者，重在口碑营销

除了传统的企业形象树立和广告宣传，任何可以与消费者发生信息交流的途径都属于市场沟通的范畴。北京宴设品牌部以辅助市场营销，完成宣传工作。

宣传媒体的发展经由纸媒、网媒、移动互联、自媒体到直播网红兴起几个过程。品牌部将工作分为自媒体和外部媒体两部分来开展。其中自媒体的微信公众号具有快速反应和关注度提升效果明显的特点。

在现代营销中的事件沟通、网络传播、口碑传播等也在品牌部的工作中得以充分体现。北京宴正紧锣密鼓地开发自己的门户网站和App客户端，为消费者提供介绍、展示、预订、商城等功能。近期，也同新美大（大众点评网与美团网战略合作后的名称）达成平台宣传战略合作关系，将华贸店戏厅和金宝店散台餐位登上团购平台，并积极联络其他自媒体平台，提高市场沟通影响力。

在市场沟通活动中，巧妙地使用各种有形展示，可增强企业优质服务的市场形象。要改变服务企业的市场形象，更需要提供各种有形展示，使消费者相信本企业的各种变化。北京宴在朋友圈、媒体照片、杯子、相册等服务媒介上印有中国服务标识、北京宴的水印或（和）北京宴微信推广二维码，当顾客乐于拍照分享自己的用餐体验时，企业形象就借顾客的朋友圈在社交网络上传播开来，实现品牌推广的目的。

此外，企业常用的市场沟通方式还有很多种，主要可以分为五种，即广告、公共关系、销售推广、个人推销和直销。它们可以分成人员销售和非人员销售两大类，其中广告、公共关系和销售推广属于非人员销售，个人推销和直销属于人员销售。这五种方式各有特点，既可以单独使用，也可以组

合在一起使用，以求达到更好的效果。同时，使用其中若干方式时，我们常把这些方式有主有次地结合起来的方法称为市场沟通组合策略。在同一行业中，不同企业常使用不同的市场沟通组合策略。有的企业主要采取个人推销，有的企业则主要依靠广告。实际运作中，各企业均需不断地改进市场沟通组合策略，以便找到一种既经济又有效的方法。

（三）业界沟通：研修班和"中国服务学习联盟"

研修班和"中国服务学习联盟"是一种文化上松散的兼并、共同进退的平台。放眼合并供应链，利用规模经济和网络效应，帮助北京宴成为中国服务业的领军赢家。中国服务打造企业核心竞争力，助力国家供给侧改革，如图4-8所示。

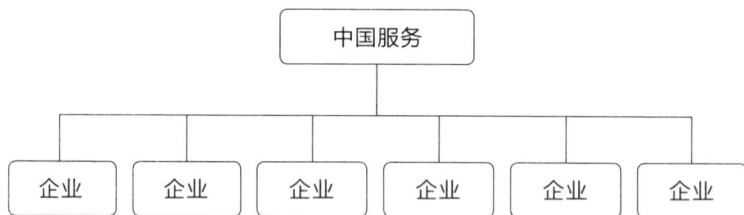

图4-8　中国服务

1.中国服务高级研修班

自2013年3月第一期"相约北京宴·助力中国服务"开班以来，截至2017年9月底北京宴已经举办过37期研修班，来自全球的600多个企业累计近6 000人次参加，人员构成遍布国内所有省份以及新加坡、美国等五个海外地区和国家。

研修班一方面提高北京宴的业界知名度，立足国家高度，一带一路，文化输出，对外传播中国服务文化，让北京宴所倡导的"中国服务"走出国门，输到国外；另一方面，研修班也是中国服务学习联盟的入口之一，参加课程学习的学员和企业可以当场签署中国服务学习联盟协议书，继续深入了解学习。

2.中国服务学习联盟

每周一8：00—9：40，全国147家联盟企业超过30 000人次（截至2017年9月底数字）在各自的企业通过视频在线会场的形式同步进行"中国服务大课堂"的学习。

山西海外海餐饮集团旗下的"滨河味道"，是山西省太原市餐饮行业龙头企业，作为当地最高端的餐饮品牌，8家门店首当其冲地受到行业危机的冲击，2016年5月开始导入北京宴每周的"中国服务"网络同步学习，滨河味道的品牌总监伏国虎反馈：三个月的每周学习使8家滨河味道门店都上了一个大台阶，取得了非常好的成绩，管理人员和员工状态积极踊跃，每月私人定制宴会达到1 200多场；客流量较去年同期平均提高了28%；顾客当场转化率达到了15%左右；营业额较去年同期增长20%。

1）中国服务学习联盟成立的背景

在2016年9月举办的第25期"相约北京宴 助力中国服务"研修班上，滨河味道品牌总监伏国虎与全国同行的经验分享，使在场的山东舜和酒店集团任兴本董事长深受启发，认为这种在线学习模式可以帮助其他公司一把手解放出来，当场向北京宴杨秀龙总经理提议把周一的内部课对行业开放，并倡导成立中国服务学习联盟，让其他企业参与进来，共同推广中国服务大业。这个提议得到在场的南京真知味沈加华董事长、湖南57度湘集团汪峥嵘董事长、青岛老船夫殷悦明董事长、洛阳凯旋门汪铄沁董事长、淮北香舍黎陈超董事长、安徽蜀王集团夏青华运营总监、湖北新荆楚大酒店苏艳总经理等各位企业家的积极响应。

中国服务学习联盟于2016年9月28日正式成立，山东舜和酒店集团、江苏南京真知味饮食娱乐有限公司、山西海外海滨河味道、新疆长福宫餐饮管理有限公司、湖南57度湘集团、山东青岛老船夫、河南洛阳凯旋门大酒店、安徽濉溪县香舍黎饭店、安徽蜀王集团、河南洛阳华阳广场国际大饭店、湖北新荆楚大酒店、甘肃兰州熙宴、河北衡水泰华温泉酒店率先现场签约加入中国服务学习联盟，成为中国服务学习联盟的创始成员企业。图4-9所示为中国服务学习联盟签约仪式。

图4-9　中国服务学习联盟签约仪式

2）中国服务学习联盟运行模式

通过视频会议接口，联盟成员在线学习（图4-10）。

（1）线上学习时间。

每周一早上8：00—9：20，每年不少于50周。

（2）线上学习内容。

a.我是宴专家；

b.正反面案例的讲解；

c.中国服务理念分享。

图4-10　中国服务学习联盟活动

3）中国服务学习联盟成员权益

（1）全员跟随北京宴同步每周企业文化在线学习，全年不少于50周。

（2）优先享用北京宴订制开发的餐行健酒店管理系统，真正地用系统夯实管理、保障服务、提升盈利。

（3）每年度免费十人次参加北京宴组织的"相约北京宴，助力中国服务"高级研修班培训，价格49 800元。

（4）优先参加"我是宴专家"的全国海选活动和"中国服务"的各项评选。

（5）优先成为中国服务职业教育教材的制定者。

（6）优先参加北京大学校友会举办的"创业训练营"。

（7）优先签约"授渔计划"公益项目。

（8）优先享受新美大（餐饮公会）等联盟合作媒体宣传报道。

（9）优先享受北京宴宴会私人定制策划小组的在线指导。

4）中国服务学习联盟使命

中国服务学习联盟采用的是在线学习模式，输出中国服务学习，主要是把中国服务的理论落地各联盟企业，帮助联盟企业提升顾客价值体验，增加营收，提高业绩。

使命是：中国服务学习联盟，一群人，一辈子，一件事，中国服务！

5）中国服务学习联盟企业（部分）2017年春节数据统计（表4-3）

表4-3　中国服务学习联盟企业（部分）2017年春节数据统计

企业名称	加入时间	接待桌数		营业收入		营业额同期增长/万元	营业额同期增长率/%	当餐转化/桌
		时间	桌数/桌	时间	收入/万元			
河南洛阳华阳广场国际大饭店	2016年1月	2016年春节	144	2016年春节	29.5	25.7	87.10	
		2017年春节	226	2017年春节	55.2			
北京宴				2016年春节	39.80	29.38	73.82	
				2017年春节	69.18			
河北张家口恒通集团奥霏斯大酒店	2017年1月	2016年春节	384	2016年春节	41.5	10.8	26.02	30
		2017年春节	451	2017年春节	52.3			
山西天星海外海滨河味道	2016年9月					42.3	15.00	116（宴会8场）
黑龙江大庆满满海鲜高新店	2016年12月	2017年春节	919	2016年春节	83	10	12.04	35
安徽濉溪县香舍黎饭店	2016年9月	2016年春节	96	2016年1月份	145	69	47.59	30
		2017年春节	123	2017年1月份	214			
江苏南京真知味	2016年9月			2016年1月份	191	97	50.79	11
				2017年1月份	288			
江苏常州金色南都国际大酒店	2016年12月	2016年春节	80	2016年1月份	471	39	8.28	
		2017年春节	106	2017年1月份				

6）中国服务私人定制考核方案

（1）要求：每店拿出本店当日策划最好的一场宴会进行统计：私人定制、顾客满意、转化率的综合得分，每日一汇报，每周一公布，每月一汇总。

（2）时间：每日12：00前汇报昨日成绩，周日到周六为一周期。

（3）内容：每日统计的评分表以及与评分表里得分项对应的照片。

（4）途径：微信发至"中国服务私人定制汇报群"。

（5）人员：各门店店总、中国服务负责人、秘书三人组，每日成绩由秘书汇报。

（6）标准见表4-4。

表4-4　中国服务日、周统计表

公司：										门店：				汇报人：				日期：		
项目	私人定制项											顾客满意度				当餐转化			合计
	门牌	欢迎屏	沙盘	氛围	小册子	烤杯子	台历	拍照	其他	小计		表扬信	朋友圈	网评	小计	单桌	多桌	小计	
	0~5	0~10	5~10	0~10	5~20	5~10	5~20	0~10	0~5			10~50	10~50	20~100		50起	100起		
星期日																			
星期一																			
星期二																			
星期三																			
星期四																			
星期五																			
星期六																			
总计																			

7）中国服务私人定制汇报统计表（表4-5）

表4-5　中国服务私人定制汇报统计表示例

企业名称	私人定制	顾客美誉	当餐转化	合计	名次
湖南省邵阳新贵都餐饮	36	170	500	706	1
江苏南京真知味迈皋桥店	50	70	100	220	2
山东济南天发舜和酒店	60	50	100	210	3
河北石家庄老酒川菜坊	60	50	100	210	4
北京宴金宝店	60	50	100	210	5
山西太原滨河味道滨河奢号	65	70	60	195	6
山西太原滨河味道北大街店	56	50	80	186	7
山东济南舜和五店（商务）	73	50	60	183	8
浙江宁海长福宫	43	30	110	183	9
北京宴华留店	60	50	70	180	10
河北张家口奥霏斯大酒店	78	100	0	178	11
山西太原滨河味道华康店	77	90	0	167	12
河北保定慧择园总店	58	40	50	148	13
山西太原滨河味道东路店	45	50	50	145	14
山东济南舜和（天畲）六店	45	20	50	115	15
山西太原滨河味道和平南路店	63	40	0	103	16
江苏常州金色南都国际大酒店	52	50	0	102	17
山西太原滨河味道南内环店	65	35	0	100	18
山西太原滨河味道南宫店	52	40	0	92	19
山东济南舜和国际酒店（七店）	60	30	0	90	20
江苏南京真知味月牙湖店	48	40	0	88	21
黑龙江大庆满满海鲜高新店	35	50	0	85	22
北京宴总部二店	35	50	0	85	23

续表

企业名称	私人定制	顾客美誉	当餐转化	合计	名次
河南洛阳华阳广场国际大饭店	81	0	0	81	24
河北廊坊金沙银贝浪淘沙店	29	50	0	79	25
北京宴总部一店	44	35	0	79	26
江苏南京悠悠谷青龙山庄	38	40	0	78	27
广东省广州市越江山酒店	71	0	0	71	28
安徽香舍黎饭店	20	50	0	70	29
山东舜和枣庄大酒店	40	20	0	60	30
河南郑州解家老家河南菜——嵩山路店	35	20	0	55	31
江苏南京真知味御尚旬府店	42	10	0	52	32
江苏南京真知味河西店	42	0	0	42	33
北京宴总部三店	40	0	0	40	34
河南郑州解家老家河南菜——华山路店	35	0	0	35	35
新薛乌鲁木齐北山七号	33	0	0	33	36
河北承德大清花山庄店	0	0	0	0	
天津蓟县老电车大酒店	0	0	0	0	
内蒙古呼和浩特博晏海航大酒店	0	0	0	0	

8）中国服务学习联盟成员企业案例分享

（1）南京真知味月牙湖店"寿宴"（图4-11）。

2016年12月2日晚，二楼将军厅，顾总想给80岁的母亲过寿宴。通过提前和顾客沟通了解主题。

把包间门牌换成了南山厅，电视显示屏放了藏头诗和"风风雨雨六十载，相濡以沫爱如歌"的电视屏滚动播放，茶几上写了"健康如意，福乐绵绵，笑口常开，益寿延年"的祝福语，转盘上用红米摆上了一个大大的寿字，并配上了《烛光里的妈妈》背景音乐。

图4-11　南京真知味月牙湖店"寿宴"

餐中，酒店管理团队送上了记载丁妈妈生活点滴的相册。最后又邀请儿子穿上厨师服为妈妈下了一碗象征平安、幸福、健康、吉祥如意的长寿面。

主持人说：妈妈，今天是您八十岁生日，感谢您五十六年的养育之恩。您含辛茹苦地把我们三兄妹拉扯大，把我们培养成人。我们都成材了，却没有时间陪伴在妈妈身边。为了工作我们都各自奔波在不同的城市，但是心心念念的还是您与父亲，想念那个温暖的家，想念妈妈做的饭。记得小时候，妈妈做的雪菜豆腐烩肉片是我们最爱吃的，想想那时候您是多么的辛苦，您天不亮就起来给我们做早饭，送我们上学，还要赶着去上班，下班后您又急急忙忙赶回家给我们做饭，生怕我们会饿着，多少次看到您骑车回家都是满头大汗，汗水湿透了您的衣襟，您从未说过一声累、说过一声苦。妈妈，您是一位知性坚强的母亲，您总是默默地付出，默默地承受。当我们兄妹三人都分配到外地读书、工作的时候，我知道妈妈您是多么的不舍，您是多么的牵挂我们。儿行千里母担忧，但是您从未抱怨过，您每次在电话里都是叮嘱我们好好工作、好好吃饭，多穿点衣服别冻着了。我们工作累了，受委屈了，但是听到妈妈关心的话语立刻就温暖了。如今，妈妈已不再年轻，无情的岁月染白了您的鬓发。妈妈，作为儿女，我们欠您太多了。妈妈您一生中得了无数个第一，您是第一位以第一名的成绩被保送部队院校，但是由于种种原因没有实现梦想，妈妈您受了太多的委屈，但是您从来都是放在心里不告诉我们，最后我想再说一次，我爱您！我们永远以您为荣，以您为榜样。今天是您80大寿，我们要对您说："妈妈，您辛苦了，我们永远爱您！"当儿子80岁的时候还有个梦想，那就是能够当面再叫您一声"妈"。

第二天丁妈妈亲自来到门店，给我们送上了一封表扬信（图4-12）。她说："昨天的生日过得很开心，我感到很幸福，特别特别感谢你们，我不知道该怎么表达我的谢意，思来想去，我就想给你们写一封表扬信。今天上午我就开始写，一写完我就从家走，把它送过来给你们了。"

表扬信

　　真知味全体员工：你们好！12月2日，是我80岁的生日，你们为我的生日付出了智慧，有创意，很新颖。你们的工作很认真，服务很周到。我要为你们点赞。我这个80岁的生日，是我一生中过得最快乐的生日。

　　谢谢你们！

丁平

2016.12.3

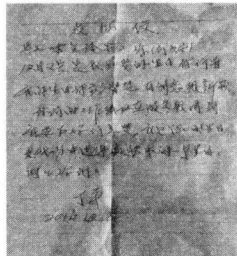

图4-12　南京真知味月牙湖店"寿宴"场景照片及表扬信

（2）山西滨河味道南宫店"家宴"。

2016年10月29日，山西海外海旗下滨河味道南宫店家和万事兴厅迎来一个四世同堂的大家庭，上演了一场感人至深的人间真情。宴会的主人公是一位德高望重的舅舅韩老，韩老今年76岁，从北京远道而来，和姐姐家的家人团聚。店长尉总向韩老报到时得知，此次聚餐关乎家庭的和谐。韩老的两个姐姐在太原定居，大姐离世后留下五个女儿，老三自小残疾，因抚养问题家人意见不统一。俗话说，清官难断家务事，为了挽救这个原本其乐融融的大家庭，韩老特意从北京过来请全家人吃饭。了解到这些背景后，尉总精心策划了这场别开生面的亲情宴，包间门口贴上"欢聚一堂福寿康乐，家人团聚情深似海"的对联；把收集到的"五朵金花"从小到大的照片做成电子相册在电视上循环播放；茶几的玻璃板下用彩砂写了"家和万事兴"的藏头诗；沙盘上显示"一定是特别的缘分，才使我们一路走来成为一家人"；房间里摆着从黑白单色照到色彩斑斓的彩照，从三口之家到四世同堂的全家福，如图4-13所示。

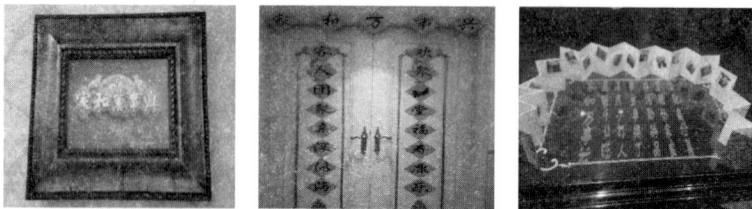

图4-13　山西滨河味道南宫店"家宴"之抓住情、布好景

宴会开始，为了让一家人感受到亲情的温暖，我们特意准备了三条红围巾，请小辈代表为老辈人围上，围上一份祝福、围上一份健康、围上一份温暖。菜品的介绍融入亲情，让稍显冷清的开场瞬间有了家庭的氛围，所有人的眼睛里都闪着泪光。这时，员工代表子女为老人送上《三德歌》，老有所依，幼有所养，这是家庭幸福的写照，我们把祝福的平安果送给身患残疾却

在亲情的呵护下健康长寿的三姐姐，亲情在我们每个人的心里都有了幸福的定义，如图4-14所示。

图4-14 山西滨河味道南宫店"家宴"之帮他（她）说、助他（她）做

适时为客人拍了全家福，餐尾我们送上一本记录着家庭幸福的小册子，让所有儿女眼里含满了感动的泪水，亲情的力量让现场其乐融融，每个人都道着感谢，如图4-15所示。客人现场预订了年夜饭和一场婚宴。

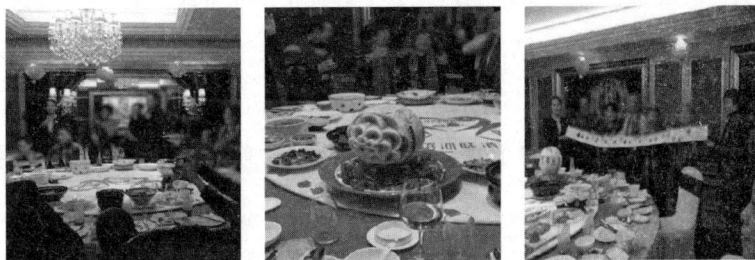

图4-15 山西滨河味道南宫店"家宴"之使他（她）疯、让他（她）炫

这真是：

> 一条围巾牵起了兄妹的双手，
>
> 一锅鱼头品尝了人生的五味，
>
> 一曲三德重塑了内心的血脉，
>
> 一场宴会唤醒了久违的亲情。

一段总结吹响了冲锋的号角，

一个故事续写了品牌的传奇，

一群专家诠释了服务的真谛，

中国服务助力了中国的崛起。

（3）行业论坛。

2014年10月27日，"2014食品生产力论坛"在新加坡召开，北京宴总经理杨秀龙出任主讲嘉宾，北京宴"中国服务"登上国际舞台，开创了中国酒店服务的历史先河。杨秀龙的演讲得到了与会者的高度赞誉，"中国服务"成为此次论坛谈论的焦点话题。

北京宴一直致力于构建并推动以亲情的家和文化为核心的中国服务，现在中国已全面进入中国服务的时代，中国服务必将作为文化输出提升至国家战略高度对外传播。北京宴赢在文化、赢在模式、赢在团队。一方面通过开办"相约北京宴 助力中国服务"培训班来交流我们的文化、中国服务理念和管理；另一方面通过顾问管理的形式，更好地帮助企业把文化、中国服务理念和管理进行落地、开花、结果，联合更多的同人一起推动中国服务的发展。

例如，2016年12月21日的中国服务学习联盟学习函中，真知味沈总提到，自全面引进中国服务3个月以来，多次安排管理人员到北京参加中国服务研修班课程，现场学习私人定制宴会，取得了非常好的成绩。这是中国服务理念落地实操，促进中国服务行业共同发展的一个有效成果。

服务型企业的核心竞争力就是其整套服务体系，而中国服务学习联盟把这套用来营利的理念公开传播，其背后的逻辑与科技公司的开源如出一辙。

对很多科技公司而言，技术就是一切，所以科技公司对于专利的申请和维护都非常在意。而正火爆上市电动汽车的厂商特斯拉宣布：将免费公开其所有专利。这种决定除了践行互联网的"自由、平等、开放、分享"精神外，还有另一方面的考量，那就是定义电动汽车市场未来的野心。

对于服务型企业，北京宴敢于并乐于把自己整套的企业文化、服务体系、实用工具公开出来，并帮助对手学习，从表面上看，是让竞争对手占了便宜，然而此举却无形中提高了中国服务理念的普适性，使得它在未来标准制定中抢占了有利的地位。

许多企业曾经认为企业核心竞争力必须努力去获得和保护它，但是北京宴很快意识到，很长时间以来，保密仅仅是限制和封闭了大公司的发展，对实际创新者而言却扼杀了其进步。

从用户出发，在努力吸引用户的道路上，先吸引竞争对手入局，扩大自己技术的普适性，然后在未来与其他服务型企业的竞争中赢得先机。市场对利润的最终追逐是必然的。中国服务的这种放长线钓大鱼的姿态，的确值得国内很多封闭的服务型公司学习。

（4）来自老电车的喜报。

刚刚接到天津老电车仇总电话捷报：

（1）天津老电车承担的全运会接待任务圆满成功，员工的中国服务感动了远道而来的顾客，先后留下了60多封表扬信，没有发生一例顾客投诉事件，顾客的赞誉激发了员工的荣誉感，分别时，客人给员工、员工给顾客纷纷买礼物赠纪念品，出现了顾客挥泪惜别老电车的感人场面，老电车的高标准中国服务也得到了蓟县县委县政府的高度认可，中国服务帮助老电车取得了全运会接待全面胜利。

（2）天津老电车导入中国服务11个月以来，老电车厚积薄发，在今年比去年持续增长20%的大好形势下，今年刚刚过去的8月份营收更是取得了比去年增加51%的佳绩。而且，9月份、10月份，直到年底，可以预见会持续高速度增长。中国服务，已经帮助天津老电车大酒店打造出赢得市场的核心竞争力，天津老电车正承载着百年电车文化自信而又坚定地走在中国服务的大道上。

仇总是中国服务理念的首创者和中国服务学习联盟的创始人，他的捷报是对我最好的回报，这一刻，我比仇总还高兴，比老电车人还兴奋，我更加坚定了把"中国服务学习联盟"办好办大的信心和决心。一花独放不是春，百花齐放春满园。杨老师需要所有中国服务业的同人行动起来，紧紧围绕在以习近平同志为核心的党中央周围，将中国服务理念内化于心，外化于形，为百姓记录和传播出更多的感动，为员工创造更好的未来，在中华民族的伟大复兴史上书写出最好的自己。

中国服务学习联盟，一群人，一辈子，一件事，中国服务！

杨秀龙

北京宴董事长

中国服务学习联盟创始人

2017.9.9

（5）国家商务部房副部长发来贺词如下：

"杨总好！刚看到你的微信。我十分赞成你的观点，中国服务是一个十分有价值、有战略性和前瞻性的理念。我国服务业增加值占GDP比重才50%多一些，而美国接近80%，不仅数量有差别，质量差别更大，因此如何发展中国服务，塑造中国服务品牌是我国当前一项十分重要的任务，不仅是发展我国实体经济需要，也是推动供给侧结构改革，调整我国经济结构，提高国际竞争力的需要，而且这一任务是靠千百个北京宴这样的企业来完成的。你们做得很好，不仅有理论思考，也有实践探索，对塑造中国服务品牌有很强的示范标杆作用，我会大力推荐宣传，而且会与你们一起继续推动中国服务的发展。"

（6）中国商业联合会副会长、中华全国商业信息中心主任王耀博士发来贺词：

"与技术快速发展相比较，中国企业的服务理念、观念与技能的缓慢发展已经严重不适应当前市场发展的需要。中国服务是当前企业急需补充的

'钙'。它在为消费者提供优质服务的同时也滋润了消费者的灵魂。希望它能为更多的中国企业补钙！祝贺它已经成功地前进了一大步！"

（7）中国服务的热度。

新华社客户端关于"中国服务学习联盟年会"的报道在两天内有超过107万人次的阅读量，这彰显了中国服务的热度。

中国服务学习联盟2017年年会北京宴站暨第36期"相约北京宴·助力中国服务"研修班胜利开幕

9月11日，中国服务学习联盟年会第二站在北京宴拉开帷幕。来自全国各地五十多家高端餐厅酒店的150多名高管齐聚北京宴，共助中国服务。中国商业联合会副会长、全国酒家酒店等级评审委员会会长张丽君女士，中国饭店协会会长韩明女士参加了本次大会。

8时许，大会在整齐的朗诵店训声中开始，第一项是本周宴专家，现场300多人、线上联盟30 000多人共同观看了本周宴专家的介绍视频，并邀请常州凯虹四季李文忠董事长、广州从化碧水湾曾莉董事长、南京真知味沈加华董事长为本周宴专家前三名颁奖。随后，中国服务导师、北京宴董事长杨秀龙老师现场为大家授课，杨老师对本周正反面案例深入浅出的讲解、幽默风趣的授课风格，植入骨髓的家国情怀给每一位参会者都带来了心灵上的洗礼与震撼，使大家在中国服务道路上信心倍增。杨秀龙老师强调中国服务是一种文化，不是一种工具，体现的不仅是中国服务理念的标准化、规范化、程序化服务，更体现在宴会私人定制的核心理念"十八字真经"的亲情化、个性化服务；而这些服务通过典型正反面案例点评使每位管理人员及员工能够专注、自驱，时刻记住自己的责任和义务。杨秀龙老师通过分享安徽香舍黎饭店的优秀案例为企业之间架起了一座沟通的桥梁，激发了企业践行中国服务的热情，让中国服务学习联盟企业之间相互学习、相互借鉴。

会上，杨秀龙老师向联盟宣读了天津老电车获得天津全运会肯定与业绩提升的喜报，天津老电车酒店是一家国企，在导入中国服务理念后，业绩比去年同期增长了51%，现场邀请老电车大酒店仇淑英总经理向联盟成员做了汇报，天津老电车成绩的取得，更加充分地说明了中国服务的能量。中国商业联合会副会长、全国酒家酒店等级评定委员会张丽君会长现场向本次晋级"宴专家"荣誉称号的十名餐饮从业者颁发了资格证书，张丽君会长以"过去与未来、有限与无限"为主题，发表了自身对中国服务理念的认识和见解，同时也道出了对所有中国服务践行者的心声，她始终坚信："中国服务走进大众视野，一个好的理念让广大餐饮人看到了未来，它用内容吸引听众、用热情感染群众、用行动感化顾客。今后，希望大家能够更加想顾客之所想，急顾客之所需，将有限的服务无限化，给顾客带来了精神生活的富足；我们坚信中国服务就有这样的魅力，它让每一位顾客都切身体会他足以感动中国。"

仅上午半天的大会就让与会代表直呼"不虚此行，受益匪浅"，更是零距离与杨秀龙老师及中国服务联盟团队进行讨论交流。来自南京真知味的店长梁静说："自从学习中国服务以来，店里的回头客明显增多，顾客满意度大幅提高。"显然，中国服务理念不仅提升了各企业的核心竞争力，也进一步为企业的转型发展打下了坚实的基础，为各大企业加速融入"一带一路"大格局之中发挥了自身的作用。

一花独放不是春，百花齐放春满园。杨秀龙老师最后呼吁，所有中国服务业的同人行动起来，将中国服务理念内化于心，外化于形，为百姓记录和传播出更多的感动，为员工创造更好的未来，在中华民族的伟大复兴史上书写出最好的自己。

接下来的两天里，这150多名来自全国各地50多家企业的高管将针对中国服务的宴会私人定制展开深入的学习探讨与研究，针对一年来中国服务的总结，聚焦三个纬度争做"宴专家"：

一是从五位一体到糖文化。

二是从六个阶段73项到七个哇。

三是从宴会私人定制到十八字真经。

两天培训后考试合格，颁发中国服务学习联盟"宴专家"证书。每一个宴专家都是中国服务的真正实践者。星星之火，燎原全国。

中国服务已经作为中国文化输出被提升至国家战略高度，在中国服务时代到来的大背景下，服务已经被各行业、各企业作为一种生产力得到重视和运用。相信今后所有服务业从业者会一起行动起来，制心一处，众合力、心联盟，让"中国服务"开遍祖国大地，伴随着"一带一路"香满全球，成为中国的软实力！

中国服务，已然燎原！

（四）顾客沟通：定向顾客的沟通

与顾客之间的沟通质量设计使用的工具包括"爱达"公式和沟通七巧板。

1. "爱达"公式——信息开发模型的设计

北京宴要求员工与顾客沟通时，显示积极热情的态度，从仪容仪表、微笑、眼神、话术及语气、形体语言表达五个方面构成一个优秀的整体形象，这是完成优质服务的第一个步骤，也是最关键的步骤之一。同样的，还有七个"哇"中的第一个"哇"——专业和第二个"哇"——用心，都会使顾客在第一次接触北京宴时倍感惊喜。

研究人员也已经开发了许多顾客响应模型。最常见的是AIDA模型，AIDA模型也称"爱达"公式，是国际推销专家海英兹·姆·戈得曼（Heinz M. Goldmann）总结的推销模式——它指出，顾客是沿着注意（Attention）、兴趣（Interest）、期望（Desire）和行动（Action）四个阶段移动的。信息开发的目的是通过沟通发现顾客所处的阶段并采取相应的措施。

漏斗形状的图形（图4-16）意在表明，在AIDA漏斗模型中，消费人群规模会越来越少，要想增加顾客数量，第一步引起顾客注意十分关键，否则会因为无法吸引顾客转移到自己的服务上而使漏斗上层就成为整个流程的"瓶颈"，影响后续所有服务环节。

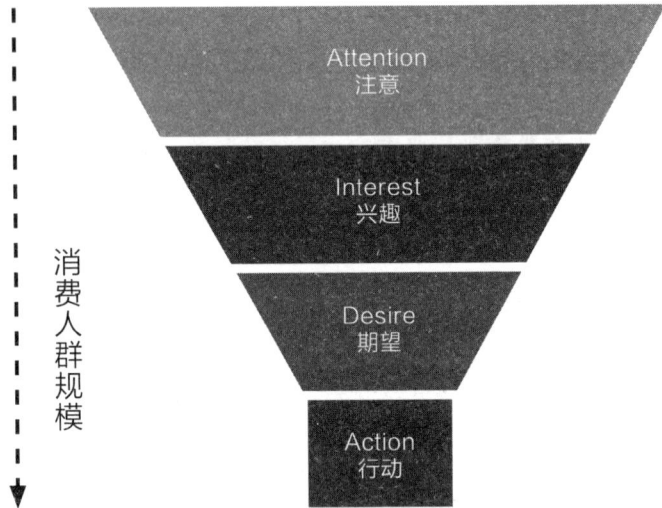

消费人群规模

图4-16 营销漏斗模型

2.沟通七巧板——选择合适的沟通拼图

沟通方式有许多，如广告、互动调查、神秘惊喜、重点顾客群交流及顾客建议小组等，服务企业必须确定合适的沟通工具，并加以适当地组合，包括不同时间、不同场合以及面向不同顾客群体的组合，提高沟通质量。

1）客服电话

在使用客服电话沟通时，应尽量规范电话接听用语，提高酒店形象，向顾客提供规范化、亲情化的服务。客服电话线路包括外线电话（预订台、前台）和内线电话。

2）新媒体社交

微信是近三年来迅速发展的即时通信工具，也逐渐取代了短信甚至电话在沟通时的地位。秉承着与顾客交朋友的理念，在确认业务关系后的第一时间建立微信联系，通过朋友圈、微信问候等与顾客保持持续联系。

为了保证为酒店做好宣传，北京宴专门制定标准考核管理人员电话数量和微友数量，酒店管理人员的电话和微友数量的考核规范，要求助理级管理人员的电话和微友的数量达到1 000个以上，经理级管理人员的电话和微友的数量达到2 000个以上，总监级管理人员的电话和微友的数量达到3 000个以上，并纳入KPI绩效考核。

3）现场表达

现场表达指利用话术提升员工的表达能力。在进入房间、介绍菜品、宴会前信息沟通、宴会故事讲解等各个服务流程，以优秀的模板作为范例，帮助员工准确、合理、充分地表述不同场景下应表达的内容。例如，在2017年年夜饭的宴会中，北京宴迎来少有的大流量接待压力，仅一段用餐时间，就要接受近95桌的接待数量。为了在每一场宴会都表达感动的情感，留下值得传唱的故事，北京宴充分利用央视感动中国颁奖词故事作为样板来撰写感动服务故事。

4）众包平台

众包平台是《连线杂志》2006年发明的一个专业术语，并在近年来越来越热门，用来描述一种新的商业模式，即企业利用互联网来将工作分配出去、发现创意或解决技术问题。

当众包模式开启了一个微观参与的时代，大众智慧日益凸显出商业价值，当互联网可通过云端计算实现端到端的连接方式而搭建了大众参与的创新平台，实现了协同自组织的新型网络工作环境时，互联网已不仅是机器数码联网而且是人类大脑的联网，网络也已不仅是信息技术的承载者而且是知识社会智力成果交易、传播扩散、开发并共享的领域，开放的在线环境为实现对个人潜能和个体价值的普遍再挖掘提供了平台。

举例来说，北京宴可以将私人定制创意的工作放在众包平台上，感兴趣的网友、顾客就会建言献策，这对增强北京宴的创新性、创新持续性和与顾客保持密切交流方面都有十分重要的作用。

（五）名人效应：为什么明星都喜欢北京宴？

因为名人效应的影响力比新闻媒体可能更大，所以北京宴用亲情高端订制的服务吸引了黄晓明、李冰冰、任泉、黄渤、何炅、井柏然参股，而正如本节开篇案例介绍的，黄晓明和Angelababy的婚宴菜品就理所当然地由北京宴承办。

通过品牌创立人独具人格魅力的形象代言，给目标受众以鲜明的品牌个性和信心；或者通过影视明星、社会名人极具亲和力的形象代言，令品牌产品迅速对目标消费群的购买施加影响；或者通过虚构人物演绎品牌叙事，传达品牌理念与价值取向，赢得目标受众的认同；或者通过漫画式卡通动物的形象代言，塑造活泼可爱、耳目一新的品牌形象，让人在相视一笑中对品牌产生美好的联想和印象。形象代言并不完全等于企业的形象，但可产生极大的促进作用。

究竟怎样才能找到这样的宝贵机会呢？北京宴坚持认为：有作为才有地位，做得好会得到许多宣传机会，包括国家媒体、明星宴会邀约等都会主动上门来找你。

二、立体化外部沟通三大技巧

（一）超预期——巧用外部沟通心理学

顾客在评价服务中，期望所起的重要作用，无论是在服务质量的研究领域，还是在顾客满意度的研究领域，都已经越来越受到重视。一方面不能过分承诺，一方面也不能承诺不足，而要合适地给予顾客超预期的体验。

1.把期望作为参照标准

服务质量的研究人员基本上已经把期望视为规范的参照标准。研究人员还揭示了一套有关服务特性的综合指标，认为顾客在评价服务质量时会使用这些指标。在著名的SERVQUAL评价模型中，包含5个方面、22个衡量服务质量的指标，这5个方面是：有形性、可靠性、响应性、保证性和移情性。顾客对服务质量的评价是对顾客的感知服务质量相对于他的期望服务质量的差异比较。SERVQUAL评价模型在之后又得到许多研究人员和实践工作者的进一步修改和精炼。中国服务北京宴结合其在餐饮服务行业的经验，将该理论模型具体化、形象化，提出了中国服务体验评价模型。

2.扩大的期望

顾客对服务质量的相关影响因素的实际表现形成的感知，同对服务本身的期望之间进行比较，结果就是服务质量。从总体上看，服务境界=顾客来到酒店后的实际感受－顾客来酒店之前的期望值，而中国服务北京宴将服务归纳为"三个境界"，即让顾客满意、让顾客惊喜、让顾客感动。

在广告活动中，一些企业过分夸大自己的产品及所提供服务的功效，导致顾客心存很高的预期质量。然而，当顾客接触企业时，就发现其服务质量并不像宣传的那样，这样就使顾客对其感知服务质量大打折扣。

顾客对服务质量的感受（SQ）将由期望的服务（E）与感知到的服务（P）之间的差距所决定，可以概括为以下公式：

$$服务质量=绩效感知－服务期望（SQ=P-E）。$$

a.当P<E时，表明实际的服务质量要低于顾客满意的服务质量，而且随着P与E之间差距程度的进一步增加，顾客对服务质量的感受会越来越不满意，此时企业的目标是如何让顾客满意。

b.当P=E时，顾客对此时的服务质量是满意的，此时的目标是进一步提升P，让顾客惊喜。

c.当P>E时，表明实际的服务质量已超过顾客满意的服务质量，且随着P与E之间差距程度的进一步增加，服务质量会趋于顾客更加理想化的程度，实现让顾客感动。

巧用外部沟通心理学来实现顾客服务的超预期。例如，北京宴在讲述感动故事时，先不点明主人公和显示照片，而是在一个情感临界点上进行切换，创造出超预期感动的情感。

图4-17形象地解释了超预期的概念，顾客期望涉及两方面的问题，不能太高，也不能太低，有一个合适的区域。

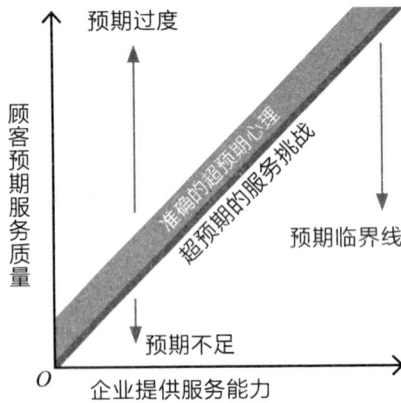

图4-17　超预期的服务挑战区域

来源：https://cdn.80000hours.org/wp-content/uploads/2016/03/80K_challengegraph_V1.png

这张图意在说明，既不能给予过低的预期（这不难理解，会让顾客缺少兴趣，难以导入服务第一步），也不能给予过高的甚至超出企业提供能力的预期（这样会无形中给员工增加负面压力）。合适的预期应处在一个中间区域，在这个区域内的期望与企业自身的服务定位相匹配，既能引起顾客兴趣，也留有为顾客提供超预期服务的余地，而找到这个合适的区域非常具有挑战性。

（二）没有"销售"的营销

北京宴坚持"好的服务是最好的营销"的理念，大胆地取消销售部门的设置，甚至没有专门的销售团队，但仍旧成为餐饮服务市场的赢家，其关键在于它把传统的单一方向销售转化为以员工和顾客为宣传节点，形成双向互动、网络扩散式的宣传模式。

1.顾客"口碑营销"

美国著名推销员乔·吉拉德在商战中总结出了"250定律"。他认为每个顾客身后大约有250位好友，如果赢得了1位顾客，就等于赢得了250人的好感。正如服务树所展示的，整个北京宴的服务体系形成闭环生态系统，而顾客作为营销中心，是连接生态系统首末的关键一环。

一般的餐饮企业力求提高餐位利用率，花很大精力纠结在营业面积大小、餐位多少的问题上，总想提高接待人数。而北京宴则完全相反，这是一种不求快而求精的服务销售。

2.顾客价值生生不息

销售循环，当餐转化，以顾客感情为切入点，为顾客创造价值，既增进企业和个人的感情、信誉，也有机会可持续地挖掘顾客价值。

北京宴从孩子出生的出生宴、满月宴、百天宴、生日宴，求学宴、升学宴、毕业宴、谢师宴、同学宴，求婚宴、订婚宴、结婚宴、结婚纪念日宴、银婚宴、金婚宴、钻石婚宴……人生总共36个经典的片段组成了36宴，每个宴会都做了深度的私人定制，最少的过生日有9项，过寿有13项，结婚有36项，我们常说，在北京宴结过婚的人，这辈子想感情不和都很难。

正如我们提出的北京宴服务树，从客户、员工、供应商、股东、社会五个树根中源源不断地汲取营养，生根发芽，繁茂茁壮地生长，构成了生生不息的服务树生态系统。

从这个角度解读服务树生态系统，北京宴不做传统意义上的服务，而是具有生态循环的服务系统，"生态"是宇宙自然有协调原理的构成，运用具有亲情的订制服务文化，实现顾客和企业和谐生态的发展，创造出员工和顾客共同收获幸福的美好愿景。

3.员工"全员营销"

"全员营销"的理念旨在追求大众创业、万众创新的局面，每个人在平台上都是创业者和营销者。全员营销是一种全体员工以市场为中心，整合企业资源和手段的科学管理理念，很多大型工业企业采用后都取得了不凡的成效。即指企业对企业的产品、价格、渠道、促销（4P）和需求、成本、便利、服务（4C）等营销手段和因素进行有机组合，达到营销手段的整合性，实行整合营销。同时全体员工以市场和营销部门为核心，研发、生产、财务、行政、物流等各部门统一以市场为中心，以顾客为导向开展工作，实现营销主体的整合性。

营销的本质是"服务"，创造"好感"，是"创造并传播影响力"，影响他人的"思想和行为"。营销是由一系列的"过程"组成的，是由一系列的"活动"组成的，就是要做一系列的事情，影响他人的观念和行为，达到推广商品和服务的目的。

全员营销的企业中的每个人，都有"营销意识"，都有"服务意识"，都结合自己的工作，参与营销活动，为客户服务，包括内部客户和外部客户。比如，生产部同命，业余时间可以发布信息，宣传。以最快的速度，保质保量做好商品制造、包装和发货工作，这些都是为营销服务。技术部同命，积极研发、引进、改善合适的健康商品，研发"短平快高"的技术项目，积极解决客户的难题，积极正面影响客户，积极配合生产和营销同命的工作，是营销。为客户服务，创造"客户好感"，也是营销。后勤同命，做好本职工作，都是营销活动。

特别是内部营销，在企业内部，要利用一切事件、一切机会、一切场合、一切可能持续宣传企业文化，持续宣传"服务意识"，持续宣传"营销理念"，加强沟通，培养全体同命的"服务意识"和"营销意识"。企业内部，也要形成"客户意识"和"服务意识"，按照业务流程，按照服务关系，上道工序为下道工序服务，下道工序是上道工序的客户。

在北京宴如图4-4所示的组织结构图中，贯彻了"谁的地盘谁做主"的全员营销模式。房间有管家，4名管家配1名助理，5名助理配1名经理，其上还有店总、总监，这就是一个创业平台，各门店都是独立的销售单位，将北京宴的销售目标分解，经理又将目标分到每个房间，根据餐位数、房间大小等信息，房间管家填写销售计划表，以登记任务、收入、计划等信息。卖得出去卖不出去都与自己密切相关，在选择中增加竞争压力，促进服务改进，提升服务品质。

北京宴大胆取消销售部门，为保证不裁员不降薪等员工保障机制的实施，把销售人员分配到服务部。具体的实施方式包括：

a.加微信，留电话考核，助理、经理、总监都被要求不同数目的考核任务。

b.销售任务的激励。

c.客勤表考核，服务人员要记录顾客的姓名和电话，这样做方便管理层检查其是否与顾客进行了沟通，协助员工和客人建立互信、沟通、交流——"我是本店的某某，在这向大家报个到，给大家留个电话，如果以后有任何用餐上的需求，请随时吩咐我"。

d.服务人员补贴：1元洗餐具补贴，1元导演费，最大限度地激励服务员把服务做好、积极交流、建立订餐途径。看似取消了销售部，其实所有人都是销售经理。

短期看，销售经理离职会带走一些客人，但客人喜欢的是菜品、环境、服务，最终还会回归北京宴，且再回来时，预订就从销售转移到助理、经理，促使助理和经理成长起来，这个过程只需3~5个月就可以重新把客户体系建立起来。

这样的全员销售体系具有许多优点：

a.一定程度上减少销售人员提成的成本。

b.原来的销售和服务脱节，点菜、沟通、电话是销售经理的工作，但实际提供服务的是服务人员；取消销售部门后，所有的人都是销售经理，虽然没有部门，但是功能仍然存在。

c.原来的预订中心积压了大量的电话，客户关系大多处于休眠状态；如今分发给助理来处理，客源逐渐从销售部转向服务部，保持了客户的活跃性。

d.服务人员原来只有基本多项服务，现在加强了与顾客的沟通交流。在房间里介绍灯光、文化、菜品，和顾客建立沟通的机会，留下名片电话等。

总之，企业存在的价值和意义就是为顾客服务，营销的目的在于，第一，要让目标客户知道我们；第二，要让目标客户认识我们；第三，要让目标客户认同和接受我们；第四，要与目标客户建立"健康长久的合作关系"。营销活动的目的，就是"让支持我们的人越来越多，反对我们的人越来越少"。

（三）提升外部沟通效率的五个原则

在进行外部沟通质量设计时，应注意考虑下列五个指导原则。

1.有形线索，易于展示

服务是无形的，人们购买的服务是行动而不是物体，服务的生产和消费同时进行，服务提供者本身就是原材料供应者之一。因此，应尽可能给顾客提供有形的线索，提高沟通质量。例如，注重服务环境的设置、为顾客的服务过程提供有形记录和实际存在的纪念品，将无形服务得以寄托和延伸。北京宴常用的有形展示有爱心卡、爱心果、小册子、烤杯子等纪念品。

2.恰当比喻，易于理解

因为服务的无形性，它从精神上领会起来很困难。为抽象的服务设计恰当的比喻，通过服务的有形表征，有助于顾客更好地了解所提供的服务，可以使服务得到进一步了解。在中国服务北京宴的体系设计中，就借用五块糖的比喻来传神地介绍糖文化，使用七个"哇"来形象地介绍与顾客交互的流程。

3.传达连续，"零"间断

这对于保证一段时间内统一和一致的主题有很重要的帮助作用。中国服务北京宴使用的图徽、符号、象征物、包装和广告，就很好地提供了这种连续性的例子。

北京宴独创接力式无缝隙迎客系统，服务人员在宴会前一天向顾客报到，当天到达前两小时再次报到，确认人数、菜品、酒水安排、活动类型是否有变化等信息。除了这些以外，也正如前面提到的，七个"哇"（图4-18）作为一个整体从不同方面保证了传达连续性。

4.兑现承诺，持续跟进

企业应当做那些可能实现的、服务企业需要兑现的承诺。如果像快速交货那样的承诺无法得到始终如一的满足，那么就不要承诺。

由于企业是组织，在兑现承诺的管理上面临很大的挑战。对于员工个人，应遵循企业制定的、有利于实现承诺的标准化制度等规章制度，尽可能避免因随机、感性原因而引起的服务事故；对于企业管理人员和组织结构而言，应与时俱进，引进先进的任务记录、分工、传递、完成流程工具，确保对顾客的每一次承诺都形成完整的链条，直至完成，在任何一个环节的空缺断裂都会使承诺兑现失效。

在执行北京宴的四个快速反馈时，承诺不了的向上级反馈，承诺了的告知其他相关方进行跟进。

中国服务经营	客户体验流程

图中内容：

七个「哇」

1.专业 ⟷ 预订管理流程

2.用心 ⟷ 管家确认流程

3.热情 ⟷ 到达迎宾流程

4.敬业 ⟷ 入房就餐流程

5.团队 ⟷ 就餐服务规范 / 核单结账

6.亲情 ⟷ 送客

7.执着 ⟷ 回访流程

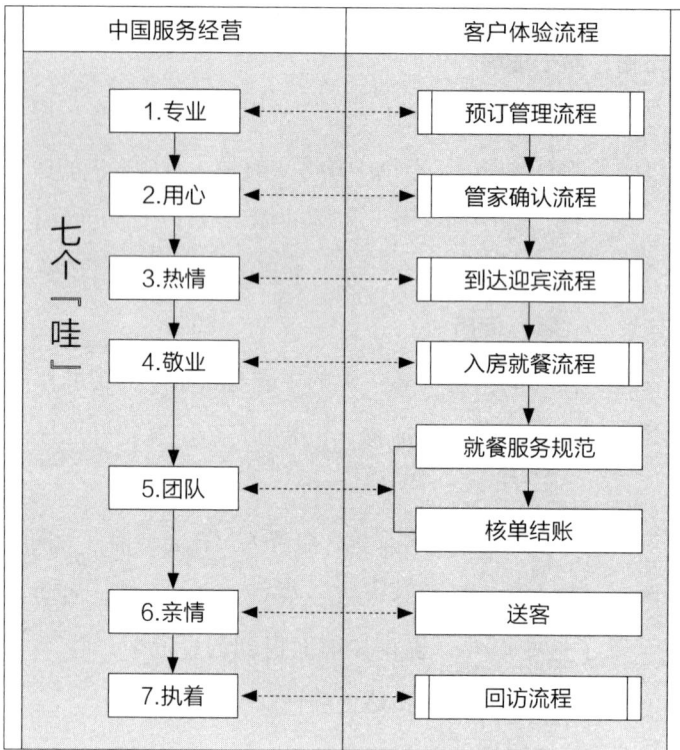

图4-18　七个"哇"确保顾客沟通无断点

5.利用口碑

服务中固有的无形性、异质性促成了口碑的重要性。口碑在服务中是相当重要的沟通工具，在律师、会计、医生、理发师、装修公司、银行推荐等各行各业中都极为重要。北京宴在实践中深刻认识到口碑的重要性，开创了以口碑为唯一中心的营销模式。

从沟通效率的角度，口碑营销不需要企业的服务人员全程跟随；相反，好的宣传信息可以自发、扩散式地在以顾客为关键节点的社会网络中传播，可谓事半功倍。

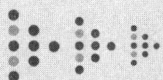

第五章　全心全意，服务呈现

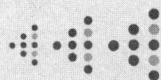

——顾客感知服务质量生产："帮他（她）说、助他（她）做"

服务过程中（图5-1）的顾客感知服务质量的生产——时刻关注顾客的参与；运用服务蓝图理论，描绘顾客感知服务质量前后台传递系统的整体规划；员工是导演，顾客是演员，通过七个"哇"的惊喜体验，为每一位顾客留下传颂故事和美好回忆。

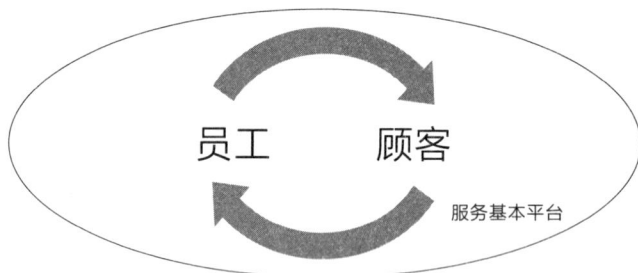

图5-1 服务生产过程示意

由服务的特性，包括无形性、不可储存性、生产和消费的同时性、异质性，得到服务过程的重要性和复杂性。

事实上，从顾客感知的角度看，直接影响顾客感知的服务质量的因素有两个方面：一是服务的产出；二是服务过程中直接与顾客交互的部分（服务过程中有些环节是顾客不能直接感知到的，如与前台服务同时进行的后台服务）。因此，我们可以把顾客感知服务质量分为两大要素：一是产出质量；二是交互质量。后者在广义上包含各种形式的交互，其狭义上是指服务过程中的人际交互。

交互质量是顾客感知服务质量的关键因素。由于服务消费是过程消费，消费者不仅关心产出质量，而且也十分关心交互质量。这是因为，①有时由于缺乏足够的知识和经验（例如医疗服务和专业维修服务），顾客对服务的产出质量很难进行客观准确的评价；②有时各企业间在产出质量方面可能相差无几。在这些情况下，交互质量往往成为顾客评价感知整体质量的唯一重要因素。英国学者约翰斯通和里斯把赫兹伯格双因素理论中的概念引入服务质量研究领域，他们提出，产出质量类似于保健因素，缺少会引起顾客不满，而改善也不会对顾客满意度起到明显的促进作用；而交互质量类似于激励因素，它的改进对提高顾客满意度效果显著。这一观点在后来的研究中得到实证支持。

第一节　平台：服务交互过程（服务蓝图）

——被误解的中国服务（交互过程）

绘制服务流程图，即服务蓝图（如图5-2所示）。它包括顾客行为、前台员工行为、后台员工行为和支持过程，这4个主要的行为部分由3条分界线分开。第1条是外部互动分界线，表示顾客与组织间直接的互动。一旦有一条垂直线穿过该互动分界线，即表明顾客与组织间直接发生接触或一个服务接触产生。第2条分界线是极关键的可视分界线，这条线把顾客能看到的服务行为与看不到的分开。看蓝图时，从分析多少服务在可视线以上发生、多少在以下发生入手，可以很轻松地得出顾客是否被提供了很多可视服务。这

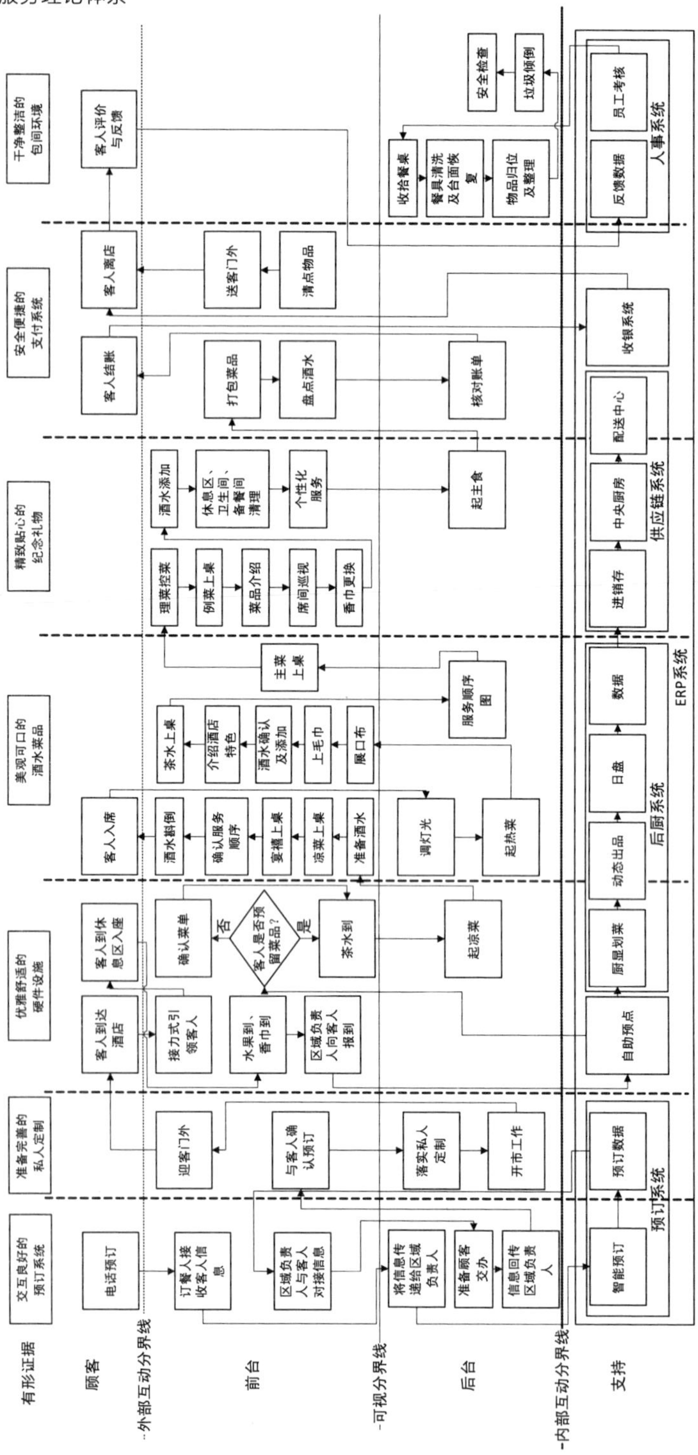

图5-2 服务蓝图

预订
交互良好的预订系统

餐前
准备完善的私人定制

客到休息区
优雅舒适的硬件设施

客人上桌
美观可口的酒水菜品

餐中
精致贴心的纪念礼物

餐尾
安全便捷的支付系统

餐后
干净整洁的包间环境

有形证据

顾客

前台

后台

支持

-外部互动分界线

-可视分界线

-内部互动分界线

电话预订 → 订餐人接收客人信息 → 区域负责人与客人对接信息 → 将信息传递给区域负责人 → 准备顾客交办 → 信息回传区域负责人

迎客门外 → 与客人确认预订 → 落实私人定制 → 开市工作

客人到达酒店 → 接力方式引领客人 → 水果到、香巾到 → 区域负责人向客人报到 → 客人到休息区落座 → 确认菜单 → 客人是否预留菜品？ 是/否 → 茶水到 → 起凉菜

客人入席 → 酒水斟倒 → 确认服务顺序 → 宴楼上桌 → 凉菜上桌 → 准备酒水 → 调灯光 → 起热菜 → 茶水上桌 → 介绍酒店特色 → 酒水确认及添加 → 上毛巾 → 展口布 → 主菜上桌 → 服务顺序图

理菜控菜 → 例菜上桌 → 菜品介绍 → 席间巡视 → 香巾更换 → 酒水添加 → 休息区、卫生间、备餐间清理 → 个性化服务 → 起主食

客人结账 → 打包菜品 → 盘点酒水 → 核对账单 → 客人离店 → 送客门外 → 清点物品

客人评价与反馈 → 收拾餐桌 → 餐具清洗及台面恢复 → 物品归位及整理 → 安全检查 → 垃圾倾倒 → 员工考核 → 反馈数据

智能预订 → 预订系统

预订数据 → 预订系统

自助预订 → 厨房划菜 → 动态出品 → 日盘 → 进销存 → 中央厨房 → 配送中心 → 收银系统

ERP系统 / 后厨系统 / 供应链系统 / 人事系统

数据

128

条线还把服务人员在前台与后台所做的工作分开。比如，在医疗诊断时，医生既进行诊断和回答病人问题的可视或前台工作，也进行事先阅读病历、事后记录病情的不可视或后台工作。第3条线是内部互动分界线，用以区分服务人员的工作和其他支持服务的工作和工作人员。垂直线穿过内部互动线代表发生内部服务接触。

第二节　顾客：生产不只是员工的事情

一、关键时刻

诺曼（Normann，1984）曾把顾客同企业进行服务接触的过程形象地比喻为"真诚的瞬间"或称"关键时刻"（Moments of Truth，MOT）。关键时刻就是顾客与服务提供者进行接触时，对服务质量留下印象的任何一个瞬间。它意味着在这个特定的时间和地点，企业才真正有机会向顾客展示自己的产品和服务的质量。这是一个绝佳的机会，一旦时机过去，顾客也就离开了，企业很难再用其他办法改变顾客对产品和服务质量的感知；而如果在这一时刻内，产品和服务质量出现了问题，企业想要补救也来不及。如果真的要补救，也只能等下一个"关键时刻"了。"真诚的瞬间"或称"关键时刻"影响着顾客感知的服务质量。许多优秀的公司都对服务关键时刻给予高度重视，如北欧航空公司的总裁认为"每天都有五万个关键时刻"、惠普公司的"100个关键时刻"，可见关键时刻的重要性。当顾客接受服务提供者的服务时，将经历一系列的服务关键时刻，每一个关键时刻都可能形成对服务质量的印象，每一个关键时刻都决定着能否赢得顾客的认同。良好的服务管理意味着必须做到恰到好处，让顾客在所有关键时刻都感觉良好。为此，服务提供者必须发掘与顾客接触的关键时刻，从顾客的角度看待这些关键时刻，对服务做出详细的计划并认真实施，以管理顾客在所有关键时刻的服务体验。

北京宴总经理杨秀龙先生说：没有给顾客留下美好回忆和流传故事的服务是零服务。为了实现优质服务，北京宴坚持"以顾客为导向"的核心文化理念不动摇。把"家人"和"亲情"的概念作为它的基本内涵，在服务中注入情感元素，集中体现"把客人当亲人，视客人为家人，客人永远是对的"的经营理念。抓住每个关键时刻，给顾客提供"糖化"服务，感动顾客。每位顾客在接受餐厅服务的过程中，会出现116个与顾客接触的机会，也就是北京宴为顾客提供的"116块糖"，糖化顾客的心；每次接触的短暂时间就决定了整个餐厅在客人心中的印象。与顾客接触的每一个时间点即为关键时刻（MOT），它是从人员的A（Appearance）外表、B（Behavior）行为、C（Communication）沟通三方面来着手。这三方面给人的第一印象所占的比例分别为外表52%、行为33%、沟通15%，是影响顾客忠诚度及满意度的重要因素。推动MOT，可以使服务质量标准化，并提升服务水平、减少服务纠纷；可以训练员工，让员工发自内心关怀顾客，并提升事情处理能力；强化人际关系，在服务过程中，员工对顾客做好个人营销，可扩展个人人际关系；提升工作效率，协助第一线员工在第一时间内对顾客做好完整的答复及应对。所以，充分挖掘关键时刻，并抓住关键时刻为顾客提供感人服务是非常必要的。

二、关键时刻的重要性

1.关键时刻是评价服务质量的视角之一

服务不同于有形产品的可以量化的考评，需要有多个视角进行考核，如是否基于饭店服务流程、是否遵守行为规范等。如果是站在顾客的角度，对服务质量的评价就是顾客是否对MOT感到满意。

顾客与企业所有资源，包括员工发生接触，会形成多个MOT，在接触的同时也就做了一个无声的评判，顾客把他们所受到接待时的即时感受牢记在他们心里的考评表上，每一张考评表就是一个对MOT服务质量的评价。如果这个评价是正面的，就代表了顾客满意度是良性的。反之，评价负面就代表顾客对企业服务质量的否定。

2.关键时刻可以促进服务质量的改进

企业要想获得顾客的正面评价，就必然要在关键时刻实现顾客满意。对饭店来讲，可能会觉得顾客满意度来自饭店长期为其提供服务，顾客会根据饭店提供服务的次数、时间等，取一个均值来完成自己对饭店服务的评价。然而，事实上顾客是根据最后一次接触是正面还是负面的来评价饭店的服务质量，如果是正面的，顾客就会对饭店的服务质量给出积极的评价；如果是负面的，就意味着关键时刻失控，饭店服务质量便会在顾客的感知中大打折扣，服务可能会退回到初始状态，甚至出现负面效应，比如顾客投诉甚至导致对饭店的抵触，最终丧失该客源。在买方市场环境下，顾客转换其他饭店的成本是很低的。根据研究人员对关键时刻的研究，当饭店给顾客带来1次负面MOT时，之后还想留住顾客，需要付出12次的正面MOT才能挽回。因此，在饭店管理中重视对MOT管理，可以有效地促进服务质量的改进，树立饭店在顾客心目中的良好形象。

三、该怎么抓住关键时刻？

饭店的硬件、产品、营销策略等，都很容易被抄袭和超越，而服务则是最能体现差异的竞争手段。饭店要在客人心目中树立优质服务的形象，就需要抓住对客人服务的每一个关键时刻。因此，饭店应着重抓好以下几项工作。

1.向员工贯彻"关键时刻"理念

在对客人服务过程中，员工就是饭店的代表，顾客通过与员工的接触充分认识饭店。因此，管理层应在日常的工作及培训中努力向员工灌输MOT理念，让员工具有"随时都是MOT"的服务思想，在与客人的接触过程中，要满怀热情，以纯熟的技巧、积极的态度向顾客展示饭店的优质服务。同时，重视服务质量的管理人员应该以身作则，为员工起表率作用，影响员工对服务质量的重视程度。

2.营造服务接触点，创造更多的"关键时刻"

北京宴在服务上打的是"糖文化"牌，所谓"糖"即服务的细节，也就是与顾客接触的关键时刻。从出生宴、满月宴、百天宴、生日宴、求学宴、升学宴、谢师宴、毕业宴、求婚宴、订婚宴、结婚宴、结婚纪念日等，北京宴撷取了人生 36 个经典片段，设计了36种宴会。"宴会靠设计，设计靠理念，理念就是'中国服务'。"北京宴总经理杨秀龙说。

北京宴每个岗位都是以客人为中心，围绕"五位一体"设计糖文化，向客人显示积极热情的态度。整个服务流程包括73项服务：信息接收与传递7项，餐前17项，客到休息区12项，客人入席11项，餐中服务11项，餐尾5项，餐后收市10项。饭店不仅要重视这64个关键点，而且要重新对整个服务流程进行全面分析，找出其中所有可能出现的"关键时刻"，鼓励员工利用这些关键点，有意识地引导顾客，对其进行贴心服务，为客人创造良好的服务体验，使其有物超所值的感觉。

3.态度与效率并重，创造优秀的"关键时刻"

饭店服务过程中，顾客对效率的要求是很高的，但态度决定一切，在服务行业中更是如此，端正积极的态度才能让顾客感觉到被尊重，良好的态度会让顾客心情舒畅，甚至会降低对效率的要求。态度中最重要的是"关心", 在与客人的接触过程中, 应时刻注意顾客的需求与不便, 并及时予以帮助。设想如果顾客在酒店里问路, 服务员不仅指明方向, 而且还亲自陪同到达, 这样的服务接触必然会令客人满意。

4.提供个性化服务, 创造超值的"关键时刻"

即使未来科技再发达, 饭店业服务也无法完全被机器生产所替代。相反, 顾客越来越要求提供体贴入微富有人情味的个性化服务。"去年我们一位客人为他母亲办八十大寿, 订房间时我们没有给客人安排以数字命名的包间, 而是安排在'南山厅', 客人很高兴。我们向客人要了5张老太太的照片, 从二三十岁的时候到如今儿孙满堂等不同时期的照片。北京宴每个包间都配置5个相框, 在那一天'南山厅'的相框装上了老太太的照片, 老太太一进门, 感觉非常亲切。过生日时, 我们还安排她儿子扮作厨师现场亲手煮了一碗长寿面, 给了老太太一个惊喜。"北京宴总经理杨秀龙先生表示。这就是超值的个性化服务, 也许仅仅就是这一点体贴, 就会为饭店培养一批忠诚顾客。

5.实行走动管理, 监控处理失控的"关键时刻"

饭店提供服务的同时, 整个服务过程是呈现在顾客面前的, 在服务接触中, 关键时刻可能会由于种种原因而变得失控, 从而引起顾客对饭店服务的不满甚至投诉。目前国内饭店业普遍对员工"授权"不够, 员工在遇到顾客对服务不满及投诉时, 往往第一反应就是汇报上级, 但这中间就会出现一个时间差, 顾客在心情不愉快的情况下, 再经过时间差可能会对饭店产生更大不满。如果实行走动管理, 每个部门经理或主管经常出现在服务第一现场, 那处理投诉或安抚客人就会变得及时。

【案例分析】北京宴中国服务的"关键时刻"

我们从客人体验和酒店运作的角度, 把酒店员工有机会使客人感到无比愉悦的"关键时刻"确定为116个, 并提示管理人员和员工把这116个时刻的每个时刻看作一次服务机会，饭店员工充分利用这些机会，创造一个良好的环境，使客人有宾至如归的感觉：可以了解各种信息，可以得到愉悦，可以得到关注，也不会出现烦恼。我们分六个过程来描述。

一、预订阶段

1.顾客电话预订

（1）来电预订员接电话要及时，电话响3声内接电话。

（2）来电预订员接电话时声音甜美、轻柔。

（3）重复顾客信息以示确认（用餐时间、人数、宴会性质）。

（4）对顾客所提出的问题有问必答（不确定的问题请示上级并给客人回复，不能跟顾客说"不"）。

（5）在顾客挂完电话后电话预订员方可挂电话。

2.酒店电话汇报

（1）客人订餐一个小时后区域经理给客人回电介绍自己（第一次电话报到）。

（2）再次确定顾客交办及宴会私人定制的相关事宜（第二次报到）。

（3）助理在每天上午10：20和下午4：20之前再次报到汇报信息落地情况，询问到店时间（第三次报到）。

二、接力式迎客

1.保安在正门和停车场迎客

（1）1号岗在马路边向北京宴行驶来的车辆行注目礼并微笑，打出指挥车辆方向手势；当车辆行驶过面前时，身体转向车辆背影并鞠躬30°。

（2）2号岗在停车场找到停车位，指挥车辆，引导顾客到正门，用对讲机向GRO通报。

2.GRO在大厅迎客

正门接待顾客，见到顾客主动向前迎接，核对顾客房间信息，并引领顾客乘坐电梯到相应的楼层，用对讲机告知区域服务员在门口迎接顾客。

3.区域服务员在房间门口迎客

区域服务员在楼层电梯间迎接自己所对接的顾客时，要向顾客微笑并做30°鞠躬、问好，引领顾客到相应的房间，推开房门引领客人进房。

三、客到休息区阶段

1.引领入座

（1）服务员引领客人在休息区就座，介绍客人先吃水果。

（2）客人到房间后先进行接衣挂帽服务，接下客人手里拿的物品并放好。

2.香巾到

（1）客人到达20秒内，服务员用左手端托盘，采用跪式服务为客人递上迎客香巾，先服务贵宾再服务其他客人；

（2）微笑着面向客人并用手势示意客人"请用香巾"。

3.向客人报到

与客人保持良好沟通，在沟通过程中给客人简单介绍自己和北京宴。

4.茶水到

（1）服务员及时向客人询问需要什么茶水，推荐酒店现有的品种（冬天适合红茶，夏天适合绿茶），并询问是按位上还是按壶上（6人下按位，6人上按壶）。

（2）服务员根据不同茶叶规范的方法洗茶冲茶。如果客人喝白开水，则用柠檬冲温水，不得上开水。

（3）服务员左手端托盘，采用跪式服务为客人服务茶水，先贵宾后陪同，不得滴洒。

（4）用肢体语言示意客人"××茶请慢用"并后退离开。

（5）服务员随时关注休息区客人的茶杯，当客人茶水少于1/3时要为客人及时添加。

（6）服务员认真听取客人的个性化信息，记住客人的茶位、姓氏等。

（7）随时关注茶几上顾客的烟缸（不超过两个烟头）、果皮壳等，及时整理，保持茶几整洁。

5.水果分到

（1）服务员采用跪式服务在休息区将个体小的水果（葡萄、车厘子等）分到客人面前。客人若要求将大的水果（火龙果、橙子等）切开，则拿回备餐间操作。

（2）把拿到备餐间的水果切好后放入骨碟中，以跪式服务送到休息区茶几上。

6.点菜起凉菜

（1）区域助理要随时关注顾客点菜的需求，及时提醒顾客提前安排菜式。

（2）如果客人要求点菜时助理不在现场，服务人员必须第一时间立即送上菜牌，请客人稍等，并呼叫助理或经理前来为客人安排菜。

（3）服务员根据助理的交代准备好服务所需的相应餐用具，按要求起凉菜、刺身。

（4）根据菜单，准备好调料。如果需要，鲍鱼刀叉上桌。

7.酒水备好

（1）服务员提前询问客人喝什么酒水，提前准备好。

（2）根据客人要求及时将酒水饮料下单，及时从收银台取回酒水，存放在酒水车上，商标统一朝外。

（3）如果客人有红酒，征求客人意见是否需要提前将酒水倒入醒酒器内醒好，客人同意后才可操作。

（4）客人如果自带酒水，就提前询问客人是否需要打开提前备好。

（5）征求客人意见可提前将酒水按标准斟倒在客人的酒杯中，准备好分酒器，分酒器里备的酒水倒50 mL（除非客人要求才可以倒100 mL或150 mL）。

8.凉菜上桌

（1）上菜前认真看顾客所点凉菜，提前规划转盘上的凉菜摆放；上菜注意荤素、色泽、器皿的搭配。

（2）凉菜上齐，客人已到齐的情况下，提示客人上桌用餐。

9.宴禧上桌

（1）菜品确定下单后，第一时间到收银台打印宴禧（注意菜品顺序：热菜按照先高档后一般，先荤菜后素菜的顺序，鱼在素菜前）。

（2）10分钟后到收银台取回宴禧，确认无误后（日期、数量、字有无错误）把宴禧装入宴禧壳里并绑好金线，按标准摆放上桌。

四、上桌阶段

1.酒水斟倒

（1）当客人把酒水订好后，要及时与其沟通，征得顾客同意后，在入座前给每位斟一杯酒水，以方便客人入席后举杯。

（2）如果有红酒，则要提前询问客人是否需要醒酒。

（3）准备好相应数量的小分酒器，每个分酒器内倒25 mL，以便为喝相应酒水的客人及时送上。

2.客人入席

（1）如果客人到齐后同时凉菜上齐、酒水倒好，相应菜式所需的调料、用具备好，宴禧上桌后，及时提醒客人可以入席。

（2）当客人入席时服务员应根据前期所观察到的信息判断哪位顾客是主宾，并及时把主宾引领到餐位上，且站在主宾椅子后边，距椅子约一步距离，右腿向前迈一步，双手扶椅背，大拇指在椅背里侧，四指在椅背外侧。

（3）用膝盖顶起椅背，轻轻地向后拉约30 cm，椅子腿不能与地面摩擦，发出杂音。

（4）待客人走到餐位前，将椅子缓缓地用右腿膝盖及双手推进到与客人裤腿相切的位置，不能撞到客人的腿，要保证给主人和主宾拉椅让座的及时服务。

3.调灯光

（1）当客人入席后，及时将调光器调至用餐模式。

（2）在客人入席后的20分钟内将休息区收拾整齐，并把客人用过的毛巾、茶杯、水果等清走，把烟缸清洗干净，靠垫摆放整齐。

4.起热菜

（1）服务人员在1分钟内完成相应的起菜工作，助理及时跟进菜式的上菜速度，尤其是位菜需在起菜5分钟内到备餐间。

（2）当客人人数较多时，服务员及时通知助理客人入席，助理过来协助。

5.展口布

（1）从主宾位开始，以丁字步站在客人的右手边，并以手势示意客人，要求以顺时针方向依次为客人服务。

（2）将口布拿到客人的身后，轻轻地展开，将口布折成三角形，右手在前、左手在后铺在客人的腿上。

（3）在给客人展口布时，同时询问客人是否用饮料。如果需要饮料，则及时下单；如果不需要，则把饮料杯及时收走。

6.上毛巾

（1）服务员在客人的酒水安排好后，及时为客人上第二道毛巾。

（2）从主宾开始，右脚在前、左脚在后站于客人身侧，左手提篮、右手握毛巾夹。

（3）按照顺时针顺序，依次将毛巾放在毛巾碟里，一分钟完成此工作。

7.酒水确认及添加

（1）当客人第一次举杯后便确定了所喝的酒水，服务员及时把提前准备好的相应分酒器送至客人餐位前。

（2）根据客人所需酒水，及时把多余的酒杯及饮料杯收走。

（3）在斟酒时遵循白、红、啤、饮料的顺序，为客人从主宾位开始按顺时针方向依次给客人倒酒。

（4）给每位喝酒的客人及时提供小分酒器。

8.灯光介绍

（1）在客人上桌后，找到合适的时间给客人介绍灯光话术、沙盘、《人民日报》、央视新闻、菜品等，宣传酒店正能量。

（2）在话术介绍时要将客人衬托出来，抬高客人的同时也在推销自己和酒店产品。

9.茶水上桌

（1）在客人入座后将茶几位上的茶水移到餐桌上给相应的客人/按壶上的茶水要重新换杯子及时上到餐台，放在筷架的右边，与筷架在同一条线上。

（2）要求在客人入座后五分钟之内完成此工作。

10.主菜上桌

（1）在上位菜时，根据菜式的不同先准备好餐具。

（2）在上位菜时，先将位菜用长托盘端至客人的餐区旁边的边台上。

（3）超过10位，需两人跟进配合上位菜，从主宾的两侧同时上菜。

（4）在上砂锅海参时，提前先把刀叉按左叉右刀的方式上至客人的餐位前，上时右手端菜，站在客人的身后右侧，轻声示意客人上菜，左手收客人面前的骨碟，随后右手把菜品放在苏菲垫上，并顺势把菜盖旋转翻转取走（防止冷凝水滴在客人身上）放在左手的骨碟内，然后右手示意刀叉的位置并请客人慢用；如果是砂锅佛跳墙，需询问客人是否需要香菜，根据客人的意愿，把香菜倒入砂锅内，且同时将客人面前的席面更改进砂锅内，然后退后半步，转身为下一位顾客服务。

（5）如果是瓷器类的位菜，则把位菜先在边台上摆放在骨碟内，同时配上小勺，右手端菜，站在客人的身后右侧，左手收骨碟，随后右手把菜品放在苏菲碟上，并顺势把菜盖旋转翻转取走（防止冷凝水滴在客人身上）放在左手的骨碟内，顺势把小勺放入位菜内，同时右手示意客人慢用；如果是冲汤类的菜式，需询问客人是否需要葱花香菜，根据客人的意愿，把香菜葱花倒入砂锅内，在冲汤后把客人的小勺放入碗内，示意客人慢用。

五、餐中阶段

1.理菜控菜

（1）根据客人所点菜单，询问A岗准确就餐人数之后，立即用触摸屏下"起位菜"单和"起热菜"单，保证位菜在客人入座五分钟后到工作间。

（2）位菜到房间后，检查菜品的盘边卫生、菜品温度、菜品质量及餐具有无破损，需点蜡烛的必须点上。

（3）严格控制上菜顺序，凉菜、刺身、位菜、热菜、主食、甜品，鱼上在青菜前，青菜最后上，按照酒店规定以5分钟一道菜的速度上菜，主食在起主食后10分钟内上齐，两道主食中间间隔不能超过5分钟。

（4）上菜前在客用单上写上上菜时间并划单（在已上菜名上画"——"）。

2.例菜上桌

（1）上菜时选定一个上菜口，一般为副主位右手处，如果副主位坐的是老人或孩子，则上菜位需要调整。

（2）上菜时先移好上菜位，切记不要满桌移动菜品，把转盘上合适的空间左右移开即可，上所有菜品时需要备好相应公用餐具（分羹，分叉）放在托盘中，从上菜口上菜至转盘上，菜品器皿边沿距转盘边至少1 cm。

（3）上菜时两手同时托菜盘边沿，不得把手指扣进盘内，上所有菜品应跟上菜更，如果菜盘较大，所跟菜更的手柄上需要防滑套。

（4）把所上菜品转至主位与主宾位中间，转动转盘时右手掌伸直、五指并拢，用中指指面接触转盘边，转三下转盘到位，后退一步报菜名及菜品的特点。切忌在老人或小孩旁上菜、收菜。注意：上鸡、鸭、鱼时头不可朝向主人，鱼腹向客人，鸡不显头，鸭不显掌，鱼不显脊。上火候菜时，动作要快，把握好时机，注意安全，提醒客人，及时介绍，让菜品保持口味、口感及特色风味。遵循先荤后素、先主后平、先咸后甜的上菜规律，上菜更要搭配菜色、盘形、荤素，使桌上菜肴更加美观、具有食欲。

（5）在上菜过程中，要依据菜品的特色或重要菜品的需要，征求客人意见是否需要分餐或剔骨。若需要，则立即为客人操作。

3.菜品介绍

例份菜品上桌时要向客人介绍特色菜品。

4.席间巡视

（1）餐中服务做好三轻四勤工作（说话轻、走路轻、操作轻，勤换骨，勤斟茶水、酒水，勤换烟缸，勤换毛巾）。

（2）骨碟内脏物不得超过1/3，烟缸内不得超过两个烟头，台面有骨物用脏物夹夹起，有油渍的及时用纸巾擦掉，清理台面时尽量不要打扰到客人。

5.香巾更换

（1）在顾客第一道主菜吃完后准备更换香巾，此时为顾客上第三道香巾。

（2）手拿托盘，从主宾位左手边开始顺时针收取，用脏物夹夹脏毛巾，用香巾夹夹干净毛巾。

6.餐中酒水添加

（1）根据客人的需求添加饮品。保持客人面前的小分酒器内不空，饮料杯内不空，茶水不凉。

（2）添加酒水时使用托盘，将酒水饮料放入托盘内，先以敬酒为主。一般以酒杯的八成满为宜，红酒斟满酒杯的杯底为宜，白酒八分满，啤酒八分酒两分沫，饮料斟倒1/4杯。

（3）斟酒时，酒瓶口与酒杯口之间不能接触，以防止酒瓶碰破杯口或将酒杯碰倒，但酒瓶不能拿得过高，否则酒水容易溅到杯外；注意斟酒的速度。

（4）酒水饮料所剩不多时，要征求主人意见是否添加及开酒。

7.休息区清理

（1）客人上桌后20分钟以内将休息区清理干净。采用跪式服务，将水果干果等摆放整齐，脏茶杯、茶碟、烟缸等及时收走。

（2）整理沙发靠垫，将沙发椅子等挪回相应位置，恢复到开市状态。

（3）如有客人物品，如烟盒、打火机、包、手机等需要留心，并且在客人离店时记得提醒客人带好。

8.卫生间、备餐间清理

（1）在服务时时刻关注卫生间情况。

（2）要进入卫生间内巡视，保持小方巾整齐，洗手台面干净无水渍，马桶干净，纸巾充足，门时刻保持关闭状态，做到一客一清理。

（3）时刻清理备餐间，保证用过的餐具返回原位，并要保持时刻有开水使用。

9.个性化服务

（1）在餐中收集客人的个性化需求，并及时做准备工作，随时为三位客人提供感动式服务。

（2）注意在用心做事时，不是送的礼物有多珍贵，而是那张卡片上所写的质朴、真诚的内容才能打动顾客的心。

（3）送时服务人员要有一种仪式感，把所需送的礼物和卡片用托盘端着，面带微笑，大方地走到被送客人的身后，把小礼物放在客人的餐位上，把卡片单独拿出来放在客人面前，用眼睛注视着客人，说一段祝福的话。

10.起主食

（1）上完最后一道菜后要走到主人右手边轻声告诉客人："您的菜已

上齐，请问现在需要为您准备面食吗？"

（2）主人同意后，B岗下起主食单或下主食单、起菜单，同时跟进餐后酸奶到备餐间。

（3）主食上时若是位上的面条，需备好相应的骨碟或小勺，把面条用长托盘端至台边上，上面时垫上骨碟，把勺放在骨碟上，站在客人身后右侧，用右手端面、左手取客人面前的骨碟，把面放在苏菲垫上，同时把小勺放在面碗内，用右手示意慢用，依次顺时针为客人服务。

（4）上完面食后上酸奶，配上酸奶垫碟、酸奶勺，左手收走客人面前的骨碟、苏菲垫，右手上酸奶，把酸奶杯盖收走，将酸奶勺放在杯内，同时示意客人慢用。

（5）上酸奶时询问客人是否有需要打包的菜式，提前为客人打包。如果有，则把相应菜品拿回备餐间为客人打包；如果不需要打包，则提醒客人把餐具收走，把桌面清理干净以便说话聊天时有一个干净的环境。清理台面时，只留下客人的毛巾、茶水和没有喝完的酒水、饮料。如果客人的牙签用完了，立即为客人上一根新的牙签。

六、餐尾阶段

1.菜品打包

（1）选用适合的美观整洁的打包礼品袋，用塑料袋打包的菜品放在底部，用打包盒打包的菜品放在上部。

（2）填写爱心卡，送上温馨提示和祝福。

2.盘点酒水

（1）在客人喝完杯中酒之后、顾客提出结账的要求之前盘点顾客消费的酒水饮料。

（2）客人自带的酒水：空瓶放在一边，未开瓶的放在另一处，等餐后客人的核查。

（3）酒店的酒水：空瓶及瓶盖、瓶塞也要集中存放在茶碟上，等餐后客人的核查；未开瓶的退完酒水送回收银台。

3.核对账单

服务员将账单核对无误后交给顾客。

4.清点物品

（1）在客人结账后、准备离开之前，开始快速清点客人所带的物品。

（2）检查客人自己所带的物品（手机、手包、衣服、礼品、饰品、客人自带的茶叶酒水等）存放的位置、数量及属于哪位客人。

5.送客门外

（1）当客人准备起身离开餐桌时，要提前站在主人和主宾的餐位后边，以便及时提供拉椅服务。

（2）立即准备好主人主宾的外套或包，为客人送上；若有外套，需要为主人、主宾提供穿衣服务。

（3）提好客人打包的水果、菜品、剩余的酒水走在客人前边，准备引领客人离开房间。

（4）管理人员到房间后和服务人员一起欢送并提示客人：请大家带好贵重物品。

（5）服务员和助理一起陪客人坐电梯送客，助理在客人右前方1.5米处引领客人，A岗走在客人身后，直到旋转门外。

（6）A岗在将客人的物品交给客人或司机后，立即与助理一起与送客的GRO排队站在客人车前的2米处准备送客。

（7）当客人的车经过送客的队列时，先挥手三下，再同时90°鞠躬送客。

四、导入"关键时刻"管理的关键点

因为顾客价值与饭店利润取决于管理者和员工是否能成功地把握关键时刻，所以饭店管理者面对的主要挑战是需要创造一种把为顾客提供优质服务放在首要位置的组织文化。这种文化的特点只有一个：每个管理者和每个员工都知道在关键时刻应怎样做才能使顾客满意。

1.管理者首先要管理好"内部关键时刻"

内部关键时刻是指一些特定的事件、情景或相互交流，在这些时刻饭店雇用的任何人员与饭店的某一方面进行接触，这方面对这些人工作、生活的质量产生影响。管理者要在饭店培养一种组织文化，鼓励员工为其他员工提供最佳服务。每位经理、每个主管和每个员工都能认识到他们在重要的内部关键时刻对本部门、本门店，甚至对饭店品牌的质量所起到的作用。

其实，许多因素都会对员工工作、生活质量产生影响。例如，当员工到达门店时，看到的是一个灯光昏暗、地面坑坑洼洼并堆满垃圾的停车场与一个精心维护、灯光明亮的停车场时，有什么样的不同感受？当员工走进更衣室，看到的是一个使人感到宾至如归的环境与一个临时储物间里面乱七八糟地堆满了被人遗忘的杂物，有什么样的感受？所有这些都可以被视作内部关键时刻。另外，与顾客的大多数关键时刻都涉及与员工的接触一样，员工的大多数内部关键时刻也都涉及与其他员工的接触，尤其是那些员工为了完成自己的工作需要另一个员工帮助的时刻，而且这种内部关键时刻产生于每天的实际工作中。比如，餐厅服务员与厨师讨论顾客点的一份特殊菜、客房员工通知前台服务员客人正在等候的房间的状态、工程维修人员要进房维修设备需要与客房服务员沟通等。

2.转化管理者职能

领导、控制、指挥等传统职能与给予员工能力、授权与支持等新型管理职能并重。这是因为众多的关键时刻给管理者带来了许多新职责。管理者不可能同时出现在各个关键点上监督员工的工作、控制工作程序、管理员工的行为，因此管理者做出的最重要的决定和采取的最重要行动就是帮助员工更有效率地独立控制关键时刻。所以领导、控制、指挥这些传统的管理职能要与给予员工能力、授权和支持等新型管理职能相结合。

3.服务内化到每一位掌控关键时刻的关键人物

有了高效运作的服务操作规范与流程，有了娴熟的服务技巧都还不够，还要把服务内化到每一位员工的内心，从我做起，不论管理者还是普通员工，用通俗易懂的话语传递价值理念与指导原则。比如，香格里拉的价值理念是这样表述的："我应面带微笑问候员工，并称呼其名""我应积极主动地对那些令客人无比愉悦的员工给予肯定与认可""我应核查对方是否清晰明确我所布置的工作任务，保证充分沟通及后续跟进"……

只有把服务内化到每位员工，并化作自觉自愿的行动，才能够在"关键时刻"提升客人的体验品质，并有力地推动酒店的规模扩张和品牌形象的树立，提高客人的忠诚度。

第三节　员工是企业的第一生产力

在餐饮行业，服务高投诉率、管理高出错率、员工高流失率是困扰餐饮企业的三大难题。而北京宴为顾客提供的服务却让客人感动到写感谢信——北京宴平均每月收到顾客表扬信130封左右，有的顾客被服务员感动得要出双倍工资来挖人却挖不走。与餐饮行业超过20%的年员工流失率相比，北京宴的年员工流失率是8%左右。在中央提出"八项规定"的要求（以下简称"国八条"）后，由于运营压力过大，很多高端餐饮企业纷纷裁员或放休，北京宴虽然坚持不裁员、不降薪、不变相放休，但是300多名员工中有50名因为拿着足额工资无事可做而感到内疚，向酒店申请停薪留职。

一、只有不好的员工管理，没有不好的员工

（一）让员工想学

1.把员工当家人

1）优质食宿

北京宴认为"有满意的员工，才能有满意的顾客"，并且由于北京宴的顾客群体是高端人士，这就要求员工的品位不能低，因此北京宴的员工理念是：所有员工都是为绅士和淑女服务的绅士和淑女。

与餐饮业的员工大多住在公司外的地下室相比，北京宴在酒店的六楼，牺牲1 200多平方米的营业面积，投入500多万元，打造温馨的"员工之家"，可同时容纳500人入住。从成本计算的角度来看，这些牺牲的场地面积可以打造9间标准包房，按照北京宴目前的包间使用率35%、每桌平均消费3 300元来计算，每月可以贡献的收入为31万元；目前北京宴在职员工人数为280人，如果在外面给员工租宿舍，每月费用大概是6万元，以此计算，北京宴打造"员工之家"每月多花费的成本大概是25万元。

每位员工都会配备两套不同颜色的床上用品，荞麦枕头、棉花被褥、床单被套等全部采用纯棉质地，统一清洗、统一更换；员工宿舍配有中央空调，可随时洗热水澡，可以免费上网。北京宴还给员工开辟了专门的娱乐和休闲区域，包括小卖部、员工理发室、健身房、乒乓球室、台球室等。员工食堂每餐给员工提供四个热菜、六个凉菜，两种主食、两种汤类，菜品丰富，定期更换品种，员工可以根据自己的口味和喜好进行选择。员工过生日时，北京宴会为员工发放生日礼物和生日贺卡，并准备生日餐。

2）未婚、已婚人员承诺书

北京宴的员工入职时要签订未婚人员承诺书或已婚人员承诺书，承诺对待感情要专一，确保家庭的和睦，践行"家和"文化。"现在民工在外打工，临时夫妻很多，我觉得要践行家和文化，不能只从嘴上说说，而是从每个人的行为上去履行。家和文化是员工心里面的原动力，一个人要想发力必须脚底下站的地要踏实，如果脚底下站的地不踏实，站在一块浮冰上始终发不出力，发了也会陷下去，所以一定要心底无私天地宽，尊重游戏规则，弘扬正能量。小家安定了，大家才能稳定。"杨秀龙说。如果有员工违反了承诺书的规定，就会被曝光和通告家人。

3）四方师徒协议

新员工刚来，由于对公司不了解，很容易犯错误，一旦犯错，不仅会对员工的积极性造成致命打击，而且会损害酒店的口碑，增加酒店的成本。为此，北京宴的员工上岗之前，部门要选派有较强责任心的优秀员工，或有经验的老员工作为新员工的师傅进行"一对一培养"，并由师傅、徒弟、部门经理、人力资源经理签订四方师徒协议，对新员工进行传帮带：从新员工办理入职手续开始，师傅便亲自指导，引领员工至宿舍，领取工服，到食堂就餐，进行岗上学习，直至考核合格转正。

在北京宴，不存在"教会徒弟，饿死师傅"的现象，因为有一套机制做保障——"徒弟出错，师傅负责；徒弟获奖，师傅分享；徒弟离职，师傅受罚；徒弟出徒，师傅获奖"。这套机制让徒弟、师傅、管理者之间结成了一个利益共同体——作为徒弟，在考取上岗证之前是拿不到岗位工资、岗位补贴的，只有考取上岗证后才可以，所以他要赶快出徒；作为师傅来说，就希望徒弟尽快出徒好拿到奖励；作为管理者来说，上级在他跟徒期间是不能独立顶岗的，会占管理者的名额，但是不干名额之内的事，因此管理者也希望尽快出徒，好增加一个人手，所以这三方的利益是一致的。在这种机制下，员工进步得很快。北京宴的服务经理马保华，在带徒期间，有一次徒弟听课迟到了，他作为师傅跟着一起被罚站了半小时，此后因为怕连累师傅，这名徒弟再也没迟到过。

我们随机采访的一线服务员乔叶红这样描述她的学徒生活："刚来时觉得公司跟迷宫似的，我从事餐饮业只有三个月，很多东西都不懂。但公司给我安排了一位师傅，我24小时跟师傅待在一起，她上洗手间我都要跟着她，一个星期后我对公司所有情况都熟悉了。师傅会教我如何摆台、如何对客服务、如何与客人去交流，还教我学习企业文化，从方方面面教我。晚上，我师傅还给我打洗脚水，衣服脏了就帮我拿去换，就像自己的家人一样。我刚来前两个月，晚上到了九点半，活儿还没干完，我们部门的同事怕我站一天太累了，会让我先下班，她们帮我干活。大家慢慢地就相处出了感情，你说在自己家里，怎么可以随随便便离家出走呢？"

4）不裁员

"国八条"后，北京宴坚持不裁员，而是一面进行战略转型，一面借此时机强化内部培训，夯实内功。这对员工的心灵触动很大，我们在北京宴采访的一线服务员乔叶红说："杨老师说，餐饮行业不景气了，家里日子不好过了，难道就要去卖孩子吗？那难道家里日子过不起了，我们就要离家出走吗？"北京宴的服务员对客人态度好，是因为他们感到幸福温馨。

2.公平、公开、公正

那么，一线员工如果对二线滥施权力怎么办？上级如果无视员工的困难怎么办？北京宴"公平、公开、公正"的激励制度体系会避免这一点。"我想把北京宴真正变成一个公平、公开、公正的平台，大家都是公平的，不存在论资排辈，也不任人唯亲，风气一定要正，不然很难留住人。要让每个员工都能在这个平台上静下心来研究自己的事，通过研究这个事来使自己得到提升，而不必因复杂的人事关系而掣肘。并且，我不是让他为了做这个事而做这个事，而是一定要思考如何做到更好，有没有更好的方式去做，从而提升员工内在的格局。我不是让员工单纯地执行，而是要他们变成发动机。"杨秀龙说。

1）多方位考核

北京宴的评估考核机制，包括上级评估下级，下级评估上级，一线评估二线，全员评估职能部门，部门经理之间互相评估等。评估结果将汇总公示，并与绩效挂钩。根据考核结果，北京宴设立了周用心做事奖、周快速反馈奖、周争得荣誉奖、周拾金不昧奖、周标兵宿舍奖、周命名案例奖、月度金银铜奖、月度优秀员工奖、月度优秀团队奖、月度优秀管理人员奖等奖项。对月度、季度、年度评选出的优秀员工进行表彰，表彰形式多样，有请员工在酒店吃大餐、感受服务，有请员工父母到酒店参观并由高管陪同吃饭，或组织优秀员工及其父母、管理人员外出旅游等。

除了这些"事后奖励"，北京宴还有一项"现场奖励"制度——绅士淑女卡，由公司根据管理人员职务级别的不同，给每人每月发放数量不等的卡片，助理每月5张，经理每月10张，总监每月15张，总经理每月20张，对员工的表现进行现场奖励。管理人员在使用此卡时，需注明被表扬人员的姓名、所属班组及表扬原因，表扬原因不限，可以是仪容仪表做得好，可以是语言表达亲切，可以是对客人服务技能高，也可以是得到了顾客的好评等，每月员工可以根据所得卡片数量的多少领取不同的奖励。

考核应是有奖有惩，北京宴的惩罚机制称为捐款复活制度。杨秀龙的想法是，员工的工资是最基本的生活保障，不能轻易处罚员工，但是酒店的各项工作都有规定和规范，如果不处罚，员工会越来越"有恃无恐"，很多规定和要求会无法推行下去。为避免执行力弱化，北京宴设立了捐款制度。以宿舍捐款制度为例：酒店关于宿舍的各项规定都设立相应的分值，宿舍管理员每天检查、拍照，对不合格项进行相应的扣分，凡是每周扣罚超过100分即为不合格，该宿舍全体员工每人需捐款50元，如果3周之内没有再被扣罚超过100分，那么3周后捐款给予复活（返回）。但如果捐款之后3周内再次被扣罚超过100分，则捐款将直接收入北京宴社团生活基金中用于改善员工生活，不再予以复活。

更重要的是，北京宴有一个公平、清晰，能让员工看到希望的晋升机制，所有员工都有两条升迁路径可以选择：服务员—服务师—高级服务师—训导师—高级训导师；服务员—代班—领班—助理—经理—总监—店总。员工获得晋升、调配岗位的依据，重点在工作能力和工作表现考核，与资历和学历无关。这让学历并不高的服务员看到了希望：我虽然平凡，但只要努力，我的未来就有希望。北京宴有一名员工叫张艳群，22岁，由于表现突出，半年内连升3级，从服务员升到了助理。

2）无障碍沟通机制

在北京宴，随处可见总经理信箱，总经理电话号码对所有员工公开，员工可以畅所欲言，总经理会多渠道听取员工意见和建议，并在每周的企业文化大课上进行公开和回复，促进员工与最高管理层之间的无障碍沟通。例如，杨秀龙曾经收到一条短信：客人点的面半个小时没有上来，难道厨师是上帝派来折磨我们的吗？这一事件后来入选当周酒店的反面案例，厨师长在周企业文化大课上代表厨房进行了检讨和公开道歉。

北京宴还每月进行一次合理化建议的收集和上报，听取员工的合理化建议，并拿出切实可行的解决方案。此外，各部门、各班组负责人每10天要跟员工进行一次绩效面谈，耐心倾听员工想法，并把员工工作中的进步和不足告知员工，增进与员工的沟通，及时解决员工生活、工作中的各种困难，并详细记录在《管理人员工作手册》中，由职能部门进行检查。

（二）教员工方法（帮员工学）

北京宴坚持对员工的未来负责，"国八条"后，不少知名餐饮企业都进行了裁员或者停薪留职，北京宴坚持不裁员、不减薪，虽然有员工由于看淡餐饮业的前景而离职，但月度员工流失率低于3%。这不仅是因为北京宴把员工当家人，还因为北京宴对员工来说是一个能提升自身综合能力的平台——一个可以提高自身表达能力、时刻保持阳光心态、拥有足够的应变能力和自信心的平台。

"北京宴员工的初始工资是2 800元，在行业中属于中等偏上，员工不吃不喝十年在北京也只能买个卫生间。所以，要对员工的未来负责，要武装员工的大脑，要为员工的未来增值储能。我们相信员工来酒店之前素质不高不是我们的错，但来店之后素质没有提高就是我们的错。对员工的关心和培养投入越大，员工对顾客的付出就越大，顾客对我们的回报也就越大。"

杨秀龙说。

1.社团文化

北京宴有十大社团——形象北京宴、礼仪北京宴、茶艺北京宴、糖化北京宴、印象北京宴、艺术北京宴、感动北京宴、话说北京宴、养生北京宴、生活北京宴。社团组织的创立最初源自"民间",据员工讲,因为酒店日常的培训工作已经无法满足他们对知识的渴望,于是在酒店的帮助下,他们就自己感兴趣的方向自发组织成立了这些社团组织。所有社长均由普通员工担任,助理级以上管理人员只能担任副社长和秘书长一职,提供基础的服务和保障,社长自己发展队员,壮大队伍,每个社团少则10人,多则不限。每个社团都编有自己的社团手册,每月组织一次本社团的活动,每年组织一次全员的集体活动。这样就使员工的业余生活非常丰富,并且能够将所学到的专长应用到工作中,给员工提供展示自我的舞台。

☆形象北京宴社团

北京宴最先成立的社团,提出了要把每一位北京宴人都培养成"绅士"和"淑女"的口号。北京宴优质服务的四步骤中,第一步骤就是向客人显示一种积极热情的态度,其具体要求包括:外表,形体语言表达,说话时的语气,掌握打电话的技巧,保持精神饱满。而这些都属于形象北京宴的范畴。《形象北京宴手册》就是从这些方面着手,对员工的仪容仪表、礼貌礼节加以规范,给予指导。

☆生活北京宴社团

代表总经理来给员工送温暖的社团,它全面代表员工的心声,从吃、穿、住、行各方面提出合理的意见和建议。在生活北京宴社团的促进下,北京宴开设了无人看守的小卖部,设立员工洗衣登记制度,并在宿舍和员工餐厅设立总经理信箱,公布总经理手机号,员工可将自己的心声随时随地无障碍地传达至总经理。《生活北京宴手册》全面介绍了北京宴的设施设备，小到洗手间在哪，如何购买一张手机卡，大到各部门岗位职责，如何获得帮助，力求最快速地帮助每位家人融入北京宴并快乐生活，快乐工作。

☆话说北京宴社团

顾名思义，这是一个教人说话的社团，看似简单，实则深奥。它最初是由一批爱好演讲并在酒店演讲比赛中脱颖而出的员工成立，最初希望达到"我口说我心"的目的，后来发展到全酒店各岗位的服务用语、酒店介绍、菜品话术介绍、员工话术指南四大方面，可全面增强员工语言表达能力，提升员工素质，培养员工具备成功的基本潜质。

☆艺术北京宴社团

由北京宴美工担任社长，北京宴来自世界各地的装饰品、工艺品共计约2.5万件，影印故宫、卢浮宫藏品画作近万幅，世界各地淘来的旧书3万余本，使用纯铜翻模制造的灯具千余件，铺设布查拉红、高斯波玉等名贵大理石3 000多平方米。可以说是一座不折不扣的艺术殿堂。北京宴社团由一批爱好摄影、绘画、艺术、雕刻的员工组成，对北京宴的每一件摆设都做了精心的拍摄存档，在每一次接待后对移动的摆件进行复位和维护。《艺术北京宴手册》不但记录了北京宴的一草一木、一字一画，而且，每一束花的名字，每一幅画的作者和寓意，都在他们的笔下延伸，既增长了员工的知识，也为北京宴积累了一笔丰富的财富。

☆糖化北京宴社团

什么是"糖化"？北京宴的文化是以顾客为导向的亲情服务文化，倡导"把客人当亲人"的服务理念，为此，特别针对各部门不同岗位服务内容的不同，在"五位一体"的基础上，提炼了各岗位自己的特色和亮点，我们称之为北京宴的"糖文化"。《糖化北京宴手册》是让大家清楚地了解自己岗位的工作内容、规范和标准，在规范化、标准化、程序化的基础上，适时为客人送上自己的糖果，让大家更快地融到工作中去。

☆茶艺北京宴社团

由一批热爱中国茶文化的家人组织成立，为此，酒店专门在103包间增设专业茶具，设立茶室，给员工提供操作演练的场所。《茶艺北京宴手册》对中国茶文化、北京宴茶文化进行介绍，指导家人的茶艺技巧，力求提升家人的修养、内涵，陶冶家人的情操，让茶文化走进每位家人的心中，通过点点滴滴的工作，向客人显示专业、优雅、超值的服务，最终实现发扬中国茶文化的终极愿望！

☆养生北京宴社团

顾名思义，养生北京宴社团是研究饮食文化的社团。民以食为天，是中国人的一句老话。北京宴在总结中国八大菜系的基础上进行了融合，自主研发了北京宴"融合菜"，本着"食必求真"的原则，在全国乃至世界各地广泛选取特色食材，融合各大菜系的手法和工艺，进行科学、营养、艺术搭配，使菜品在传统的"色、香、味、形"的基础上进行升华而成。《养生北京宴手册》助力北京宴融合菜的发展，从二十四节气适合食品、食物搭配的情况、健康美容小常识、水果营养等方面给以介绍，对北京宴菜品的发展和家人的工作给以帮助。

☆感动北京宴社团

感动北京宴社团是在规范化、标准化、程序化基础上的个性化、亲情化服务，是对北京宴"家和"文化的践行和升华。北京宴是一个家庭——大家相互关爱，互相帮助，和谐相处，分享工作的乐趣和生活的温暖。我们相信"予人玫瑰，手留余香"，感动能将你我的距离拉近。《感动北京宴手册》是将"家和"文化应用于对客服务中，形成的众多感动人心的故事集锦，让更多的员工得以了解这些优秀员工的感人案例，并加以效仿和创新。通过全体北京宴人的努力，北京宴在开业短短半年的时间里，平均每月获得顾客表扬信150多封，并荣获北京第一家白金五钻级酒家荣誉称号。

北京宴十大社团伴随北京宴一路走来，取得了丰硕的成果，员工在创作中工作，在工作中创作，充满激情和求知的欲望，酒店为每个社团设立基金，对于员工的合理建议和意见尽全力满足，员工有了成就感，自然归属感增强，大大促进了员工的稳定性。我们深信：对员工的关心和培养投入越大，员工对顾客的付出就越大，顾客对我们的回报就越大。

2.企业文化大课

社团活动可以大大提升员工的工作积极性，这可以保证员工用充足的热情和较好的素质来给客人提供个性化、亲情化的服务。那么，如何从培训角度入手让员工的工作积极性得以长久维系？再者，由于北京宴是面向政务、商务人士的高端餐饮企业，因此服务的标准化、规范化异常重要，如何保证酒店标准化的服务流程，尤其是酒店的文化理念能融入员工的心里面？

北京宴的办法是每周一面向全体员工开办企业文化学习渗透活动，其主题是针对每周工作中出现的问题进行批评总结和案例式教育。每周都会选取典型的正面、反面案例各三个，作为企业文化学习的重点。例如，有一期的反面案例是，查到了有位员工在上班时间玩手机，北京宴明文规定，不允许在岗带手机，因此玩手机违反了酒店制度。在企业文化大课上点评案例有一套流程：主持人随机点名→员工出列→员工评说（①叙述案例内容；②叙述人用酒店文化对案例进行判断评述；③结合自己，谈论自己遇到此类事件该如何处理）→主持人对员工的评述进行点评→员工归列。这套流程是为了避免员工开会时不动脑子，以保证员工对总结出来的案例能够铭记于心。

下面是两篇杨秀龙撰写的激励员工的檄文。

第一篇：2017【中国服务学习联盟】关键词

不忘初心，继续前行

初心易得，始终难守

我们每个人心中都曾有一个梦想，不管我们出身如何，我们在梦想里面总是很美好的。我们出发的时候，都曾经豪情万丈、壮志凌云，但是现实生活的坎坷又常常让我们迷失方向，失去追求梦想的动力。

很多年以前，当我看到世界冠军邓亚萍被破格录取到国内顶级大学学习，在英语学习领域爆发出极大的超乎寻常之功力；当我看到体操王子李宁转战商场，九死一生而最终笑傲江湖，让"李宁"真正成为一个国际品牌；当我看到武术冠军李连杰在公益方面做出的伟大付出和旁人不可以企及的壹基金公益上的崇高成就，那个时候我就很纳闷，为什么冠军们除了身体素质上天赋异禀，其他方面也可以达到别人不可以企及的高度呢？！

冠军成功的最关键因素有两点：第一，专注。寻找你的优势天赋，就像科比寻找投球运球的手感，就像乔丹转身跳跃腾挪、腾空而起飞翔的瞬间；第二，坚持。乔丹自从成立早餐俱乐部以后，每天在教练的魔鬼训练之下，超乎比常人多几倍的时间训练，科比每天凌晨四点准时出现在洛杉矶训练场训练。有记者问科比，为什么你可以这么多次卫冕成功？科比的回答就只有一句：请问你见过洛杉矶凌晨四点的样子吗？！

给大家分享成功者最主要的两个关键词。

第一个关键词是：统治者。

统治者是针对人群分类的。乔丹和科比的极限训练师，把队员分成三类，第一类是被动者，第二类是掌控者，第三类是统治者。成功者当然要做一个统治者，无论你从事什么领域，无论你处于什么阶层。什么是统治者？统治者就是敢于亮剑，统治者就是剑锋所指所向披靡，统治者就是横扫万马千军如履平地，统治者就是万军丛中还能够一剑封喉取敌人将领首级，统治者就是气吞山河舍我其谁，一如佛祖出世，指天指地，天下唯我独尊！

我们中国服务一直在强调"我的地盘我做主"，强调的就是各位家人的统治者的天然属性，我的优势是什么？我拥有的核心竞争力是什么？我凭什么赢得顾客的认可？这是我们每一位家人上岗前必须弄明白的事情。搞清楚了，弄明白了，我们才能在工作中展现得最好，进而赢得顾客。

做统治者的根本基因是天赋+超强自信+每天的超乎常人难以想象的辗压训练。

第二个关键词是：白热化空间。

"白热化空间"是一个前无古人、后无来者的概念，只有特别少的天赋异禀的人才会拥有此"技能"。它是一种状态，一种非常可怕的状态。你一旦进入这里面，就会发现周围的一切只剩下你、顾客，你内心从未如此平静；所有的外在都不存在了，你只有眼前、眼前的触目可及，恐惧、渴望、迫切等情绪都离你远去。在这种状态下的你会感觉到其他人的速度都变得缓慢，你只需轻轻地加速与发力，像拨一片羽毛轻轻拨开顾客，让他惊喜到疯他就疯，让他开心到笑他就笑，让他感动到哭他就哭，这真是一种美妙奇幻的状态，像科幻片，像盗梦空间，像其他星球宇宙外空的漫游，这一刻你拥有全世界，你是真正的掌控者。

当然，要想拥有这样的状态，前提条件是艰苦卓绝几乎惨无人寰的魔鬼训练，还有深厚底蕴的扎实基本功。乔丹、科比是训练最刻苦的运动员，无论之前是输是赢，第二天早上他们会按约定的时间准时到达球馆。尤其是精力无比旺盛的科比，在比赛前的训练周期，早上4点就起床训练。不能否认，科比就是球队的关键先生，没有他不行。你可以试问自己，何时何地这个世界的某个组织没你不行吗？那些链接点、那些关键点离开你运转正常吗？

科比在脚腕受伤以后仍然坚持训练，继续不停地、一天三练地高强度训练。记者问他为什么受伤以后不好好康复？他说我的脚受伤，但是我要来锻炼手感，我不能失去手感，我要维持球场的手感！

另外一名运动员，为了减轻体重，他每天在科学的节食情况下，还必须坚持来训练。这个球员每天饿得头晕眼花来到球场睡在训练场中间，以至于影响到其他队员的训练，但是他要求自己每天必须到达训练场，来了之后躺着都可以，但是前提是，必须来！

也许以上的总结，就是冠军的精神，没有捷径，没有退路，一切都像过了河的卒子，一切都是一个偏执狂才能生存的情境。也许人生的过程为了梦想永无止境。凌晨四点的灯光，一遍又一遍；孤单的身影，单调的投篮，一个又一个，不顾一切追逐自己的梦想！这也许就是你从优秀到卓越、从卓越到无敌的过程，只要你相信你自己，无论你做什么，商业、学术、体育、科学，你都可以找到只属于你自己的巅峰状态的"白热化空间"。

我们非常多的家人，敢于梦想，却不敢于勇往直前舍我其谁地追求梦想；明白自己身上的缺点，却不敢向自己开炮逼迫自己迭代提升；知道工作是实现自己梦想的途径，却视工作为可有可无而得过且过。

天赋也许只是成为冠军后的传说，而每天每夜日日刻苦地坚持专注训练可以使你成为传奇！

> 不忘初心，继续前行
>
> 初心易得，始终难守

中国服务学习联盟的家人们，找回自己的初心，爆发吧！那个只属于你的宇宙！

第二篇：2017【中国服务学习联盟】关键词"突破"

突破，就是集中兵力向一点进攻或反攻，打开缺口。所以，首先要找准点，然后根据所拥有的自身和外部的资源，制定策略和方法，然后在最短的时间内采取最大量的行动，进而获得成功，称之为突破。

爆冲为突，撕裂为破，突而进取，破而后立。

作为开国中将，秦基伟在战争年代九死一生，战功赫赫。在抗美援朝战场上，秦基伟指挥了上甘岭战役等重要战役，被美军公认为最牛的中国人民志愿军军长之一。

秦基伟向毛主席汇报上甘岭战斗的经历时，毛主席问道：美国佬好对付吗？

秦基伟回答：刚入朝的时候对他们的活动规律摸不着，有点生疏，吃了很多次亏。后来，总结了一下，美国佬有三个长处：一是机动快；二是有制空权；三是后勤及时充足。但他们也有三条缺点：一怕夜战；二怕近战；三怕死。有这三条，他们就注定要败在我们手里。

"文化大革命"后，秦基伟先后任成都军区司令员、北京军区第二政委、第一政委、司令员，后任国防部部长。走上国防部部长岗位时已是1988年，秦基伟已73岁高龄。

一次出访交流时，他对身边人说："经历过长征的人，比谁都更懂得什么叫军人、什么叫战争。不信你把麦克阿瑟叫过来，我们两人一同到地狱里走一趟，我能活着回来，他未必。两万五千里长征对于中国军人是意志的锤炼，是10个西点军校也培养不出来的。"

突破，爆冲为突，撕裂为破，突而进取，破而后立。

一个人，想要优秀，必须接受挑战；

一个人，想要优秀，必须寻找挑战；

一个人，想要优秀，必须制造挑战。

行动起来吧，北京宴的家人们，突破自己才能重生，安逸就是堕落逃避。多年之后的我们，一定会感激今天拼命突破的自己。

（三）和员工相处的艺术

1.一定要说（上下级六必沟通）

（1）当下级受到委屈时。

（2）当下级出现较大违纪时。

（3）当下级思想出现波动时。

（4）当下级工作显著进步时。

（5）当下级之间产生矛盾时。

（6）当下级岗位薪酬变动时。

2.一定不要说（管理者四忌语）

（1）我帮不了你，有困难自己解决。

（2）这是公司的规定，我也没办法。

（3）要干就干，不想干就走。

（4）你怎么这么笨。

3.一定要做

1）严暖结合"五要"工作法

（1）员工遇困难要帮助。

（2）员工有情绪要沟通。

（3）员工出了差错要整改。

（4）员工做了工作要评估。

（5）员工做出成绩要鼓励。

2）惩戒的五个基本要素

（1）告诉他，错在哪里。

（2）告诉他，你对他的错误有什么看法。

（3）告诉他，正确的做法是什么。

（4）提醒他，他是可以有所作为的。

（5）帮助他，直到他不再犯类似的错误为止。

3）团队打造六件宝

（1）用目标引导员工。

（2）用身教影响员工。

（3）用案例唤醒员工。

（4）用文化融化员工。

（5）用机制保障员工。

（6）用培训提高员工。

4.一定不要做

（1）办事不公道。

（2）奖罚不分明。

（3）不关心部下。

（4）目标不清晰。

二、让听得见炮声的人去指挥战斗！（员工授权）

传统组织是强调管理控制，每个人都被当作大机器上的小小螺丝钉，要拥有权力，就要在官僚组织中循序晋升。为了防止权力被滥用，金字塔组织又要设一些职位来监督或分散权力，结果造成组织内层层关卡，条条块块，组织效率在人性本恶的猜疑、不信任中被破坏殆尽。而在质量文化中，我们倡导"活性化"，又称"授权激励"。活性化就是建立内部顾客满意的观念和制度，让每个人都能以创新、负责、愿意冒险、为他人着想的精神工作，这样才能充分发挥企业为顾客服务的功能。即只有授权给员工服务顾客，世界上最好的服务方案与最具创造性的想法才能带来超越顾客需要的服务，为了达到这种质量文化氛围，管理人员需要经过以下三个步骤授权给员工。

第一步，雇用适合工作的人，所雇用的人除了需要拥有良好的工作技能外，还需要怀有强烈的工作责任心。招聘服务一线的员工时，还要尽量去考察和分析应聘的人是否具有良好的交际能力，因为这是了解顾客的关键。管理人员可以在招聘过程中就开始涉及公司的质量观念，必须绝对确认雇用的是乐于并且善于服务别人的人。例如，北京宴的面试重点就是要筛选出理念

163

一致、有发动机潜力的人。总经理面试管理人员时，会由总经理演讲20分钟左右，从服务行业的发展，到北京宴的愿景等，后续的三部曲决定了员工是否被录用，第一步是看被面试人的眼神，眼神不放光的不要，眼神放光的进入第二步——握手，手心不出汗的不要，手心出汗的进入第三步——工资减半，不答应的或三秒钟内没有反应的不要，毫不犹豫答应的留下。

第二步，训练员工想顾客之所想。不要认为员工已经了解了什么是好的顾客服务技能，这是不够的。要向每一名员工解释公司的质量观念，确保使每一个人都了解他个人对顾客服务的好坏与企业兴衰成败有密切的关系。让员工参与制定顾客服务方案，收集他们关于使顾客满意的想法，让每个人都尽力去满足顾客的需求。管理人员要教会员工如何为客户解决问题，如何提问，如何有效地倾听，如何进行清楚的交流和沟通，以及如何使每个顾客感到受尊重。当然，管理人员也要身体力行，树立超越顾客需要的服务样板。

第三步，授权员工去做任何对于满足顾客来讲是必要的事。让员工自己解决他们在与顾客接触过程中发生的每个问题，而不要去干扰或者批评他们。因为，当管理人员已经教给他们的员工服务质量的观念和好的解决问题的办法后，应当相信员工具有提供超越顾客需要的服务能力，应该放手让他们自己去做。

赋予一线服务人员更多的权力，使企业得到超常规的发展。在美国的一些公司，一线服务人员被赋予直接决定接受或拒绝一个客户提出要求的权力。这就使服务人员在工作中，独立了解如何能高质量地提供有价值的服务，从而使服务水平有明显的提高。在盐湖城的一家制作精密仪器的公司，53岁的总裁安帝赋予一线员工几乎所有的决定权，他正在为服务业水平的提高进行新的努力。"这些服务人员可以自作主张为客户退换产品，或者提供免费的咨询服务。"安帝说，"他们每个人都有自己的一套理论。"但他强调说，保证这些巨大权力正常行使的条件是，服务人员在作出错误决定时不会受到严厉的处罚。也就是说，当他们做了一些客户不满意的决定时，上级的人员必须及时帮他们指正，而不是像处分等类似的惩罚。"如果这些雇员所做出的决定与我可能做出的决定不一样，我不会因此而解雇他。"安帝解释说，"十次里有九次，我们的雇员做出的是正确的决定！"

在北京宴，员工授权的原则为：哪个环节最贴近顾客，哪个环节的权力最大！用更为简洁的话来讲，就是让听得见炮声的人去指挥战斗！我的地盘我做主；谁越靠近顾客，谁的指挥权就越大。火车跑得快，不能全靠车头带，而要像动车一样，它的动力在每节车厢，动力在基层；优质服务的第二、三个步骤：识别顾客的需求和满足顾客的需求。成功的授权=权力×信息×知识×奖励，乘积关系意味着缺一不可。

（一）为顾客用心做事，员工去做最好（给员工最大的权力）

为顾客用心做事，员工去做最好——让客人体会到每一位员工的亲情。要记住，越是级别低的员工去做，越能感动客人。

在北京宴，员工不是单纯的执行者，而是设计者。北京宴的迎宾有个专有头衔——客户关系主任（Guest Relation Officer，GRO），他们的任务不是简单地迎来送往，而是要为客人做好管家式服务，"酒店所有客人的信息和需求最终都会聚到迎宾这个口，迎宾每天上午11点和下午5点会出一个总的宾客信息表，梳理新客人和老客人不同的信息、爱好、忌讳，下发给各个部门经理，同时把当餐的顾客信息座位图及信息收集表下发至各个包间，当晚收市后再收回录入电脑中。这样，老客人的信息越积累越多，新客人的信息也得到收集，这就是所谓的客户关系主任"。

在每一个包房，实行包房责任制，并将包房的服务员定为该包房的责任人，命名为北京宴"管家"。在每一餐中，订餐人是编剧，服务员就是导演。包间里几乎所有的事情都可以做主，可以给客人赠送牛奶、爱心果、送生日蛋糕、提供婴儿床、赠送鲜花等；还有顾客的一些个性化需求，在一定的权限之内不需要请示可以直接满足。如果客人的需求超过了服务员的权限，服务员可以快速反馈直至总经理解决。公司并不以营销作为考核标准，而是将顾客满意度和顾客赞誉作为考核标准。对员工来说，每一餐都是一场电影，订餐人是编剧，员工是导演（杨秀龙语），员工可以根据顾客的需求来策划每一餐。在用心做事方面，员工做最好。在这方面，要尽量地给予员工更大的权力。在北京宴，员工不再是传统意义上的服务员，更被赋予了新的含义。

例如，在2016年11月8日晚，金宝店宴会二部家人王慧霞通过助理向客人提前报到，得知客人是想为怀了二胎的老婆过生日，便和二部的家人们一起提前策划布置房间，将门牌换为《安安麻麻厅》，用彩沙画出孕妈妈的样子，并写上"弹指流年间，一生的眷恋，你我相识，那段青梅竹马的回忆，是与你牵手一生的幸福"话语，客人到店后非常感动和惊喜；随后服务人员看到有两位可爱的小朋友，便搬来宝宝椅，并送上棉花糖；餐中，组织家人为客人过生日，赠送长寿面、平安果、小册子和寓意幸福快乐一辈子的烤杯子，并让老公穿上厨师服，亲自为太太蒸了一锅拇指生煎包，太太非常感动，深深地吻了老公一口；餐尾，客人用餐结束后，送客人至大门口，客人很是感动，连说谢谢。

在案例中，北京宴员工王慧霞根据顾客的情感为顾客导演了一场不一样的宴会，并在用心做事方面，在自己的授权范围内为客人送上具有意义的纪念品，为客人留下值得传颂的故事。

（二）满足顾客需求，助理做最好（给助理最大的权力）

在满足顾客的需求方面，凡是顾客提出的开口需求，由该区域的助理第一时间完成，让顾客感觉被尊重。

因此，在满足顾客需求方面，要给助理最大的权力，而不是员工。例如，一位客人到北京宴用餐，进行商务宴请。在期间需要给自己被请的客人送礼物，但由于时间紧迫没有购买到礼物，于是向服务助理提出请求，帮忙协助购买礼物。由于所需的礼物是在北京东二环星光天地售卖的爱马仕香水，这是奢侈品，并且当时只此一家有所售卖。服务助理立即向经理反馈，经理则立刻联系采购部说明情况，采购部经理立即安排员工至东二环星光天地购买，助理赶在顾客用餐结束之前送到客人手中，及时解决了顾客的需求，顾客表示感谢。

（三）解决顾客抱怨，经理做最好（给经理最大的权力）

帮助顾客解决困难，化解顾客抱怨，经理去做最好——让客人感到受重视。

在顾客抱怨或者不满的情绪产生时，再由服务员或助理来解决是不合适的，最好的做法是由经理来处理。此时经理是最接近顾客的，所以给经理最大的权力。

例如，某一天，一位老顾客到北京宴金宝店用餐，客人是请的外地朋友，便在点菜过程中向自己的朋友热情介绍北京宴和特色菜品响螺汤，向服务员说需要点一鼎，由于每个门店响螺汤每天只售卖4鼎且需要提前预留，而这位客人没有提前预留，已经售卖完了，服务员便回答客人没有了，使这位客人感到非常尴尬并引起严重不满的情绪，服务员便马上反馈给了经理，经理马上向其他分店联系是否还有响螺汤，经努力之后联系到总店还有一鼎汤，便安排员工打车送至金宝店，联系完之后经理及时到房间向客人表示歉意，承诺顾客可以从其他店调送一鼎汤过来，同时也感谢客人对北京宴和菜品的认可与支持。客人当时很惊喜并表示很满意，不但化解了顾客的不满情绪而且收获了顾客的赞誉。

对于服务过程中人际交互引发的服务质量不稳定的问题。美国哈佛大学的利维特曾在20世纪70年代力主在服务业采用生产线的方式，利用技术设备取代劳动力。他提出，要按照生产线的方式对服务进行再设计，使得工作任务简单明确、对员工的决策要求最小化。这种方式在某些服务业很成功，特别是快餐业。但是，许多服务企业不能按照这种方式经营。博文和劳勒曾对利维特的观点进行了尖锐的批评。要提高服务交互质量，适当的员工授权的确是必要的。

具体来说，授权有利于：

（1）提高员工的满意度。要想有满意的顾客，那么首先要有满意的员工。拥有权力和自主性是员工的自然要求，人们有成长和自我实现的愿望。授权有利于增强员工的成就感和自豪感，提高满意度。

（2）可以为顾客提供个性化的服务。每个顾客的服务要求不同且难以预测，如果员工得到授权，那么员工就会对顾客特殊的需求作出快速反应，因而就有更大的可能性在短暂的"关键时刻"让顾客满意。

（3）提高处理应急事件的能力。当发生问题时，现场解决问题的权力和能力对顾客有十分重要的影响。

（4）发挥员工的主动性和创造性，充分利用蕴藏在员工中的资源和智慧。一线员工与顾客直接接触，他们清楚哪些政策和规定是可行的，哪些是不可行的，以及顾客对企业的反应如何。

（5）此外，成功的授权还可以通过减少员工的缺勤率和流动率降低成本，改善营利状况。

当然，授权并不意味着放任自流，放弃对员工的约束。授权的目的是使员工真正致力于满足顾客的需要。

授权不仅仅意味着权利的重新分配。仅仅授权员工按自己认为好的方式从事日常工作和处理意外事件的自由是不够的，成功的授权需要提供给员工必要的信息，使员工具备更好地为顾客服务的知识和能力，同时，建立有效的奖酬机制，将员工的工作业绩与奖酬紧密联系起来。因此，可以把授权视为：授权=权力×信息×知识×奖酬，它们之间的乘积关系表明，授权要取得预期效果，四个方面缺一不可。

中国服务北京宴主张"给员工一个目标，让员工去做吧"，管理层给予员工充分的信任，使得员工的潜在能力、积极性、创造性都得到最大程度的挖掘和发挥。

第四节　互动：交互百分百，服务百分百（交互质量模型）

基于扩展的交互模型（如图5-3所示），改善各个交互质量的途径。

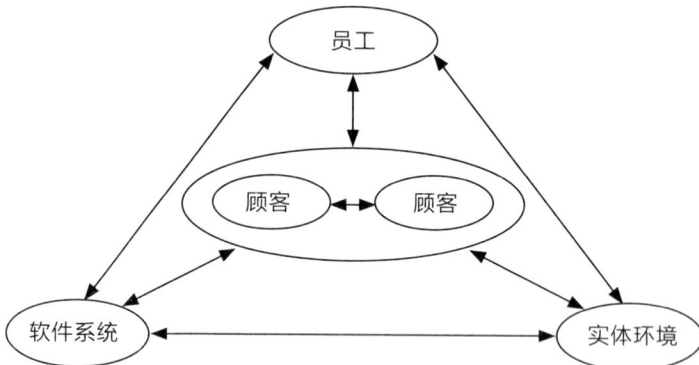

图5-3　扩展的交互模型

其中，软件系统代表企业软性支持，如规章制度、ERP办公系统等；实体环境是指各类硬件环境支持的表现形式，如对讲机、包间布置等；而顾客与顾客间的交互，则可能表现为口碑、企业对于高端顾客群的定位水准等。

事实上，从顾客感知的角度看，直接影响顾客感知服务质量的因素有两个方面：一是服务的产出；二是服务过程中直接与顾客交互的部分。服务过程中有些环节是顾客不能直接感知到的，如与前台服务同时进行的后台服务。

因此，我们可以把顾客感知服务质量分为两大要素：一是产出质量（我们假设产出100%作为基准）；二是交互质量（只能感受到部分，例如

70%），而后者在广义上是指图中所包含的各种形式的交互，狭义上是指服务过程中的人际交互。

通过提高各种形式的交互质量，可以减少交互质量和产出质量的差距。比如，在服务系统制度保障中，对菜品介绍、服务策划都依照详细指标进行考核。

交互质量是顾客感知服务质量的关键因素。由于服务消费是过程消费，消费者不仅关心产出质量，而且十分关心交互质量。这是因为：

（1）有时，由于缺乏足够的知识和经验（例如医疗服务和专业维修服务），顾客对服务的产出质量很难进行客观准确的评价。

（2）有时，各企业间在产出质量方面可能相差无几。在这种情况下，交互质量往往成为顾客评价感知的整体质量的唯一重要因素。

提高服务交互质量需要的不仅仅是微笑和热情。对狭义的人际交互质量的改进，除了前面提到的员工管理外，企业还需要做好以下几方面工作。

一、快速提供顾客的需求

良好的服务质量首先需要有一个良好的服务环境。与实体产品相比，服务供求矛盾更为尖锐。由于服务不能储存，服务企业难以采用库存产品的方法调节供求关系。而许多服务的需求表现出明显的周期性、季节性。在服务需求高峰期间，顾客蜂拥而至，服务人员应接不暇，超出服务供应的正常水平。此时，大大增加了服务人员的劳动负荷和压力，使他们容易在心理上产生厌烦情绪；同时，顾客也对恶劣的服务环境产生不满，焦躁不安，表现出不好的行为，导致交互质量低下。

面对此压力，北京宴的基本保障是，要分工明确，并专门设置打烊组（卫生、收台、洗餐具、复台），以此减轻服务人员压力，更好地设计服务和提供服务。同时，还采取其他具有特色的方法来缓解高峰压力：

（1）优化员工工作时间和工作范畴，抓住关键地点、关键时刻、关键人物、关键事件。

（2）确定重要工作点。

由图5-4可知，最忙的是客人上桌后的15分钟，是工作量集中点，后面会循序渐进。优化工作量的办法——群狼战术，借助对讲机，由助理调度其他尚未到客房间的服务人员，分散工作量。这种快速调动和部署服务员的内部交互，可以很好地解决服务时间冲突矛盾的问题。

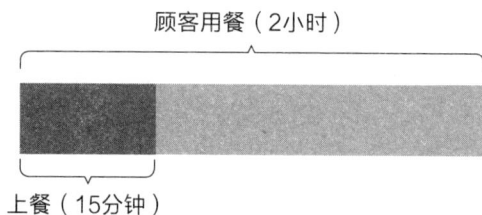

顾客用餐（2小时）

上餐（15分钟）

图5-4 顾客用餐服务压力

（3）帮工，二线为一线服务，全员为顾客服务，包括管理部、保障中心、人事部、厨师、保洁等人员。

二、提高服务人员的人际技能

服务提供者，特别是那些与顾客直接交往的员工，应具备沟通方面的适当知识和必要技能，他们应有形成一个自然的工作小组的能力，能与外部组织和代表适当地协作，以提供及时的、运转流畅的、满意的服务，要求员工大胆、得体地交流和展示。

中国传统文化以含蓄为基调，但是在与顾客沟通的过程中，含蓄、内敛会造成信息沟通不畅，因此，应当在企业文化和员工培训中，着重提升员工的沟通素养，既能大方得体，又不有所冒犯，传达企业形象中的核心优势，并收回顾客期望等具有价值的信息。

在服务过程中，服务人员要与为数众多的顾客直接接触，服务人员的行为成为顾客感知服务质量的重要部分。服务人员不仅要有强烈的服务意识，而且要有出色的服务技能，特别是人际接触技能和控制局面的能力。在需要等待的服务过程中，要善于利用等待心理学，调节顾客的情绪，使得等待不是遥远无期和不可忍受的。对于那些蛮横无理的顾客，则要巧妙应付。妥善处理与顾客的关系，对有特殊要求和脾气不好的顾客保持良好的态度和耐心，一一满足顾客的需求，将顾客的不满视为可以提升的建议。

具体的提高方法有：背话术为顾客介绍菜品和环境、宴会故事、在宴专家比赛中锻炼与顾客的沟通表达能力、参加话说北京宴社团提高表达能力的活动等。

配合人际技能的流程支持环节有：电话报到、餐后第二天拜访（短信、微信、电话）、节假日发送祝福短信等。

三、现代经营管理系统的支持

在服务性企业里，现代科技成果的作用越来越明显。采用新技术、新设备，可极大地提高服务质量、服务工作效率和企业的获利能力。即使是常见的技术和设备，也有助于提高服务质量。使用电子计算机、现代通信设备等高科技成果，还可改善员工的工作条件，调动员工提供优质服务的积极性。另外，服务性企业的经营管理制度必须以服务为导向，管理人员应尽可能删除不必要的规章制度和操作程序，将服务工作决策权转移到前台服务第一线，授予员工必要的服务工作决策权，以便员工创造性地、主动地、灵活地为顾客提供优质服务。

传统的服务方法要求买卖双方直接接触。但是现在，为了提高服务工作效率，方便顾客，已经有许多企业不再要求顾客到现场接受服务。另外，接受非人工服务的顾客也发现他们与服务性企业的直接接触正在减少。换句话说，服务体系中顾客可见部分正在缩小。对顾客来说，这种情况既有利，也有弊。用现代化设备服务取代人工服务，可保证服务质量的一致性，方便顾客消费。在家里观看电视节目、收听电视播放的音乐，比去电影院、音乐厅方便得多。银行安装自动柜员机，储户就可以随时存款、取款。但是，与人工服务相比较，顾客自我服务也有明显的缺点：第一，人工服务刚改为现代化设备服务时，顾客往往会觉得很不方便。这就要求服务性企业做好宣传介绍工作，消除顾客的疑虑，并为最初消费者提供一些物质刺激，激励顾客为自己服务。第二，虽然不少服务可使用现代化设备，但许多顾客仍然希望能得到人工服务。服务人员有判断力，能根据顾客的要求，为顾客提供灵活、及时、亲切、热情的服务。因此，服务性企业管理人员在设计服务体系时，应谨慎地确定机械化、自动化程度和人工服务水平。

北京宴的ERP系统2017年正式上线。北京宴在二者之间寻求一个平衡点，更多地在顾客不可见部分使用现代化设备，重点提高服务管理和服务生产的效率，而与顾客接触时，由员工亲自提供服务，为顾客创造七个"哇"的真诚瞬间。同时，北京宴的管理人员在设计服务体系时会全面考虑到顾客与服务性企业的接触点（或称"真诚的瞬间"）的设计和管理，及时发现服务工作中的薄弱环节，采取必要的改进措施，避免服务质量问题的发生。

一般的现代化系统都是由技术企业开发直接销售使用，而北京宴从自己设计的流程和模式出发，将经过实践检验和证明的方法移交技术实现，做专门的定向开发，兼容性好，融合度高，为北京宴的订制服务提供了有力的技术保障，既能减少工作量，也能减少工作的出错率、提高服务可靠性。

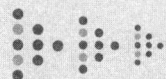

第六章　谁是企业的指挥官？

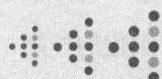

——顾客感知服务质量控制："帮他（她）说、助他（她）做"

　　服务就是为他人做事情，做他人需要的事情，为每一位顾客留下传颂故事和美好回忆。这里关键是做好服务质量控制（图6-1），包括标准化与订制化的控制、服务供求关系调节、适度的员工授权（如北京宴"管字"）、提高服务人员的人际技能、妥善处理与顾客的关系、服务补救等。成功的授权=权利×信息×知识×奖励，乘积关系意味着缺一不可。

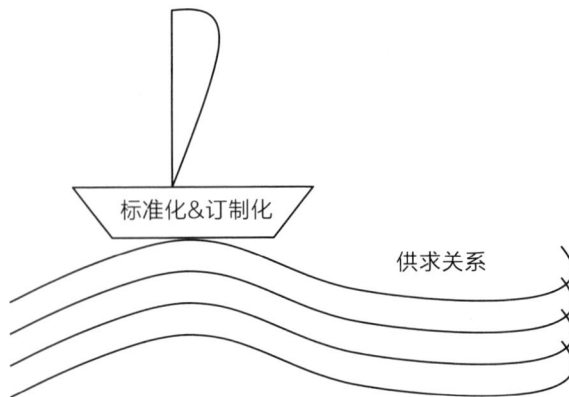

标准化&订制化

供求关系

图6-1　中国服务的巨轮

　　通常情况下，许多适合于制造业的质量控制原则，也适合于服务业，这些原则包括下述三项：

　　（1）质量控制关系到服务作业中的每一个人，也包括看得见或看不见的各种任务。

（2）各种质量控制制度应能发觉质量失灵及奖励成功，并协助改善工作。

（3）以高新科学技术替代人力，尤其是取代那些例行性的服务工作，应有助于质量控制。

经过对服务特性深入分析后发现，在服务企业中，由于服务的无形性、差异性和异质性，对顾客感知服务质量的控制比工业企业的质量标准要困难得多。下面我们就根据上述原则分别从标准化与订制化、供求关系、采用高新科技成果、现场督导与服务补救4个方面对顾客感知的服务质量的控制加以分析。

第一节　标准化服务、订制化服务和标准的不断提高

一、标准化服务

1.什么是标准化服务

随着全球服务业的快速发展，国际标准化组织认为，服务业的标准化将成为未来服务业发展的一个重要趋势。虽然世界各国的服务经济发展水平和阶段不同，但是服务产品本身的基本特征是完全一致的。服务业各行业在特定发展阶段的特征也具有显著的相似性。同时，服务业各行业在不同发展阶段和经济环境中都面临着不同的行业标准化和客户订制化的发展趋势。中国服务业从20世纪80年代以来取得了较快的发展，研究服务标准化对于促进中国服务业快速发展，进而满足经济发展、社会进步和市场需求结构转变的需要具有积极意义。

目前国际上主要存在两种并行的标准化形式，包括ISO 9000系列国际标准的质量管理和ISO 14000系列国际标准的环境管理，其中ISO 9000标准以顾客需求为导向。国际标准化组织针对服务业产品和体系市场标准要求，制定了医疗、零售、金融、保健和一般服务业专门的标准或规范，将ISO 9000标准所代表的全面质量管理体系扩展到服务行业，以期满足服务业标准化发展趋势的需求。服务标准化是通过对服务标准的制定和实施，以及对标准化原

则和方法的运用，以达到服务质量目标化、服务方法规范化、服务过程程序化，从而获得优质服务的过程。服务的标准化并不是简单地追求"统一"和一致性，而是结合了顾客期望、企业服务能力以及一定的定量和定性调查因素。广义的标准化具有抽象性、技术性、经济性、连续性、约束性和政策性等基本特性。

2.从标准入手，提高顾客感知的服务质量

服务质量是服务的客观现实和顾客的主观感觉融为一体的产物。一家企业如何控制顾客感知的服务质量，最直接的方法就是确定适当的顾客感知服务质量的标准。

一家美国航空公司通过研究以下事项来执行服务过程质量标准：

——每位顾客在取得飞机票时必须花费多少时间；

——将行李从飞机上卸下来需要多少时间；

——有电话进来，在接听之前应允许它响多久。

而全球餐饮巨头麦当劳公司，对质量标准的注意事项有：

——汉堡包在多少时间内要翻面多少次（经常翻面）；

——未卖出的汉堡包只能保存多久（逾时即弃）；

——未卖出的炸薯条只能保存多久（逾时即弃）；

——收银员应当以目光接触每一位顾客并微笑。

兹艾沙买（V. A. Zeithaml）、帕拉索瑞曼（Parasuraman）和白瑞（L. L. Berry）认为，有效的服务质量标准应有以下一系列特点：

（1）满足顾客的期望。管理人员应通过营销调研，了解顾客对各类服务属性的期望；再根据顾客的期望，确定各类服务属性的质量标准。

（2）具体。管理人员应确定具体的质量标准，以便服务人员执行。旅馆电话总机话务员必须尽快接听电话，这是含混不清的质量标准。话务员必须在15秒钟之内接听电话，这才是具体、明确的质量标准。

（3）员工接受。员工只有理解并接受管理人员确定的服务质量标准，才会主动执行。管理人员发动员工参与制定服务质量标准，不仅可制定更精确的标准，而且可得到员工的支持。

（4）强调重点。过于烦琐的质量标准，反而会使全体员工无法了解管理人员的主要要求。因此，管理人员应明确说明哪些质量标准最重要。要求服务人员严格执行。

（5）及时修改。管理人员应经常考核员工的服务质量，并将考核结果反馈给有关员工，帮助员工提高服务质量。做好服务质量检查、考核工作，才能促使员工做好服务工作。此外，管理人员还应根据考核结果，研究改进措施，奖励优秀服务人员，修改服务质量标准。

（6）既切实可行又有挑战性。如果管理人员制定的质量标准过高，员工无法达到管理人员的要求，就必然会产生不满情绪。管理人员制定的质量标准过低，就无法促使员工提高服务质量。既切实可行又有挑战性的服务质量标准，才能激励员工努力做好服务工作。

3.很多餐饮企业在标准化产品和服务方面的不足

现在很多餐饮企业在产品和服务的标准化上有诸多不足。典型的有如下几点。

（1）菜品方面：不同的厨师，对菜品有不同的把控，同一道菜的原料、加工规格、配料分量、烹制方法等不尽相同，因此制作出来的菜品的色、香、味也不同。

（2）服务方面：首先，不设置服务标准，或者服务标准只在口头上，没有纸质内容，就只能在实际操作时采取模棱两可的做法了；其次，没有对标准进行量化，使得实际执行时依然参差不齐，如不能简单地只说深鞠躬，而应该说鞠躬多少度、保持姿势几秒、面部表情如何、手放在哪里，否则不能达到标准化的效果；再次，标准一旦制定便不再根据实际需要而修改，五年前甚至十年前的落后标准往往对提升顾客感知没有帮助，甚至会产生反作用。

4.北京宴中国服务从标准化服务而来

提供中国服务，首先要有优质的菜品，而这种菜品的品质是由标准化来保证的。北京宴的每一道菜都有标准的原材料采购方案、烹饪流程和话术。其中，老北京熏货、脆炸黄金带鱼、冲汤活海参等12道菜品更是广受称赞。比如，里面的一道自家手掰豆腐，不仅在原材料上实现标准化，而且在制作工艺、菜品话术等阶段也实现了标准化。

北京宴的自家手掰豆腐话术示例。

豆腐，又称为水豆腐，水质的差异导致豆腐的口味不同。流传到现在，豆腐共分为两种流派：一种叫南豆腐，就是用长江以南的水酿制的豆腐。长江以南的水质偏软、偏甜，加上南方人喜欢用石膏点豆腐，所以南豆腐的特点是特别软、滑、嫩，但没有豆花香味，所以南方人经常说"麻绳提豆腐，提不得"，一提就散。另一种叫北豆腐，就是用北方的水酿制的豆腐，北方的水质偏硬、偏碱，加上北方人喜欢用卤水点豆腐，所以北豆腐的特点是特别硬、干、柴，但是豆花香味浓郁，所以北方人经常说"麻绳提豆腐，没问题"。我们发现这个特点后，因为我们南北方都有店，所以我们就把北方的卤水带到南方的浙江，在浙江省宁波市宁海县下面一个小山村，山清水秀，用当地的山泉水磨成了豆浆，在点制豆腐的时候用了北方带去的卤水，是典型的北豆腐南做做成的豆腐。既保持了南豆腐的软、嫩、滑，又融合了北豆腐的豆花香味，为了保证新鲜，需要不计成本地每天从宁波空运到北京。为了保证口感，没有动刀，而是采用手掰的方式，所以叫作自家手掰豆腐。

北京宴总经理杨秀龙从业二十余年，深谙餐饮业顾客对中国服务的期望。他认为，有满意的员工，才有满意的顾客，他倡导"一个快乐的团队才能真诚地做好中国服务"，而"中国服务是设计出来的"。经过与顾客的不断交互、与员工的不断磨合，北京宴设计的服务标准流程不断地改进和提升。北京宴现有一整套具体、全面而详细的GRO服务标准流程。它在员工与顾客接触的过程中，对于每一个关键时刻上服务人员的服务规范都有具体详细的要求，也对服务人员的仪容仪表等细节给出了规范标准。

比如，北京宴要求员工显示出积极热情的态度，因为这是与未发生交流的顾客的硬件条件，是一切服务的基础。就这样一件看似很微小的事情，北京宴也把它总结成了"五位一体"，即员工要从仪容仪表、微笑、眼神、话术及语气、形体语言表达这五方面对客人显示出积极热情的态度。店训中说"今天我随时随地，保持职业的仪容仪表，甜美的微笑，关注的目光，欢快的语气，大方的形体语言，满怀信心以诚恳快乐的心情向客人显示积极热情的态度"。

北京宴"五位一体"的标准如下：

制服干净、整洁，皮鞋光亮；

面部清洁：不得有眼垢、耳垢，鼻毛不外露；

发型：按照酒店要求梳理发型，不得染非黑色的头发；

淡妆上岗：按照酒店要求化淡妆，玫红色口红，紫色眼影，淡红色腮红；

手：不得佩戴除手表和婚戒之外的任何饰物，手表款式不夸张。

围绕"五位一体"，每个岗位又以客人为中心设计糖文化。从客人来店，到客人离店，一共9个岗位，各设置了5块糖。这种标准化的糖化服务，让每一位顾客感到自己的到来受到了特殊的关照、受到了重视。

糖文化——迎宾人员的服务规范：

1）转门外

门外候客：仪容仪表合格，标准站姿，面带微笑，时刻关注来店车辆和客人。

迎客上前——鞠躬问好：主动热情上前迎接客人，30°鞠躬并问候"您好！"。

迎客上前——手势指引："小心台阶！"并主动帮助客人提包或拿酒水。

迎客上前——引领客人：面带微笑，眼神专注，使用标准手势引领客人至转门或侧门。

背影30°鞠躬：客人进门后，面向客人背影鞠躬30°，然后转身回到原位迎接下一位客人。

2）转门内

推动转门（A岗）：关注来往的客人，客人将要进入转门区时，第一时间主动上前推动转门。

控制好转门旋转速度（A岗）：随时注意客人进入转门的顺序，保持转门旋转匀速，遇老人或小孩时放慢速度或者让其走侧门。

迎客入门（C岗）：客人进入转门，马上90°转身站于离转门正前2米处，正面迎接客人并准备引领。

客人出转门时，上前一步迎接并鞠躬30°："您好！请问您预订的是几号房间？"与客人核实清楚预订信息。

引领客人（C岗）：核实清楚信息后，用标准手势引领客人至一楼相应包间或一楼电梯。

背影鞠躬30°——电梯口（C岗）：引领客人至一楼柱子处，交接下一岗位，向客人背影鞠躬30°并说："祝您用餐愉快！"

背影鞠躬30°——一楼包间（C岗）：引领客人至一楼包间，交接给服务员，待最后一位客人进去，向客人背影鞠躬30°并说："祝您用餐愉快！"将门掩上。

信息交接（C岗）：客人去楼上包间，交接于GRO后，转身离去时用对讲机通知客人所去楼层和包间。

及时补位（B岗）：站于A岗和C岗中间，随时准备补位引领。

传递信息（B岗）：随时聆听C岗核实包间信息，及时传达到GRO、服务员和客服部。

推拉侧门（D岗）：站于侧门内，随时关注来往客人，主动上前推拉侧门（迎拉送推）。

迎客入门（D岗）：客人进门，向客人鞠躬30°并问候："您好！"

及时补位（D岗）：如C岗和B岗均已带客，D岗将门打开后，及时补位，上前引领客人。

3）一楼电梯口

提前按梯（A岗）：关注到有客人将要前来乘坐电梯时，马上提前按梯。

控梯指引（A岗）：将电梯控梯，等客人走到电梯口时说："您好，里面请！"

点按楼层（A岗）：待客人进入电梯，清楚记得电梯内所有客人所去包间号，帮助客人正确按楼层号。

上前迎客（B岗）：当转门GRO引领客人前来时，马上快走上前迎接，说："您好，这边请！"

引客入梯（B岗）：指引客人至电梯（已控好梯），标准语言："里边请！"

关注顾客（B岗）：客人进入电梯后，使用标准站姿、微笑，同时眼神注视电梯内客人。

鞠躬90°（B岗）：待电梯缓缓关闭3/4处，向电梯内客人鞠躬90°，3秒后起身。

信息传达（B岗）：一楼GRO对讲机传达给各楼层GRO客人所去楼层和包间号。

4）二楼、三楼电梯口

转身迎接（B岗）：各楼层GRO听到对讲机里传达本楼层客到时，马上上前面对上升电梯，站于距电梯2米处，等候引领客人。

微笑迎接（B岗）：客人出电梯时，上前一步迎接，鞠躬30°并说："您好！×××包间，这边请！"

引领客人进包间（B岗）：引领客人至相应包间，帮客人推开门（如服务员不在），用手势指引并说："您好，里面请！"

背影鞠躬30°（B岗）：待最后一位客人进入包间后，向客人背影鞠躬30°并说："祝您用餐愉快！"将门掩上。

标准站姿（A岗）：标准站姿，面带微笑，时刻关注来往客人和对讲机信息。

及时补岗（A岗）：B岗带客，及时补位B岗。

5）后门岗

门外候客（A岗）：仪容仪表合格，标准站姿，面带微笑，时刻关注来店车辆和客人。

迎客上前——鞠躬问好（A岗）：主动热情上前迎接客人，鞠躬30°并问候："您好！"

迎客上前——手势指引（A岗）："小心台阶！"并主动帮助客人提包或拿酒水。

迎客上前——引领客人（A岗）：面带微笑，眼神专注，使用标准手势引领客人至转门或侧门。

推动转门（A岗）：走在客人前面推动转门，时刻关注客人，将客人交接给转门岗。

背影鞠躬（A岗）：待最后一位客人进门后，面向客人背影鞠躬30°，然后转身回到原位迎接下一位客人。

迎客入门（B岗）：客人进入转门，马上90°转身站于离转门正前2米处，正面迎接客人并准备引领。

核实信息（B岗）：客人出转门时，上前一步迎接并鞠躬30°："您好！请问您预订的是几号房间？"与客人核实清楚预订信息。

引领客人（B岗）：核实清楚信息后，用标准手势引领客人至一楼相应包间或一楼电梯。

背影鞠躬——电梯（B岗）：引领客人至一楼柱子处，交接下一岗位，向客人背影鞠躬30°并说："祝您用餐愉快！"

背影鞠躬——一楼包间（B岗）：引领客人至一楼包间，交接给服务员，待最后一位客人进去，向客人背影鞠躬30°并说："祝您用餐愉快！"将门掩上。

信息交接——电梯（B岗）：客人去楼上包间，交接于GRO后，转身离去时用对讲机通知客人所去楼层和包间。

信息交接——一楼包间（B岗）：如客人是一楼包间第一位客人，马上用对讲机通知包间服务员，送客人进包间后再用对讲机通知GRO和客服部此包间客到。

这样，客人从一进门就感受到了：北京宴员工都十分乐意见到我，我觉得我的到来对这些服务人员很重要，于是客人的内心会很温暖。如果顾客感到从头至尾都是冷冰冰的服务，那么这位顾客就不会成为回头客。这就是北京宴"四个基本需求"中的满足顾客"受欢迎的需求"。

二、订制化服务

1.什么是订制化服务

与标准化服务不同，标准化服务是指由产品的提供者根据自身的市场定位向消费者提供的类型性质、流程、话术等均经统一规范后的服务，而订制化服务则是在标准化服务的基础上，应消费者的一些特殊要求而量身订制的符合消费者个别需求的服务。

2.北京宴的订制化服务

在北京宴，订制化服务是在规范化、标准化、程序化服务基础上的亲情化、个性化服务，我们把它称为中国服务。它将西方服务与东方服务相融合，是按照顾客的个性化需求来提供特定的服务，更进一步，是给顾客提供意料之外的服务。

北京宴有一家总店、两家分店。华贸店是以时尚京剧为主题的餐厅，位于华贸购物中心东区四层，装修尽显民国时尚风情和国粹京剧神韵，是国内首家在室内营造出户外民国风情的时尚京剧主题餐厅；而金宝店是以时尚电影为主题的餐厅，作为国内首家时尚电影主题餐厅，它将时尚元素与电影艺术进行了混搭，营造了一个穿越古今、倘徉中外的场景设计。不同喜好的顾客可以前往不同主题的餐厅，如外国友人对中国文化感兴趣，想了解国粹京剧，他们就可以去华贸店；再如明星和电影爱好者可以常去金宝店。针对不同顾客群体的不同需求，北京宴为他们提供订制化的就餐环境。

主题宴会私人定制则是中国服务在中餐的具体表现形式。所谓"私人定制"，是指为特定的人打造的专属的限量版的商品。而北京宴的宴会私人定制，则是从每一场宴会主题背后的故事入手，围绕客人想要表达的情感，再通过房间的布置、音乐的搭配、顾客的参与、菜品的设计、画外音的煽情，从视觉、听觉、触觉、味觉、感觉五个方面给顾客带来5D感官体验，最终为在场的客人留下美好的回忆和值得传颂的故事。

从孩子出生的出生宴、满月宴、百天宴、生日宴，求学宴、升学宴、毕业宴、谢师宴、同学宴，到求婚宴、订婚宴、结婚宴、结婚纪念日宴、银婚宴、金婚宴、钻石婚宴……人生总共36个经典的片段，组成了三十六宴。

北京宴对每个宴会都做了深度的私人定制。

例如在2017年2月20日至22日的第33期研修班中，学员们纷纷参与到"《我是宴专家》现场体验服务"中来。对于每一场宴会，我们的家人都为此作诗，并带领顾客参与到现场服务体验中，深受感动，留下美好回忆和值得传颂的故事。诗作示例如下：

1）郝红霞周岁宴（如图6-2所示）

宝贝，

你的降临，

让这个家庭充满了快乐，

你是我内心的一种骄傲，

喜欢每时每刻看你睡觉的样子，哭闹的样子，

你让爸爸妈妈体会到为人父母的艰辛和责任，

所有的生活都变得忙碌而又充实，

宝贝，

也许此刻对你的爱意你无法体会，

但你依旧是美丽童话的开始，

作为爱的结晶的你，

以后的故事也许包容百味，

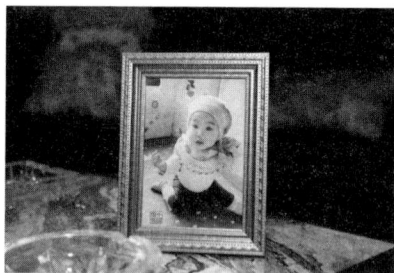

图6-2　郝红霞周岁宴

但一定美不胜收，

也许有风有雨，

但一定有灿烂的阳光迎接，

宝贝，

爸爸妈妈永远爱你！

2）真知味寿宴（如图6-3所示）

六十年的风风雨雨，

阅尽沧桑，唯爱永存，

因为您的用心浇灌，

子女的心花开满园，

祝愿您健康快乐，幸福绵长。

童年的幸福，

来自爹娘那温柔的梦乡，

少年的幸福，

来自爹娘那温暖的臂膀，

青年的幸福，

来自爹娘那殷实的健壮，

中年的幸福，

来自爹娘那家中的守望，

纵是岁月改变了貌相，

纵是沧海化作了田桑，

有爹娘在，

我们才是可以撒娇的小儿郎，

有爹娘在，

我们才可以放心地志行远方；

有爹娘在，

我们才可以体会那幸福安康，

有爹娘在，

我们才可以为爱安心嫁他乡。

爹啊娘啊，

你们是我们成就梦想的力量，

爹啊娘啊，

你们是我们天涯回望的方向，

爹啊娘啊，

你们是我们枕边的甜蜜梦乡，

爹啊娘啊，

你们把我们远行的航向照亮。

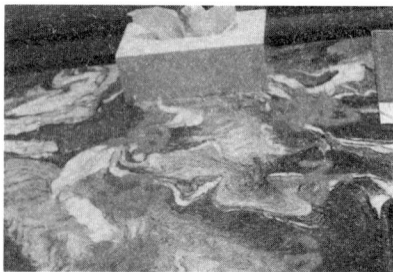

图6-3　真知味寿宴

爹啊娘啊，

你们是否知道，

当我们八十岁的时候儿女还有一个梦想，

那就是能够当面再喊您一声"爹""娘"。

3）真知味生日宴（如图6-4所示）

昨日的他仿佛还在嗷嗷待哺，

时光荏苒，

岁月如梭，

十年间，

每一次的跌倒、

每一天的玩耍，

成长的每个瞬间，

仿佛都在诉说已逝的年华，

十月怀胎诞下我的妈妈，

为家付出起早贪黑的爸爸，

只为给我一个更好的成长环境，

美好的瞬间也让他们静待花开……

图6-4　真知味生日宴

4）韩涛谢师宴（如图6-5所示）

三尺讲台，

容不下您挺拔的身躯，

一支粉笔，

写不尽您渊博的知识，

却写白了您的头发，

您用宽容和鼓励，伴我们走过青涩。

您的严厉曾是我们年少的噩梦。

因为您的不抛弃不放弃，

才让我们从幼稚逐渐走向成熟。

在我们渴望远方时，

您阳光般的支持，让我们信心满满；

老师，

您辛苦了。

图6-5　韩涛谢师宴

5）姜园园成人礼（如图6-6所示）

女儿，

感谢命运赐予我们阳光般热情善良的你，

感谢每一位在你成长道路上给予指导的师长，

感谢每一个和你共同走过的同龄朋友，

感谢你，我的宝贝儿，

感谢你给我们机会重温生命的成长，

分享你成长中所有的喜怒哀乐，

我们的生活也充满了快乐。

今天之后即将成为你人生崭新的起点。

跨过这道门槛，

你也将肩负着太多太多的责任，

在你即将告别少年时代，

步入成人行列之际，

爸爸妈妈以朋友和长辈的身份由衷地祝福你茁壮成长，

青春健康！

图6-6 姜园园成人礼

6）王唯唯结婚纪念日（如图6-7所示）

老伴儿，

我们已结婚60年，

一颗真心，

一辈真情，

60年来，

我们经历了生活给我们的诸多的酸甜苦辣，

感谢你一路陪伴在我身边，

我也会牵着你的手走过余下的每一天每一年，

老伴儿，

你辛苦了，

我永远爱你。

图6-7　王唯唯结婚纪念日

7）张芸智家宴（如图6-8所示）

茫茫人海中因缘而起，

脑海中似曾相识的感觉席卷而来，

感谢您无微不至的照顾，

我们有过婆媳间平常的吵闹，

甚至因为一些小事不理会对方，

图6-8　张芸智家宴

最终您总会用浓浓的爱将我融化，

曾经的日子不断步入成熟，

那么以后的日子，

换我们来一起陪您慢慢变老，

一起走过每一个春夏与秋冬。

8）毛娴同学情（如图6-9所示）

同窗数载，温馨如昨，依然常驻心头！

青春岁月，依稀如梦，但愿常忆你我！

梦想曾遥不可及到如今的唾手可得，

曾经的我们现已走向各地，

也许我们正在为当前所扰，

也许我们俨然改变，

但无论怎样，

唯一未变的依旧是同学之情。

图6-9　毛娴同学宴

9）蒙丽霞商务宴（如图6-10所示）

马云先生说过：

阿里巴巴存在的意义就是让天下没有难做的生意；

我们北京宴人想说：

在北京宴没有签不了的协议。

因为专注所以专一，

因为用心所以感动，

因为我们更注重细节，

所以才创造了，

餐桌上商务宴的一个个传奇。

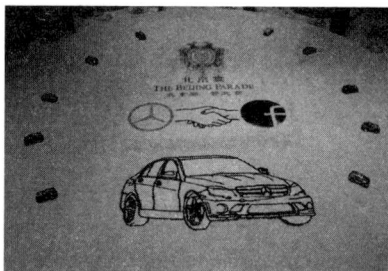

图6-10　蒙丽霞商务宴

10）杨泽丽求婚宴（如图6-11所示）

亲爱的，有这么一句话，

执子之手，与子偕老，

毫不夸张地告诉你，

遇见你是我这辈子最幸运的一件事，

从相识、相知到相爱，

时不时的取笑，偶尔的发疯，

只因我爱你，

亲爱的，

你是否愿意在未来的日子里：

和我一起起床，一起上班，一起打扫卫生……

余生还很长，请多多指教，

亲爱的，

嫁给我吧！

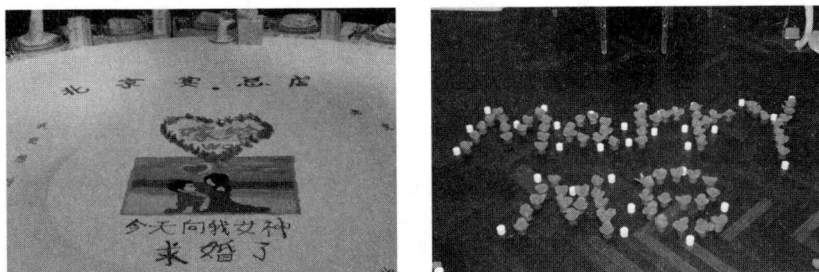

图6-11　杨泽丽求婚宴

中国服务令客人感动，仅仅是因为它提供了36种不同的个性化宴会吗？这是一个发生在南山厅的故事：

当天是宴会主人母亲大寿的日子。在推蛋糕、吹蜡烛后，一位厨师穿着厨师服、戴着厨师帽和口罩，为老寿星现场煮长寿面。面条煮好后，主持人说："伴随儿女成长的，是妈妈早起为我们煮的一碗一碗热气腾腾的烩锅面，今天我们厨师亲手为您煮了一碗，您尝尝有没有您煮面的味道？"老寿星拿起筷子尝了一口，惊讶地说："你怎么知道我煮面的味道？"这时，厨师没有说话，慢慢直起腰，把口罩慢慢摘了下来，老寿星惊呆了。原来，是儿子穿上厨师服，为母亲亲手煮的长寿面。当《烛光里的妈妈》音乐响起，老寿星和儿子相拥而泣，其他的客人也为之感动。

这样的温情还不断在北京宴上演……布满寿星不同时期照片的房间里，寿星拉着亲朋好友，回忆着过去的甜蜜与苦涩；子女如果能给过寿父母写出200字的"爸爸妈妈我想对你们说"，表达感激，北京宴会有特殊礼物相送。北京宴总经理杨秀龙介绍，这样的宴会设计源自其经营理念。"家风传承和感情表达都是需要契机的，中国文化一直是羞于表达，我们的宴会应该提供这样的机会。"通过这种为顾客私人定制的家庭宴会，北京宴让顾客有一种在宴会中的参与感，为顾客创造亲情化服务，为顾客创造价值。

"中国服务就是在为顾客创造价值！因为我们坚信：没有给顾客留下美好回忆和可以流传故事的服务是零服务！北京宴开业五年来，我们的宴会私人定制已为千千万万的顾客创造了能令人回味一辈子的美好记忆。"杨总自豪地说。

北京宴宴会私人定制专家从细节入手，在许多方面为顾客提供了私人定制项目：门牌、沙盘、房间照片、欢迎屏、烤杯子、团扇、折扇、小册子、专业主持人、煮生日面、定格美好瞬间（如图6-12所示）等。

在订制化服务中，服务人员的临场发挥非常重要。

门牌号

欢迎屏

沙盘

房间照片

图6-12　中国服务细节决定成败

团队送福

专业主持人

煮生日面

定格美好瞬间

图6-12　中国服务细节决定成败（续）

三、为顾客创造价值

1.权衡标准化服务与订制化服务

许多服务型企业的管理人员都在试图采用工业企业的生产管理模式来控制服务质量，如采用美国著名质量管理专家戴明博士在工业时代提出的PDCA环（戴明环）。不可否认，服务型企业可以借鉴工业企业的生产管理模式，做好服务设施管理和产品成分质量管理。然而，盲目照搬工业企业的生产管理措施，对于服务型企业来说，并不能同时提高服务质量和生产效率。

如图6-13所示，纵轴表示传统的工业企业生产类别，横轴表示服务工作特点。管理人员应认真调查、研究目标细分市场的需要和愿望，确定本企业应提供什么样的服务，才能更好地控制顾客感知的服务质量，而不应该盲目采用标准化或订制化服务措施。一般来说，提高日常性服务工作质量的关键是向顾客提供他们预期的服务。对于顾客投入程度较低的服务，即顾客购买风险小、价格比较低廉、顾客与服务人员相互交往较少、对顾客自我形象影响不大的服务，标准化服务比较有效；而顾客投入程度较高的服务，即顾客购买风险大、价格比较昂贵、顾客与服务人员相互交往较多、对顾客自我形象影响大的服务，采用订制化服务措施，往往更有效。自然，还有一部分服务性企业提供的服务，应介于高度标准化与高度订制化这两个极端之间。

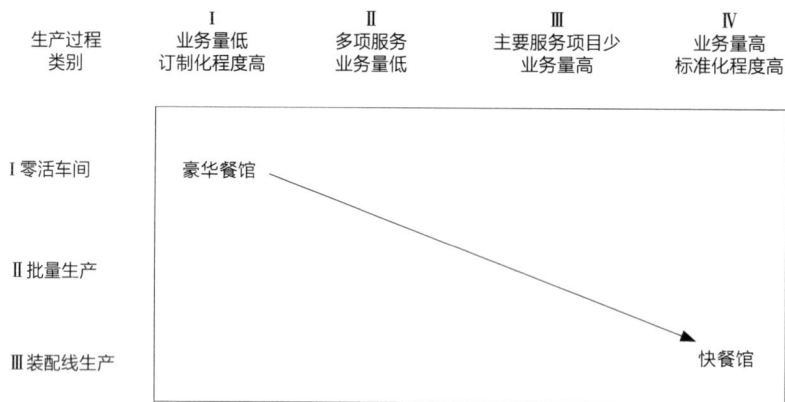

图6-13　中国餐饮服务分类

根据服务工作特点，确定服务生产和质量控制类别。

企业管理人员应尽可能将标准化服务和订制化服务结合起来。在不少服务性企业里，有些服务工作应以标准化为主，另一些服务工作却应以订制化为主。例如，酒店服务人员可为客人提供比较标准化的菜品和流程服务，以及比较订制化的附加服务——亲情化服务、个性化服务和补救性服务。

在以标准化服务为主的服务性企业里，管理人员应分析本企业应采用哪些服务措施，提高顾客感觉中的订制化程度，实现对顾客感知服务质量的控制。例如，许多旅馆为常客提供一系列特殊服务。常客可按原先预订的客房房价付费，住较高档的客房，可收到宾馆总经理的欢迎邮件，可接受某些免费服务。这些特殊服务实际上是标准化服务，但常客却觉得旅馆为他们提供了高度个性化的服务。

再如，在北京宴，我们的主业是向顾客提供餐饮服务，这是一种标准化服务。顾客认为必须做到的，我们按规范、规定、标准向顾客提供服务，通常就可以让顾客满意。但是，如果我们做到了顾客认为可以不做的事情，顾客就能感到惊喜。在提供菜品的基础上，我们提供私人定制的服务就是在了解并使用了客人的喜好、忌讳等信息后，把顾客认为我们可以不做的事情给做了。在北京宴，私人定制宴会中的私人定制项目事实上是标准配置，每一场宴会都会提供一些私人定制项目。根据客人信息的不同，北京宴在不同场景下提供的订制项目是不同的，这让顾客觉得自己受到了重视，从而提升了顾客感知服务质量。

在以订制化服务为主的服务性组织里，管理人员应分析本组织可采用哪些措施，提高一部分服务工作标准化程度，达到提高顾客感知服务质量的目的。例如，医院管理人员可规定挂号、收费、量体温、称体重等服务工作的程序，提高这些辅助性服务工作的标准化程度。由辅助人员完成这些常规服务工作，医生就能集中精力做好诊断、治疗等专业性服务工作。

美国著名企业家奎因（James B. Quinn）认为服务性企业应采用高新科技成果，为顾客提供"大规模订制化服务"。他认为：服务性企业管理人员应确定服务过程中"最小的重复性单位"，采用标准化操作程序和自动化设备，完成简单、重复、常规服务工作，以便加快服务速度，降低成本费用，减少服务差错，使服务人员有更多的时间和精力，更灵活、更及时地为顾客提供多样化、订制化服务。

北京宴在预订系统接收到顾客的需求信息后，会组织专门的团队来制作私人定制项。包房在需要照片、国旗等摆件的时候，会有人来负责照片打印、提供国旗等。这样，原本需要特别花精力制作的东西，现在通过辅助人员简单的标准化制作流程就能搞定。同时，加快了服务速度，降低了成本费用，使包房员工可以有更多时间和精力专注于提升顾客服务感知上。

2.从订制化服务到标准化服务

参与过一次私人定制宴会的顾客，下次再来北京宴参加第二次相同主题宴会的时候，还会像第一次那样感动不已甚至崩溃吗？也许很多人说不会，理由是这位顾客已经经历过一次私人定制宴会，第二次对他来说已不再是新奇的了。然而北京宴为什么还有这么多来第二次、第三次，甚至数不清第几次的回头客呢？

这是因为，顾客在北京宴感受到了感动——这种感动在别家酒店是感受不到的。这种在北京宴的体验与在其他酒店的体验的差距，恰恰是因为北京宴的服务标准已高于其他酒店。比如，其他酒店还没做到的私人定制服务，北京宴已经做了很久，并且逐渐把它变成了一种标准：每一位前来用餐的顾客都能享受到独一无二的服务。

同一位顾客光临北京宴多次，第一次我们可以在包房茶几上放上照片，下一次我们可以赠送一个印有主人照片的烤瓷杯，再下一次我们可以送上一把画着宴会主题的折扇……更重要的是，服务人员能够贴近顾客，带着感情为顾客服务，善于发现顾客需求并满足其需求，也能让顾客觉得自己受到了特殊照顾。因此，即便是对同一位顾客，他的每一次在北京宴所经历的服务、所感知的体验也是各不一样的。

让顾客完全得到他期望的服务后，再享受到超出他期望值的服务时，顾客才会感受到舒适。服务境界，就等于顾客来到酒店后的实际感受减去顾客来酒店之前的期望值。中国服务有三个境界：依次往上，一是让顾客满意，是我们的基础；二是让顾客惊喜，是我们的标配；三是让顾客感动，是我们的目标。北京宴给顾客提供了大大超出期望的标准化服务，更将私人定制逐步标准化，提高标准化服务的水平，让顾客感动。

第二节　顾客要什么？我们给什么？

一、调节好供求关系

改善和调节供求关系可以从供给和需求两方面做起。在供给方面，企业应该深入了解市场需求，把握需求变化规律，合理配置生产能力，特别是人员。如通过采用临时工的办法弥补高峰期间的人手不足。在需求方面，企业可以通过价格变动和其他促销手段来调整需求，也可以利用预约方式储备需求。例如，公共交通的供求矛盾十分尖锐，上下班高峰期需求远远超过供给能力，而上午10点至下午3点乘客很少，常常出现空载现象。为此，西方国家的一些交通公司，实行差别票价，退休的老年人避开高峰期乘车给予票价优惠。1998年开始，京津两地间的铁路客车也实行了差别票价。在2000年的春节过后，与往年不同的是，到三亚观光的游客依然络绎不绝。这是因为，在春节期间，三亚市的各大酒店和旅馆都实行差别票价，比平时价格涨了1/4，使往年的春节期间游客蜂拥进三亚的现象得到了很好的控制，使那些有钱但没有时间的人在春节期间能够玩得尽兴，使有时间的还不富裕的人也可以在节后享受到实惠满意的服务，由此控制的需求，波动不是很大，从而提高了所有游客的感知服务质量。

随着社会的发展，餐饮业的核心竞争因素发生着变迁，反映最突出的就是市场需求正在发生着变迁。

中华人民共和国餐饮发展共有三个阶段，经历了过去的两个阶段后，它正从第二个阶段向第三个阶段演变。

第一个阶段：在特定经济时期，由于商品缺乏，国家实行粮票制度，人们凭粮票有计划地购买物资，节俭、克制。那个时候，人们的需求是"吃饱"。

第二个阶段：改革开放以后，很多人先富了起来，他们被称为"土豪"，而这部分"土豪"中的一部分人喜欢炫耀、猎奇的消费，他们往往在宴请生意伙伴时点最贵的菜、最稀有的菜，这是为了满足虚荣心而进行的消费。

第三个阶段：随着中央提倡的正确的消费观念和普遍提高的人民文化素养，大家正在追求着吃好、吃体验的消费，这种体验不仅是硬件上和菜品口味上的，还有软件服务上的。

在市场大形势变迁的过程中，必然有成功或是失败的企业。但我们不要在意成功或者失败，而是要面对市场需求，积极调整自身，在找准规律的基础上对未来做出规划。

例如，现在菜品的吸引力在下降，很多企业拿饮品来作为利润补充。可这不是长久之计，顾客的需求不会停留在原来那几样固定的饮品上。我们是不是应该将饮品与菜品匹配起来呢？将饮品与菜品匹配起来，让顾客觉得我点某种饮品是必要的，才能形成持续消费、形成依赖消费。像这样把握顾客的心理需求，我们才能形成新的利润增长点，而不单单是把饮品作为一时的营利工具。

二、凛冬里的一把火——北京宴的转型之路

2012年12月，中央提出了"厉行勤俭节约、抵制铺张浪费"等八项规

定，也就是我们熟知的"国八条"。

根据中国烹饪协会的数据，2013年1—2月，全国餐饮类企业收入4 030亿元，同比增长8.4%，增速同比下降4.9个百分点，为十年来最低，也是自2001年来首次出现个位数增长。限额以上餐饮企业（年营业额200万元以上）收入1 278亿元，同比下降3.3%。这是中国餐饮业自改革开放以来的首次负增长，其中部分高端餐饮企业2月的营收下降更是超过50%。"国八条"来临之后，餐饮企业尤其是高端餐饮企业步入了寒冬。

作为主要以政务和商务人士为目标消费群体的北京宴来说，经营同样遭受巨大冲击。在此之前，北京宴天天客满，可那以后突然变得无事可做，最惨的一天中午1桌、晚上1桌，一天营业额只有2 000元。

面对这种不利的市场需求形势，高端餐饮企业纷纷谋划着从供给侧转型。一种转型办法是放低定位，向中低端市场、大众餐饮方向转型，但杨秀龙认为"高端餐饮走大众消费路线很难走得通，因为配套、装修、环境决定了客户群，高档次的装修老百姓走进去是不舒服的，而且这种降价是以调整菜品结构、牺牲菜品品质、降低服务质量等为代价的"。另一种应对办法是"隐蔽消费"，比如将高端酒水放入分酒壶或矿泉水瓶中，再比如采用大盘套小盘的方式，或者撤了盘子再上，保证形式上符合午餐的四菜一汤标准。但这条路显然是自作聪明，终究是行不通的。一个企业要想形成持久的竞争力，还是要正大光明地靠产品去竞争，依靠服务和产品去吸引社会的中高端人群。

面对餐饮业共同遇到的困难和问题，北京宴不盲目等待，第一时间提出："不裁员、不降薪、深化家和文化、夯实管理基础、提高产品质量。"依靠外界力量、自身潜力，抓准薄弱环节，用加强人文关怀调动员工积极性、主动性和创造性，细化优质服务，温暖了顾客，吸引了回头客，让企业文化渗入每一个细微环节，推动企业经营走出低谷。

北京宴的转型之路其实不好走，但它还是较快走出了低谷，关键原因是能够敏锐地发现新市场、新机遇、新需求，并能合理地重新配置好企业的供给，处理好这些需求与供给的关系，将供给侧改革落到实处。"进京"5年的高端餐饮企业北京宴2014年、2015年的营收增幅分别达到了43%和22%。

北京宴主动采取推出经济套餐、开发婚宴市场、开发旅行社市场、推出"企业会"、撬动同行市场、开拓居民市场等六大转型举措，这便是北京宴的取胜之道。

1.推出经济套餐

北京宴继续保持硬件、菜品质量、服务过硬的优势，降价不降质是其最重要的制胜之道。

面对奢靡消费的"退高烧"，追求高雅的消费成为市场的主流。在这种情况下，推出高品位低价位的产品正好能满足顾客的需求。过去北京宴的价位是人均800~1 000元，调整后价位保持在人均300~350元的中高端水平。北京宴还推出了相对经济实惠的系列套餐，如价值999元的3人套餐，价值1 999元的6人套餐，价值2 999元的10人套餐（图6-14），套餐的价格是在原价的基础上打了四五折。在此套餐基础上，每位加1元可以从原价298元的三种招牌菜中任选一种——佛跳墙、砂锅啫海参、冲汤鲍鱼或牛仔骨+养生汤。开拓新的食材来降低成本，但并不影响菜品的品质，如把南非鲍鱼换成品质上乘的大连鲍鱼。同时，包间不设最低消费、不收包房费、不收开瓶费，开设平价酒水超市，针对不同宴会设置个性化的贴心服务，等等。

杨秀龙说："一般提到高端餐饮，大家都会与高价位联系起来，其实高价位并不等同于高端，而高端也并不是只通过高价位来体现。正所谓高价位不一定有高品位，高品位不一定就等同于高价位。高端餐饮的重点在高品质的服务与高品位上。如今北京宴就是将高端的定位体现在服务与品位上。比如，北京宴的服务质量绝对一流，酒店装潢设计也很有品位，但是价位与菜品很亲民。推出了一系列经济实惠的系列套餐，套餐的价格在原价基础上打了四五折；菜品中有大众化的手掰豆腐、酱肉包子等。当然，现在的价位是在北京宴遭遇困境之后进行的调整。"

图6-14　北京宴服务推广

2.开发婚宴市场（如图6-15所示）

北京宴有唯一一家荣膺"亚洲十佳婚宴皇宫"的宴会厅，800平方米的无柱宴会厅，欧洲风范、贵族气息、奢华装修；两米直径的10人餐桌，尊享贵族空间；加高椅背，更加符合现代人体工程学设计；来自美国的专业灯光、音响设备和国家一级调音师；加上1 999 元/桌起的亲民推广价及从每桌1 999元、2 999元、3 999元到8 888元等七种不同价位，以及与专业婚庆公司的合作，为新人量身打造一个终生难忘的浪漫婚礼。北京宴以"情定北京宴，步入幸福的殿堂"为口号，通过与婚博会、婚庆公司、婚庆网站、婚纱影楼的合作，以及对未婚人员进行微信营销等措施，开发婚宴市场。

北京宴的策略成效显著，2013年3月北京宴的婚宴活动仅有2场，到5月已达8场，5月婚宴活动的销售额达80万元，9月达百万元。

3.开发旅行社市场（如图6-16所示）

杨秀龙认为，"来北京游玩的高端旅游者不在少数，比如国外的驻华使节等，北京宴的服务档次、装修档次与这些高端客户需求非常契合，而且在这里可以吃到中餐所有菜系的菜品。因此，北京宴积极挖掘旅行社市场，致力于开拓国内外高端旅游的餐饮市场，希望开发出一个'游北京、逛故宫、爬长城、吃北京宴'的品牌。"

图6-15　北京宴婚宴服务推广

北京宴主要通过开发旅游局、外交部、各大旅行社资源来开拓国内外高端旅游市场。通过不懈的努力和大力的宣传，北京宴对旅游市场的开拓已经卓有成效：在与外交部驻华使馆成功对接后，已经有斯里兰卡国防部长、安哥拉总参谋长等国事活动安排在北京宴。此外，在北京市旅游发展委员会主办的北京高端旅游与会议产业联盟夏季峰会上，北京宴被收录为官方指定北京高端旅游资源主题场所，并且成为北京市唯一一家入选主题场所的白金五钻级酒家。

图6-16　北京宴旅游市场推广

4.推出"企业会"（如图6-17所示）

杨秀龙表示，政务宴请大幅减少，北京宴将重点客户群瞄准了企业客户，提出"北京宴，您的专属的会客厅"口号，并推出"企业会"。

企业会，其实就是北京宴为地方企业在北京准备的会客厅。中国有很多在当地很有影响力的地方性企业，在北京的业务可能不算多，设置专门站点浪费人力物力，或者没有能力去养活一批人，但有洽谈业务的需要。还有一些在北京各大高等商学院，如长江商学院、中欧商学院、北京大学商学院、清华大学商学院的学员，他们是各个企业的领导人，在北京学习期间也需要一个办公室用来和别人进行会谈。

北京宴具有95个特色独立包房，独门独户，专属私享；提供VIP专属楼层区域、一对一的客户服务系统和管家式服务，想客户所想、助客户所需；配备了五星级酒店行政套房以上才配备的香薰系统，专业恒温恒湿的红酒房；藏书、画作、诗句、美酒，彰显企业家的非凡品位；装修使用了清朝乾隆紫檀龙椅，法国卢浮宫、北京故宫万幅画作，精选世界各地藏书，中外大师艺术品，欧洲进口家私。

北京宴专门拿出一些房间做企业会。只要客人往会员卡里预存100万元，就可零费用地使用会客厅，以后的消费都可以从这100万元里直接扣除。这只是北京宴服务的一个具体例子。只要找准目标与方向，就要围绕它们展开各种营销与服务，发掘客户的各项需求，满足他们的需求。客户不仅有吃饭的需求，也有会客的需求，北京宴就来满足客户这些需求。这样既满足了客户，北京宴也获得了客户的认可。

北京宴曾经有一个专用企业包房叫"华为厅"，里边会放置华为的一些经典照片、华为语录、华为Logo等富有华为文化底蕴的摆设，并由一位服务员作为管家来专门负责华为人员的接待、就餐事宜。

图6-17 北京宴"企业会"市场推广

再如，北京宴与华夏古玩城合作的"企业会"——华夏古玩城厅，也是共赢的创新楷模。具体的经营方式是：华夏古玩城付给北京宴一定量的金额作为预付款，北京宴免费提供一个房间，改为办公室，以作为华夏古玩城在北京宴的一个办公地点。在企业会一年的合作期间，北京宴免费提供管家式服务、物业服务、接送机服务等。

通过企业会的运作，北京宴积累了一大批目标客户，为成功转型奠定了基础。

5.撬动同行市场（如图6-18所示）

给同行做培训已成为北京宴新的营利渠道。北京宴已给中国烹饪协会、中国饭店协会、中穗伟业咨询公司等组织的培训班进行培训。

成立中国服务高级研修班在更大范围内撬动着同行市场，自2013年3月第一期"相约北京宴·助力中国服务"开班以来，至今（截至2016年年底）北京宴已经举办过33场研修班活动。

研修班一方面能提高北京宴的业界知名度，立足国家高度，一带一路，文化输出，对外传播中国服务文化，助北京宴所倡导的"中国服务"走出国门，输到国外；另一方面，研修班也是中国服务学习联盟的入口之一，参加课程学习的学员和企业可以当场签署中国服务学习联盟协议书，继续深入了解学习。

以优惠价1 200元/人，两天半的课程，每次课程150人左右的规模来计算，北京宴的培训收入可达18万元。杨秀龙认为，培训不但创造了经济收益，也通过同行学习参观后产生的口碑效应有效提升了品牌影响力。

"除了营利方面的收益，更重要的是同行学习参观以后产生了很好的口碑效应。我们跟中国发展协会、中国烹饪协会、很多培训机构都合作过，这对我们来说是非常大的促进，比如这两家协会都在他们的官网上刊发了对北京宴的调研内容，这些都是提升我们品牌影响力的机会。"杨秀龙如是说。

图6-18　北京宴同行培训市场推广

北京宴积极倡导"中国服务"，得到了行业内外的广泛关注，每个月平均来北京宴参观交流的同行超过500人次，扩大了北京宴"中国服务"的口碑和影响力。

2016年11月30日，在第29期中国服务研修班开班之际，新加坡同乐集团到北京宴参与课程学习,并在学习期间与北京宴总经理杨秀龙签署了加入中国服务学习联盟的协议书。此次与新加坡同乐集团的签约,是中国服务联盟初涉海上丝绸之路。一带一路,文化输出,对外传播中国服务文化,这标志着北京宴所倡导的"中国服务"迈出国门、输到国外,正式走上海上丝绸之路。

6.开拓居民市场

北京宴还以酒店所在地为核心,通过上门发传单等方式,把方圆2 000米半径内的居民区域作为重要的市场来开拓。此外,北京宴还通过组织员工在母亲节时到丰台区养老院等养老机构奉献爱心等方式,积累在周边居民市场的口碑,以开发居民市场中的中高端资源,来北京宴进行家庭聚餐,举办生日宴、寿宴、百岁宴、婚宴、朋友宴等宴会。周边居民的点餐量平均每天能达到10桌左右。

除了推出经济套餐、有针对性地开发细分市场外,北京宴还与网络、纸媒、新媒体等多种媒体资源开展合作,如与新华视讯、中饭协网站合作,开通官方微博、微信,向报纸、杂志等媒体推介文章,参加北京电视台的《美食地图》节目等。

在战略转型的同时,北京宴还进行了内部软环境改善,我们在包房内悬挂上中国国旗,摆设了北京精神沙盘,把"爱国、创新、包容、厚德"的北京精神宣传到餐桌上,以迎合客人的心理需求。我们也会接待一些政府活动,比如规格较高的官方经验交流会等。

第三节　优质服务现场指南——现场督导与控制、服务补救

2016年12月13日，一位客人在大众点评网上投诉华贸店：称她和家人用餐时闻到餐厅有烟味，问服务员什么原因，服务员表示并没有闻到。过了十分钟这位客人又问第二个服务员，该服务员说是烟道里的味道，因为餐厅不允许吸烟。后来客人发现其他包间的顾客在抽烟，而服务员并没有对抽烟的顾客提出不能吸烟的要求。用餐完毕后，客人找到餐厅经理，经理解释说没办法制止包间的客人吸烟。该客人感觉到被忽视，非常气愤。

一、预先化解大问题——现场督导与控制

由于顾客直接参与服务生产过程，现场督导与控制显得十分重要。任何没有监督的管理，都属于失败的管理。在餐饮经营管理的过程中，服务员的现场服务是人与人、面对面的服务，而这种服务具有一定的主观性，服务规范则有着一定的刚性。要保证服务人员能够很好地遵守服务规范，经营管理者一定要加强服务现场的监督和管理，以确保顾客体验到优质服务，并控制不可预料的事情发生。

首先，与生产活动不同，服务过程暴露在顾客面前成为顾客感知的一部分，服务生产过程中的任何疏漏都可能给顾客留下不好的印象。其次，顾客作为服务的合作生产者，他们的投入对服务的顺利进行至关重要。对于某些

比较复杂的服务或者新的服务项目，顾客对他们承担的角色和所需要的投入常常缺乏了解，因此，现场的帮助和引导是必要的。最后，服务质量是一种过程质量，服务过程中人际交互所导致的服务质量的不稳定性，可以通过适度的员工授权来解决。适度的员工授权，一是可以提高员工的满意度；二是能够提高员工处理应急事情的能力，为顾客提供个性化的服务；三是可以发挥员工的积极性和主动性，充分利用蕴含在员工中的资源和智慧。然而，当顾客遇到的问题超出一线员工的职权范围时，更高层次的管理人员在现场的出现有利于问题得到及时解决。

1. 优质服务的"三个机会"和"四个之前"

要想保证服务人员能够很好地遵守服务规范，经营管理者就一定要加强服务现场的监督和管理，确保顾客体验到优质服务，并控制不可预料的事情发生。在这一方面，北京宴践行了符合"中国服务"理念的经营管理之道，除了之前设计的亲情服务"五位一体"和服务流程的"糖文化"，北京宴探索出优质服务的"三个机会"和"四个之前"来指导和控制现场服务，打造出一条完美的服务价值链，创造着一个又一个让顾客感动的故事。

1）优质服务中的"三个机会"

（1）当你准备向客人说"不"时，用心做事的机会就到了。

机会是做事的最佳时间和相应的外部条件。机会常常稍纵即逝，不会再来。做好服务就要有强烈的机会意识，善于识别和抓住机会，把准备说"不"变成不说"不"，你就抓住了用心做事的机会。

（2）当客人有个性化需求时，让客人惊喜的机会就到了。

设法满足客人个性化需求时，你就抓住了让客人惊喜的机会。顾客认为你可以不做的，但你做到了，如为顾客过生日，了解并利用了客人的忌讳、喜好等与基本服务项目没有关系的信息时，就可以给顾客以惊喜。

（3）当客人有困难需要帮助时，让客人感动的机会就到了。

帮助客人解决困难，你就抓住了让客人感动的机会。在顾客遇到与酒店、与接受的服务毫无关系的困难时，他认为酒店不可能提供帮助，甚至没想过向酒店寻求帮助，在这种时候，你帮助了他，传递出温暖，你做到了，此时你就创造了顾客感动。

2）优质服务中的"四个之前"

（1）预测顾客需求，要在顾客到来之前。

在顾客到来之前，我们要事先预测，才能做出更符合客人要求的周到细致的安排。预测的方法是询问顾客有什么特殊要求，或者查看客人历史档案，事先了解客人的消费记录，掌握客人的嗜好和习惯。

（2）满足顾客需求，要在顾客开口之前。

顾客没有开口，我们就知道顾客需要什么并开始准备，这需要通过换位思考，站在顾客的角度想顾客所想，急顾客所急，察言观色，揣摩客人心理，询问并确认客人的真实需求，查阅客历，才能做到。

（3）化解顾客抱怨，要在顾客不悦之前。

顾客抱怨总是有语言和情绪上的先兆，我们要通过倾听、观察和询问，了解客人抱怨的事实，并在客人不高兴之前加以解决。

（4）给顾客一个惊喜，在顾客离店之前。

给顾客一个惊喜，包括满足客人提出的有一定难度的需求和化解顾客抱怨，都要在顾客离店之前，因为客人一旦离店我们就错过了最佳时机。做到这一点，同样要通过倾听、观察、询问、查客历，寻找给客人惊喜的切入点。

2.服务过程七个"哇"

服务过程暴露在顾客面前成为顾客感知的一部分，服务生产过程中的任何疏漏都可能给顾客留下不好的印象，这就要求员工必须一直和顾客保持沟通和交互，在沟通和交互中发现并满足顾客的需求。

北京宴强调，从顾客预订到就餐，再到离店，员工要通过服务过程中的七个"哇"，让顾客惊喜，并形成七种印象：专业、用心、热情、敬业、团队、亲情和执着。

1）第一个"哇"

客人订餐后，订餐人要与客人协商，并确认区域助理与客人电话报到的时间，区域助理按客人认可的时间向客人报到，和客人沟通私人定制的想法，最后反馈给预订中心报到情况。这是三次"报到"的第一次。

这个过程的目的是，在接触客人的过程中，拿到客人的第一手资料，让客人感受到我们的专业；询问得越详细、越全面，就越能让客人觉得我们专业。

正所谓"知己知彼，百战不殆"。

首先，员工应把自己酒店的情况了然于胸——此所谓"知己"。知己，就是要提前做到"四知"：①知酒店硬件特色（面积，包房数，特色，灯光）；②知酒店菜品特色（北京宴·中国味，特色菜）；③知酒店服务特色（北京宴·中国服务，宴会私人定制，寿宴《南山厅》的故事，商务宴《丰顺驾校》的故事，纪念日宴《西湖边》的故事）；④知酒店营业信息（订房数，人员数，菜品沽清急推项目）。

其次，员工尽可能全面而细致地了解顾客信息——此所谓"知彼"。知彼，就是要提前做好"四查""七知"。"四查"：①查顾客信息预订登记表，了解预订信息；②查系统客历档案，了解客历信息；③查网络，了解顾客信息；④查订餐人，核对交办信息。"七知"：①知顾客是谁（姓氏？籍贯？称呼？公司？）；②知第几次来（上次是什么时间来？在哪个房间？）；③知有何丰功伟绩（简历？）；④知今天宴会的主题是什么（主题？目的？）；⑤知就餐人数（最重要的人是谁？从哪里来？和订餐人关系？）；⑥知什么时间到；⑦知特殊交办（有什么喜好或忌讳？）。

要触动顾客的心，就要善于发掘顾客的信息，而发掘顾客的信息，就先要提前做好"四查""七知"。接下来，我们就可以让客人惊叫出第二个"哇"。

2）第二个"哇"

助理或者经理在当天八九点（对于午餐）或两三点（对于晚餐）之前一定要给客人一次电话报到，既汇报私人定制情况已落实，又询问顾客是否对预订有变更；接下去在10：00（对于午餐）或16：00（对于晚餐）之前一定要给客人再一次电话报到，通知顾客已经准备完毕，并表达对客人到来的期盼等。这是三次"报到"的第二次和第三次。

这个过程的目的是再次确认客人人数、到店的时间等信息，这一来让自己能够有所准备，二来能让客人感受到我们的用心，觉得我们正翘首企盼他的到来。

我们针对顾客来店的不同次数，设计了以下电话报到话术。

（1）客人第一次来，我是第一次服务。

> 您好王总，我是北京宴的服务助理，现在向您报个到，很感谢您能把这么重要的宴会放在咱们北京宴，这是对北京宴的信任与支持。
>
> 我是第一次为您服务，咱们北京宴可以根据客人宴会性质的不同进行私人定制，就说寿宴吧，从房间的门牌号到房间的桌面摆放沙盘、电视屏、房间摆放的相框等都可以进行订制，去年的十月份，我们就有一个客人在咱们北京宴给老妈妈过寿（讲《南山厅》的故事）。我们进行了一系列的订制后，效果不错。王总如果可以的话，您就发几张老人的照片给我，我也给咱们明天的寿宴做一些专属您的私人定制，一定会有不同的感受和服务的。好的，王总，我加下您微信，您发给我。那好明天见。

（2）客人第N次来，我是第一次服务。

您好王总，我是北京宴的服务助理，现在向您报个到，很感谢您能把这么重要的宴会放在咱们北京宴，这是对北京宴的信任与支持。

听我们陈总说，您是他最重要的客人了，但我是第一次为您服务，很荣幸您的宴会放在我所负责的区域，也终于让我有为您服务的机会。陈总告诉我说咱们今晚是一个给老人过寿的寿宴，您是北京宴的老朋友了，想必您也知道咱们北京宴可以根据客人宴会性质的不同进行私人定制，去年的十月份，我们就有一个客人在咱们北京宴给老妈妈过寿（讲《南山厅》的故事），我们进行了一系列的订制后，效果不错。王总，如果可以的话，您就发几张老人的照片给我，现在我加一下您的微信号，您方便的时候给我发5~8张老人的照片，我好布置一下房间，让咱们的宴会有气氛一些。谢谢王总能在百忙之中接听我的电话，最近天气渐热，多注意身体。晚上见。

（3）客人第N次来，我是第N次服务。

您好王总，我是北京宴小房，上次在××房间为您服务过。咱明天订了一个10人家庭用餐的聚会在310房间，我需要提前做些什么订制服务工作吗？我摆一个相亲相爱一家人的沙盘吧，老爷子、孩子都来吧？那我准备两套儿童餐具，两把宝宝椅，好，我给咱家老爷子备一把带扶手的椅子。平时喜欢吃的状元鸡、豆腐我都提前备好。老爷子喜欢用大号的酒杯我都提前备到房间。好的王总，其他还有什么需要，您随时打电话告诉我就行，来时我在门口接您。再见。

3）第三个"哇"

顾客到店，我们就要给顾客送上第三个"哇"：助理/经理要在大堂迎接客人；若因故不能到大堂迎接，则在楼层迎接；若因故不能在楼层迎接，则在房间门口迎接；若实在不能迎接，则在客到后一分钟内到房间向客人报到。报到时，助理/经理至少要做到三件事：①向客人介绍自己、介绍私人定制情况；②落实当餐菜品、酒水，修订"七落实"情况；③向客人介绍当房服务的管家。

还有一个小细节，就是当客人到店时，迎宾人员通过对讲机通知包房"客人已到店"，此时这个包房和相邻三个包房的服务人员都要放下手中的事情，出来迎接客人。由于客人落座前的几分钟事情很多，需要存拎包、挂外衣等，此时增派人手是必要且有益的。一方面，人手的增加帮助包间度过开始几分钟的最繁忙阶段；另一方面，顾客心想着"这么多人来迎接我"，心里会很温暖。

这样一来，客人能够充分感受到我们的热情。

4）第四个"哇"

开席后，我们要给客人提供第四个"哇"：餐中，服务人员要向客人介绍灯光、菜品、《人民日报》、央视新闻等话术，让客人感觉到我们不只是把餐饮业当成一份工作，更是当成一个事业来做。在这个过程中，客人能感受到我们的敬业。

5）第五个"哇"

在餐中，服务人员还要至少用心做三件事，如表演手语操、唱生日歌等，这些事应是通过策划预先设计好的。我们要让客人感受到北京宴不仅仅是管理者在做事，员工也一样在用心工作，这是我们的第五个"哇"，目的是让顾客感受到我们的团队。

6）第六个"哇"

客人餐毕，将要离店时，管理人员要送客至门外，原则上谁接入谁送客，接入者不能送客时，必须由比其级别高者出面送客。这是第六个"哇"，目的是让顾客感受到我们的亲情。

7）第七个"哇"

当客人已经离店，我们要给客人发送短信，此所谓第七个"哇"。对于发短信，这里又有讲究，我们称为"三板斧"。

第一板，在客人用餐后次日发送短信。模板如下：

> 　　王姐好，感谢您对北京宴的肯定与支持，北京宴的愿景是：打造中国宴会文化一流品牌，创造北京宴亲情的家和文化，建立科学和艺术的管理模式，造就餐饮专业人才孵化基地。北京宴营业时间不长，肯定存在很多不足之处，但北京宴人定会为此而不断努力，欢迎您常来北京宴做客并指导工作。
>
> 　　　　　　　　　杨秀龙　　133××××2225　　北京宴　　中国服务

第二板，在客人回信息后发送短信。模板如下：

> 　　北京宴，您永远的家，欢迎您常回家看看。
>
> 　　　　　　　　　杨秀龙　　133××××2225　　北京宴　　中国服务

第三板，在熟客回信息后发送短信。模板如下：

> 　　您客气了，是我应该感谢您才对，感谢您对北京宴及我本人长久以来的肯定与支持，您现在已经成了我们北京宴的义务宣传者，到处替我们做义务的宣传和推广，我们铭记在心，北京宴，您永远的家，欢迎您常回家看看。
>
> 　　　　　　　　　杨秀龙　　133××××2225　　北京宴　　中国服务

"三板斧"下去，顾客当然能感受到我们的执着。

3.问题管理策略

问题管理的上策是把问题消灭在萌芽之前，这就要求员工：提前布置、提前调度、提前准备、提前演练、提前检查、提前到位。

在本节开篇案例中，这样的投诉本不应该发生。服务人员就应该将潜在的投诉扼杀在萌芽之前，如这里应该预先知道包间里到底能不能吸烟，不能随意地敷衍糊弄顾客。当顾客在现场提出有烟味时，应加强与顾客沟通，聆听顾客的声音。受重视的需求是顾客的四个基本需求之一，我们每个人都喜欢受到别人的重视，顾客更是这样，他提出的意见希望得到别人的重视，并能立即行动起来。然而，当事服务人员却忽略顾客的感受和需求，一再推托敷衍，直到客人消费结束也没有主动为客人提供升值服务，没有积极化解顾客抱怨，让客人感觉受到了冷落，这都是服务人员服务意识不到位、岗前培训不充分导致的。

问题管理的中策是把问题消灭在发生之中，此时需要：现场指挥、现场督导、控制关键、发现问题、及时纠偏（补位）、弥补完善。

在本节开篇案例中，当包房服务人员听到顾客抱怨说有烟味时，假若自己无法处理，就应该上报上级，由经理级及以上管理人员出面处理。管理人员应到现场耐心倾听顾客抱怨，站在顾客的角度，对顾客的抱怨表示感同身受的理解，并提出解决方案，比如向顾客解释包房确实不能阻止顾客吸烟，并且与顾客商量解决办法，比如向顾客提供升值服务，感谢顾客对我们的意见建议。

问题管理的下策是把问题解决在发生之后，此时应该：主动反馈、积极平息顾客抱怨、针对问题找出原因、采取措施、迅速整改、建章立制、组织培训、跟踪整改。

在本节开篇案例中，愤怒的顾客已经在大众点评上表达了不满和投诉，造成了一定的恶性影响，此时只能尽快遏制恶性影响进一步扩大。到这个阶段，应及时与顾客取得联系，赔礼道歉，解释事情原因，拿出积极的整改措施，向顾客提供增值服务，希望得到顾客谅解并欢迎顾客下次再来；与此同时，要对包房服务人员和分店总经理作出训诫，通过考核来提高人员素质和工作能力，避免以后问题再犯。

4.让顾客参与到服务过程中

顾客作为服务的合作生产者，他们的投入对服务的顺利进行至关重要。

这是一个经典的故事，李先生在北京宴为他的母亲过八十大寿。餐中，灯光暗下来，蜡烛点起来，音乐响起来，歌声唱起来，蛋糕推进来（李先生去备餐间打扮起来），伴随着主持人的话语李老妈妈配合地许愿、吹五福蜡烛、切蛋糕一系列动作完成，此时《烛光里的妈妈》音乐响起（李先生着厨师服，戴着口罩走到预先准备好的餐车前煮面），主持人手持话筒，缓缓地、深情地旁白道："妈妈，您还记得吗？我们小的时候最爱吃您做的烩锅面了，每天都要缠着您去做，而您总能满足我们的要求。还记得有一次，下雨了，而且下得很大，伴随很大的风，我们又吵着吃烩锅面，而此时咱们家的面粉已经所剩无几了，您嘱咐好我们在家里好好待着，不许乱跑后，拿起一把伞就出去了，再等您回来的时候，您全身都湿透了，但在您怀里的那一疙瘩面粉却是干干的！妈妈，为了我们，为了我们的孩子，您辛苦了！今天是您80岁的寿辰，就让我也为您煮一碗长寿面吧，这长长的长寿面，也寄托着儿女对您的挂念，请接受我们这一份迟来的爱吧！（此时，李先生把煮好的长寿面端到老母亲面前）"妈，您吃面！"老母亲听到这熟悉的声音，扭过头，用手缓缓地摘下面前这个"厨师"的口罩，愣了……，李先生用筷子夹起碗里的面条缓缓送到老母亲的嘴边，而此时，老母亲已经泪流满面，伸出颤抖的右手抚摸着儿子的脸，津津有味地吃着儿子亲手煮的长寿面……，我们的摄影师把这一刻温馨的画面定格。

相信这位老母亲一定永远忘不了孩子给她煮的长寿面，也一定忘不了那一天在饭桌上的幸福与感动。让孩子给母亲煮长寿面，让顾客参与制作五味鱼头，都是让顾客参与到服务中，帮助顾客表达平常觉得害羞或没有机会表达的情感，并从中获得感动。

5.员工授权

上面都在讲如何通过保证服务人员能够很好地遵守服务规范，以确保顾客体验到优质服务，并控制不可预料的事情发生。可万一发生某个"异常"事件，而我作为员工，却从来没有受过相关培训，没有看到过相关规范，这该怎么办呢？

饭店根据规模的不同，平均每天要接待十几桌到几十桌的客人，营业中必然多多少少会出现一些应急的、突发的事件，而员工培训时未必能全面地涉及各种情况，因而常常发生尴尬的场面，甚至引发顾客投诉。因此，如何处理这些情况，以确保顾客的良好感知，尽可能防止演变成顾客投诉呢？北京宴倡导文化导向，给员工一定的权限，让员工能以不变应万变，既不让客人感到"这名服务员的能力不够强"，又能化解尴尬，解决潜在事故。

例如，有些顾客是左撇子，他总要伸左手去右边拿筷子。此时，服务人员不应等到顾客提出意见，而应该自己主动去把筷子、勺子等餐具移动到这名顾客的左边。这样的情况显然不能在员工手册上逐一出现，但员工主动做出及时的判断却是必要的。

但是，员工授权有时候也并不是万能的。当问题超出一线员工的职权范围时，更高层次的管理人员在现场的出现有利于问题得到及时解决。北京宴"四个快速反馈"的第1点指出：凡是客人有开口需求（合法）或员工为顾客的事情向其他部门提出的要求，任何人不得说"不"，尽了最大努力确实不能给予满足的，必须立即向上级反馈，直至总经理，寻求帮助直至解决。

北京宴也强调做好现场巡视，并制定了现场巡视的六项要求：①了解情况，掌握动态；②发现问题，纠正偏差；③解决困难，协调关系；④联络感情，现场激励；⑤指导工作，发现典型；⑥及时补位，示范服务。

二、发生问题怎么办？——服务补救

可靠性是顾客感知服务质量的核心属性，企业必须以100%的可靠性作为奋斗目标，不断地提高顾客感知的服务质量，尽力为顾客提供可靠的、无差错的服务。然而，即使是最优秀的服务人员，在服务过程中也难免发生差错。这就要求服务性企业采取一系列补救措施，纠正差错，使不满的顾客转变为满意的顾客。因此，采取服务补救措施是控制顾客感知服务质量的重要组成部分。

下面，我们从处理眼前差错和避免下次出错两方面来阐述如何做好服务补救。

1.补救性服务的好坏可以控制顾客感知的服务质量——处理眼前差错

服务差错发生之后，顾客会更重视服务质量。根据社会心理学家的研究，在正常的服务过程中，顾客的经历完全符合他们的期望，顾客通常会处于无意识状态。服务差错使顾客从无意识状态中清醒过来，迫使顾客开始注意服务工作情况，仔细观察服务性企业如何纠正差错。本节开篇案例中的顾客，因为不相信服务人员的解释，所以特别注意看了一下邻近包房的情况，以确认自己包房服务人员的工作出现差错。

及时采取补救性服务措施，可向顾客表明企业高度重视服务质量和顾客的满意程度，有效地控制顾客对服务信息的看法和服务质量的感知。出现问题一定要及时进行补救！餐饮服务出现质量问题是难以避免的，关键是出现问题后要快速反应，及时解决或进行服务补救。当发生服务差错时，企业越快做出反应，服务补救的效果会越好。阿尔布里奇和詹姆克（Albrecht & Zemke，1985）的研究表明，如果顾客的抱怨能够得到及时处理，则企业可以留住95%的不满的顾客。相反，如果企业拖拖拉拉，那么，虽然问题最终解决，但只能留住64%的不满的顾客。由此可见，速度和时间是个关键因素，服务企业对顾客做出快速响应，显示了企业真正关心顾客利益，想顾客所想，急顾客所急。

国内外大量调研的结果表明：优质补救性服务可极大地提高顾客感知的整体服务质量，提高顾客的满意度，促使顾客对本企业做有利的口头宣传，增强本企业优质服务的市场形象。因此，要想从整体上控制顾客感知的服务质量，增强竞争实力，服务性行业不仅应为顾客提供可靠的服务，而且应当在服务差错发生之后，及时地为顾客提供优质的补救服务。

北京宴在服务上有两个比值定律：第一个是服务的"1∶250定律"，也就是说每个顾客身后大约有250位好友，如果赢得了一位顾客，就等于赢得了250人的好感。反之，如果得罪了一位顾客，就等于失去了250个客人。第二个是服务的"1∶24定律"，也就是说，当有1名顾客投诉的时候，就意味着同时有24名客人也有同感，只不过有23名客人选择了沉默、结账离开，再也不理我们了而已。

所以，这1名客人就显得尤为重要，他在向我们投诉的同时，实际上是在浪费他自己的时间、金钱，破坏自己的情绪，把真实感受告诉我们，这是在帮助我们。从最有抱怨的顾客那里能得到最有价值的意见和建议，有抱怨的客人也最容易成为我们的忠诚顾客，对我们不满而沉默的客人多半不会再回首。

我们必须做好服务补救！

1）查找原因

发生问题后，应首先查找原因。那么该从哪个地方开始找原因呢？

第一，北京宴坚信，"客人永远是对的"。

所谓"客人永远是对的"，就是通过换位思考，站在顾客的角度，理解他们的需求，体会他们的感受，对顾客的要求、意见、抱怨和投诉永远不能说"不"。

第二，帮助顾客赢，我们才能赢。

"赢"这个字是获得的意思。帮助顾客赢，就是设法使顾客获得他们期望的，甚至比他们期望的更多的满足，让他们感到与我们打交道已经超出了商品交易本身，掏钱值得。

作为酒店代表，我们就是卖方，讲的是诚信，卖的是信誉。作为顾客代表，我们就由卖方变成了买方，是和顾客一起挑东西，买满意。这意味着，我们要反映顾客的愿望和要求，利用我们对酒店政策和产品熟悉的优势，帮助顾客做出合适的消费选择，让顾客买得物有所值，甚至是超值。

第三，客人是用来被感动的，而不是用来被搞定的。

顾客所提的意见、抱怨都是正确的，顾客的感受都是真实的，顾客的要求都是合理的。在遇到顾客不满意和抱怨时，不偏听偏信员工的解释，不找任何借口。

当你看到或听到顾客有错时，你要告诉自己：不是自己看错了就是听错了。如果没有看错、听错，那一定是因为我们先犯了错，顾客才跟着我们出了错。总之，顾客永远没有错，有错都是我们的错。

2）问题上报

在发生问题后，应快速将问题上报，即北京宴"四个快速反馈"的第2~4点：

• 凡是向顾客承诺没有兑现（包括没有按照酒店的规定程序去做的）的，必须立即向上级反馈，直至总经理，使问题得到解决。

• 凡是客人有抱怨或投诉，任何人不得置之不理，必须立即向上级反馈，直至总经理。有关部门或领导必须在客人离店前给予满意的回复。

• 凡是对客人服务中遇到的自己无权或无能力解决的事情，必须立即向上级反馈，直至总经理，使问题得到解决。

3）"四不放过"原则

北京宴一贯奉行"四不放过"原则：①问题没有得到整改不放过；②查不出问题发生的原因不放过；③拿不出解决问题的措施不放过；④责任人没有得到奖惩不放过。

如果想要把投诉真正解决，就要做到两点：①要针对问题本身进行解决，满足顾客的需求；②要做额外的补偿，让顾客得到他期望值以外的服务，这样顾客才能惊喜、感动，才能成为我们的回头客。在顾客不满和抱怨面前，不偏听偏信员工的解释，不找任何借口。要永远坚信，顾客的感受都是真实的，顾客的要求都是合理的（表6-1）。

表6-1 顾客意见反馈表

顾客意见和建议内容	现场整改情况	现场跟进措施	问题发生的原因	如何使问题不再发生	责任人奖惩

4）处理顾客抱怨"四个之前"

由本节开篇案例可以看出，服务补救应积极、及时、优质。在北京宴的企业文化里，处理顾客抱怨应在"四个之前"：顾客不悦之前、消费结束之前、顾客离店之前、离店24小时之前。

处理顾客抱怨的四个之前，要求我们坚持一个重要原则：处理顾客抱怨越早越好。对顾客抱怨处理得越早越及时，表明我们越重视，化解顾客抱怨就越容易，效果就越好。

（1）顾客不悦之前：顾客开始抱怨，我们立即处理，客人不会产生不愉快的情绪反应，这种结果最好。

（2）消费结束之前：客人有抱怨，已经表现出不愉快、不满意，在消费结束之前处理，我们还有补偿服务的机会。

（3）顾客离店之前：如果我们得到顾客抱怨的信息比较晚，也必须在顾客离店之前设法化解顾客的抱怨，取得顾客谅解。

（4）离店24小时之前：如果顾客已经离店，我们也要尽最大努力、想尽一切办法，最迟在顾客离店24小时之前向顾客道歉，尽最大努力减少顾客抱怨给酒店声誉带来的影响。

2.内部检查是做好补救性服务工作的有效方法——避免下次出错

如果管理人员尽可能预见服务工作中可能会出现的问题，采取必要的预防性措施，减少服务差错，提前做好补救性服务准备工作，那么就可以及时、有效地解决服务工作中出现的各种问题。

要预见服务质量问题，以更好地控制服务质量，管理人员就必须做好服务过程内部检查工作。通过绘制服务蓝图（服务流程图）或服务体系设计图，来明确顾客、服务第一线员工和后台辅助人员之间的关系，显示服务过程中各项服务工作的顺序，表明各个班组、各个部门之间服务工作的交接点，这样可以有效地帮助管理人员发现服务体系中最容易发生差错的环节。

绘制好服务蓝图（服务流程图）或服务体系设计图之后，如何顺畅地进行内部沟通是做好内部检查的关键。倒金字塔形沟通结构——优质服务的六"不"文化效果显著。

（1）上道工序不对下道工序说"不"：要求做到无论是部门内部还是跨部门的工序协作，无论是否存在隶属和直接指挥关系，上道工序都要设法满足下道工序的需求，特别是直接反映顾客需求的需求。

（2）二线部门不对一线部门说"不"：一线部门就是二线部门的顾客，凡是一线为了满足顾客需求对二线提出的协作和支持要求，二线必须全力去做，解决不了的问题要迅速逐级反馈，请求上级支援。

（3）上级不对下级（同事）提出的困难说"不"：强调的是上级对下级的服务精神，上级心中要装着下级，关心下级的工作困难和生活困难，积极给予解决和帮助，简单说"不"，是漠不关心的表现。

（4）下级不对上级的命令说"不"：服从是天职，执行是关键；服从是无条件、无障碍的，不理解、不认同也要绝对服从；既然知道不得不执行，还不如用积极的心态去执行。把你认为上级合理的要求当成是锻炼，把你认为上级不合理的要求当成是磨炼。

（5）被检查者不对检查者查出的问题说"不"：强调被检查者必须正确对待检查者及其查出的问题，要求做到"闻过则喜"，立即整改，而不是拒绝批评，否认自己的问题。即使你认为检查者处事不公，也要先服从，而后再通过正当的渠道反映、解决。

（6）全员不对客人说"不"：强调对客人提出的需求或困难，人人有责任帮助解决。无论客人问到谁、找到谁，要实行首问负责制，跟踪办理结果，达到顾客满意为止。

系统地分析服务工作中出现过的各种差错，是与服务蓝图（服务流程图）或服务体系设计图一起使用的一种内部检查方法。发现服务过程中的薄弱环节之后，管理人员应加强这些服务环节的质量管理工作，并制订应急计划，以便有效地解决服务工作中出现的问题。管理人员不可能在顾客经历劣质服务之前发现所有服务质量问题。但是系统地分析服务工作中曾经出现过的各种差错，反过来又会帮助管理人员进一步发现服务过程中的薄弱环节，找出服务差错产生的根本原因。服务差错通常表明服务体系中存在严重的缺陷。每次服务差错发生之后，管理人员都应进行系统的分析，尽力找出差错产生的根本原因，解决服务体系中存在的问题，而不能就事论事地纠正具体的差错。总之，系统地检查服务程序，管理人员可事先发现许多可以避免的服务质量问题。

制定服务差错记录制度，可以有效地帮助管理人员系统地分析服务工作中出现的各种差错。服务性企业应采用高新科技成果，使用电子计算机直接建立信息体系，记录各种服务质量问题。服务人员可直接检索有关信息，管理人员则可以根据服务质量问题的类别和频率，研究具体的改进措施，提高服务的可靠性，有效地控制顾客感知的服务质量。

北京宴不仅及时进行服务补救，发生一个问题就及时纠正一个问题，而且还施行严格的内部查错机制。北京宴每天上午十点半和下午四点半分别进行一场业务会，助理组织所在班组员工，分别准备当日工作以及对当日业务做沽清，以便从中发现问题。此外，每天晚上召开三级例会，第一级是总经理会议，由经理级员工参加；第二级是经理组织助理召开；第三级是助理组织其管理的基层员工进行。另外，北京宴在每周一给全体员工上企业文化学习大课，在课堂中对于上一周以来的正反面案例进行企业内部表扬或批评，并充分结合企业文化进行案例点评；在每周二面向全体管理层员工召开管理层员工会议，回顾上一周的工作业绩，并从中发现问题。经过反复内部查错，企业能较快、较全面地发现服务生产中的薄弱环节。出现问题后惩罚员工不是目的，目的在于让大家"有则改之，无则加勉"，帮助员工在以后的工作中尽量避免再次发生类似差错。

由此可以看出，服务性企业的内部检查工作可以形成一个控制顾客感知服务质量的良性循环（如图6-19所示）。

顾客往往会原谅服务性企业无法避免的差错。然而，可以预防、可以避免的服务质量问题就很难得到顾客的谅解。预防性内部检查工作，可使企业最大限度地减少服务操作失误次数和补救性工作量，从而最大限度地控制顾客感知的服务质量。

服务质量的好坏最终取决于顾客的评价。听取顾客的意见，有助于企业识别服务工作中存在的问题，采取有的放矢的改进措施。随着社会经济的发展，消费者的心态也在不断地发生变化，企业应该不断地、积极主动地收集顾客的意见，以适应整个需求市场的变化。

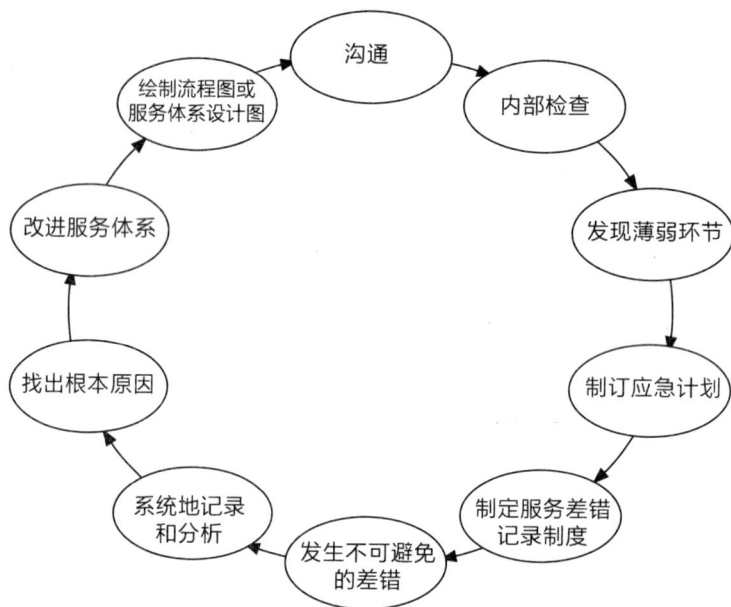

图6-19　服务过程中的内部检查循环

第四节　服务业中的技术创新

一、技术创新是服务业的润滑剂

在服务业中的技术创新可以使顾客和服务人员更有效地控制感知服务质量。农业和制造业生产力的大幅提高来自技术对人类的替代作用。然而，技术不一定限定为硬件和机器，它也包括像数据库和专家系统这样的创新系统。在制造业中，技术创新的引入不会受到顾客的注意，但是，这种创新在服务业中成为所提供的顾客感知服务质量的组成部分。例如，许多航空公司引入了自动售票机，这种机器根据顾客按键输入的要求接受信用卡和出售飞机票。服务业中的技术创新，是顾客或服务人员更有效地控制服务过程和（或）服务感知的服务质量的有效手段。

1.勇于面对新技术的挑战，不断加强技术创新

对于服务来说，"过程就是产品"，因为顾客直接参与了服务交易。因而，技术创新（特别是在前台）成功与否取决于顾客能否接受。技术创新对于顾客的影响并不总是局限于缺少人与人之间的关心。顾客也可能必须学习一些新技能（比如学习如何操作自动应答机或加油泵），或者他们不得不放弃某些利益（如通过使用电子存款转账机造成的浮存额的损失）。当服务交易系统进行改变时，必须考虑顾客作为活动的参与者或者服务过程的共同创造者的贡献。

作为内部顾客的雇员也受到新技术的影响而经常需要再培训。在零售店使用扫描器就比秘书由使用打字机改为用电脑进行文字处理所带来的影响少得多。

那些并不直接影响顾客的后台创新可能产生另类的复杂问题。比如，在银行业磁墨字符检验设备的使用。这类创新对顾客完全没有影响，它使"隐含的"支票汇划结算过程更有效率。可是，这必须等到所有银行都同意使用通用的字符编码印制支票时才会产生整体利益。若没有这一个协定，非合作银行就必须人工分类，这就严重制约了这一技术的有效性。也就是说，只有当所有的银行都同意使用同样的磁墨字符印制支票时，支票汇划结算过程才更有效率。

还有一个挑战就是，由于服务的无形性，许多服务创新的想法和思路就没法取得专利权，这也阻碍了服务创新的积极性。

近年来，ERP系统作为新技术的典型代表，正日趋成熟，也正在逐渐被各大企业接受并引入自己的生产管理中。ERP系统是企业资源计划（Enterprise Resource Planning）的简称，最初由美国Gartner Group公司于1990年提出。它是指建立在信息技术基础上，以系统化的管理思想，为企业决策层及员工提供决策运行手段的管理平台。ERP系统集信息技术与先进管理思想于一身，成为现代企业的运行模式，反映时代对企业合理调配资源、最大化地创造社会财富的要求，成为企业在信息时代生存、发展的基石。它对于改善企业业务流程、提高企业核心竞争力具有显著作用。在我国，ERP所代表的含义已经被扩大，用于企业的各类软件，已经统统被纳入ERP的范畴。它跳出了传统企业边界，从供应链范围去优化企业的资源，是基于网络经济时代的新一代信息系统，用于改善企业业务流程以提高企业核心竞争力。

北京宴为了改进整个流程，设计并应用了从预订、收银到后厨、供应链的全套ERP系统。这套系统为优化成千上万的数据量、提高企业生产管理效率带来了很大的帮助。

2.采用信息技术和电信技术的新成果，建立顾客数据库

服务企业采用信息技术和电信技术的新成果，建立顾客数据库，存储每位顾客的客史档案，使得企业所有服务连锁店的服务人员都可从计算机数据库获得大量信息，丰富自己的知识，更精确地判断顾客的需要和爱好，更好地做好服务工作，灵活地满足顾客的特殊需求，可使服务工作决策权真正地转移到服务第一线。例如，旅馆服务人员可解锁客史档案中的有关资料，了解常客的需要、习惯和爱好，以便为顾客提供高度订制化的服务，使销售工作更有针对性，提高顾客感知的服务质量。

服务人员还可根据顾客数据库存储的信息，及时发现顾客急需解决的问题。例如，施乐公司在复印机上安装了传感器和调制解调器，传感器可发现复印机逐渐失灵的部件，调制解调器可将有关信息传送到维修中心的主机。

如果维修中心认为某个客户的复印机必须修理，就用电话通知当地维修站，再由维修人员与客户预约维修时间。在此之前许多客户根本不知道自己的复印机即将发生故障，从而很好地控制了顾客感知的服务质量。

服务性企业建立顾客数据库，可协调各个业务部门的工作，为顾客提供优质服务。例如，银行的各个业务部门分别提供储蓄、支票、抵押贷款、信用卡等服务项目。如果客户申请银行信用卡，信用卡业务部可能会因为无法核实客户的存款数额而拒绝签发信用卡。建立客户数据库之后，银行可为每个客户设立总账，记录客户所有账户数额。这样，银行工作人员就能根据客户历期存款数额、归还贷款时间等情况，决定是否同意签发信用卡。

企业记录顾客每次消费情况，不断地更新顾客数据库中的信息，就能更深入地了解每位顾客的需要和爱好，诊断顾客面临的问题，判断顾客说不清楚的需求，提高服务行为和措施的针对性，进而提高顾客感知的服务质量。

更重要的方面是，企业可以从数据库中挖掘出顾客购买习惯的组合，及时抓住机会开发新的服务。例如，麦迪俱乐部（Club Med）是一家世界范围的、全包性的胜地旅游公司，它进一步研究了其会员的年龄差异。通过研究会员特征数据库，认识到随着时间的推移，原来的诞生会员已经结婚并且有了孩子。为了继续争取未来的度假旅游者，它改变了以往的做法，为有小孩的家庭提供照看小孩的服务。现在，父母可以享受海边和水上运动，而他们的孩子由附近儿童乐园的麦迪俱乐部公司的护士来照看。近来，麦迪俱乐部公司增加了乘游船度假项目以吸引对水上运动失去兴趣的年长会员。美国快递（Express）公司通过对顾客及其变化的消费类型的信息进行分析，甚至能断言客户什么时候结婚。从这些例子我们可以看出，只要在顾客第一次购买时就掌握了顾客的数据，就能找出与顾客建立永久关系的良机，为将来在购买中创造新的或变化的服务打好潜在的基础。

北京宴的预订系统具有多项行业的特点。在预订台的人员接听到客户预订电话后，预订系统中就输入了客户的电话号码。此时系统会显示出这位顾客曾经来预订过几次、曾经订制了什么宴席、曾经点过什么菜等信息，这会从很大程度上帮助服务人员制定接下去的宴席中应该为顾客提供什么样的个性化、亲情化服务。假若这名顾客是第一次来，那么服务人员可以为他建立数据档案，保存这次与顾客沟通过程中了解到的顾客信息，以便为将来的再次服务提供方便。

3.采用高新科技成果，更好地监控服务过程

服务信息也可以采用高新科技成果，做好服务监控、记录和检查工作。例如，许多超级市场和零售商店使用扫描设备，在验货收款台及时记录销售额，加快结账工作速度，提高账单精确性。此外，扫描系统还可使管理人员了解各种商品、各个部门、各个商店每天销售额和各种商品存货数量。现在，采用服务跟踪系统的企业越来越多。跟踪系统不仅有助于管理人员监控服务质量，而且还可帮助管理人员预防劣质服务。例如，奥的斯（Otis）电梯公司维修服务中心使用客户数据库和电梯故障维修热线电话，记录客户来电次数。管理人员特别重视来电次数较多的客户，加强这类客户的电梯检修工作，防止客户的电梯发生严重的故障。

跟踪服务过程，管理人员就能根据顾客经常询问的问题，设计计算机自动化查询服务程序，使工作人员能够迅速地为顾客提供信息服务。

还有，先进的专家系统可以帮助服务人员提高服务的速度和可靠性。例如，奥的斯（Otis）电梯公司将一种专家系统安装在其维修人员的笔记本电脑里，从而加快了现场修理速度；把积累多年的电梯故障及其修理方法的信息放入知识库，再合并到专家系统中，利用一台笔记本电脑，现场维修人员就可以查询该系统并接受诊断、帮助发现问题之所在。该公司的电梯维修以服务快捷而闻名，且只需要很少的维修人员。专家系统的早期应用是在医疗领域，它可以帮助医生诊断病人的病因。另一个例子是石油勘探专家系统，它能为大多数石油公司指出有希望的钻井地点。

以供应链管理为例，我们知道餐饮企业需要为菜单上的每一样菜品都备好一定量的库存。但是总有一些菜品常常乏人问津，有很多原材料没有消耗，一直堆在仓库里。但是，大数据能根据企业每一样原材料的消耗与采购情况，为原材料的采购提供数据支撑，告诉企业该采购什么原材料、采购多少原材料等。

北京宴除了应用ERP系统，还与时俱进，采用微博、微信等新兴平台和技术手段来监控服务过程。2016年年底，北京宴员工发现一位顾客在微信朋友圈抱怨其在总店就餐的服务体验糟糕。员工发现该情况后连忙向上级汇报，经理及时与该名顾客取得联系，并赔礼道歉。就这样，一件原本不被知晓的"隐藏"投诉被及时化解了。

4.革新服务操作体系，不断优化与提升顾客感知服务质量

许多企业采用高新科技成果，革新服务操作体系和改善服务流程，以机器替代人力，尤其是取代那些例行的服务工作，方便顾客，提高顾客的感知服务质量。例如，国外某大酒店在客房门锁上安装信用卡阅读器。阅读器可将信息传送到电子计算机。旅客订房时，预订服务人员就将房号告诉旅客。旅客到达旅馆之后，不必到总服务台办理登记手续，只需将信用卡插入阅读器，就可进入客房。旅客电子计算机操作人员立即知道旅客已经到达，并立即开始记账工作。

这种高度自动化的服务操作体系，还可授予顾客更大的控制权，使顾客获得个性化的服务。例如，先进的自动柜员机可在显示屏幕上显示顾客的姓名和欢迎辞（有人情味的服务），持卡者可选择服务项目，规定取款数额，在不同账户中转移资金，打印最新对账单（订制化服务），而且持卡者可在任何时候在方便的地点接受银行的服务（方便的服务）。如果持卡者要

问问题，就可使用自动柜员机旁边的电话，与银行客户服务部工作人员直接交谈。

采用高度自动化操作体系，由顾客自己决定和控制服务过程和服务结果，与人工服务相比，许多顾客能获得更优质的服务。

北京宴即将引入顾客自助点菜系统，顾客可利用PAD点菜，在提高服务效率的同时，提高顾客的体验感受。

二、宴时代的ERP系统

1.本源初心——新时期下高端餐饮对ERP信息化系统的新诉求、新需要、新期待

从前的高端餐饮，通常和权力、身份、炫耀、浮夸、面子、位子、奢华、腐败、浪费等字眼联系在一起，在新时期，我们主张厉行节俭之风，消费者日益增长的物质文化需求也逐渐发生变化——从高高在上的特权专项，到今天成为大众实现消费升级的载体；从炫耀面子消费，到今天的智慧经营，情感交流，高雅体验的消费；从高档菜肴、花样翻新，到倡导绿色健康，追求食材本真；从单一关注店内就餐满意度，到客人的全节点服务和记录，个性化需求心理的挖掘。

如图6-20所示。过去，在传统的客人就餐服务过程中，各阶段的信息是断点的、不连续的：客人预订时，要电话接听、手工记录预订本；客人到店就餐时，要采用手工方法点单、结账，使用PC端收银系统；客人离店后，便结束了本次服务，没法维持客户信息，只能等待下次光临。信息获取、存储、流转的不完整必然带来运营流程冗余、资源浪费的现象。

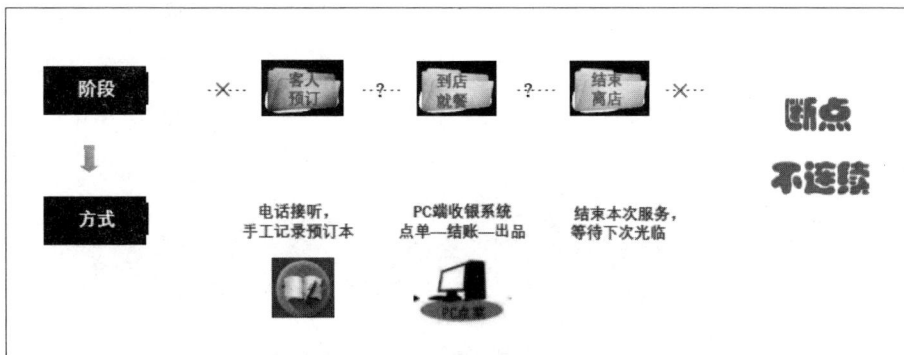

图6-20　传统餐企ERP软件前厅应用

　　回顾餐饮行业信息化进程，经历从1.0到3.0的三个阶段：15年前，餐饮信息化1.0时代，是基于局域网的录单POS系统，可以实现电脑收银，但仍需人工点餐、传单；10年前，餐饮信息化2.0时代，是基于局域网的餐饮管理系统，点菜宝点餐、后厨打印、电脑收银、门店系统单独运行；现在，已经进入餐饮信息化3.0时代，进化为基于互联网的餐饮管理系统，力求连接内部系统和外部渠道、实现数据云端管理以及进行社会化会员营销（如图6-21所示）。

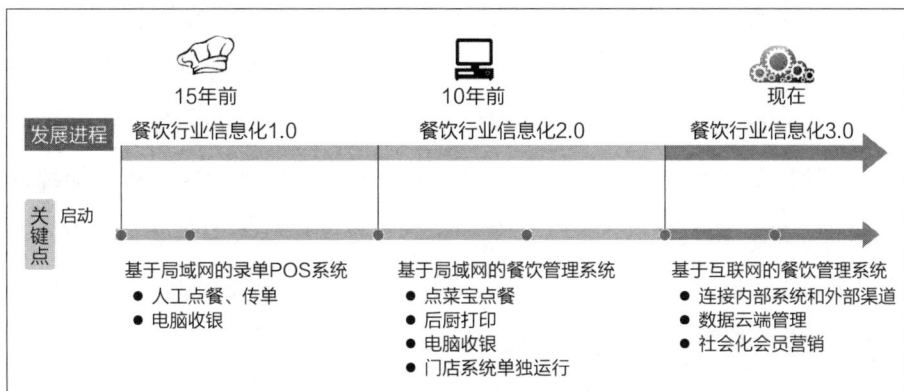

图6-21　餐饮行业信息化进程

现代企业需要把业务流、信息流、数据存储通过ERP系统连接、贯穿起来，把预订管理—收银系统—后厨管理—供应链系统等有机地整合在一起，把业务线中的结点融会贯穿，把信息结点连接为一个整体，如图6-22所示。

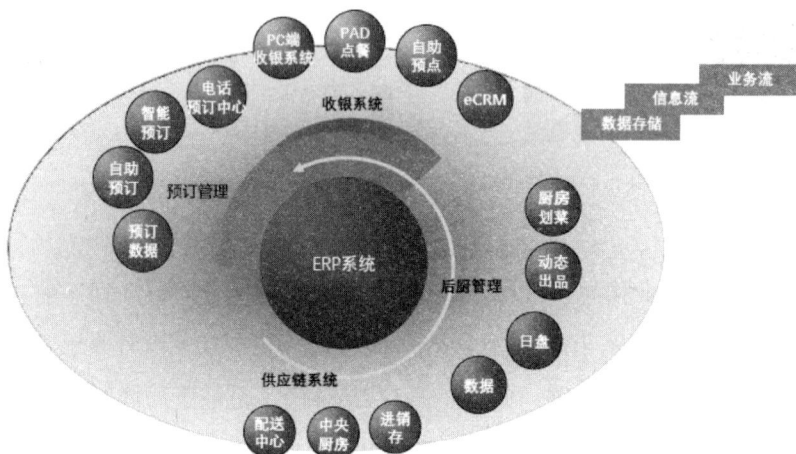

图6-22　宴时代的ERP系统

2.护"宴"使者——北京宴ERP信息化系统

如何让ERP系统成为护宴使者呢？除了思想高度上对理念的认可，也需要系统管理的助推力！北京宴现在应用的ERP系统模块涉及客源的管理系统（包括前厅运营模块中的智能预订、连锁收银、移动点餐）；与后端生产系统的厨房显示系统、供应链管理综合应用，总部能够看到整体商业智能（BI）数据，各模块有机连接在一起。保证系统连接后有效运转，关键是HR管理系统，让运营的工时、绩效、激励直接对接到人力管家系统中，动态管理一线同事的收入、考勤，让管理者掌控一线的全局运营情况，正所谓"现代企业管理是人力资源的管理"。

为实现以上所述的功能，宴专家ERP应用从三条主线出发，来做好护宴使者：业务线、信息通道、激励线。

1）业务线（如图6-23所示）

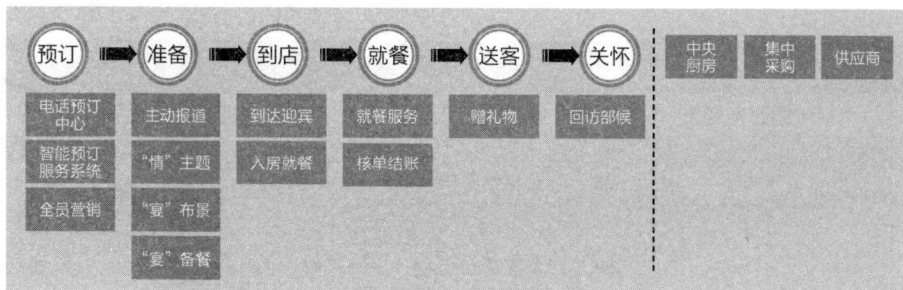

图6-23　业务线

业务线上对北京宴中国服务进行流程化梳理，逐步实现了业务线上从预订、准备、到店、就餐、送客、关怀的七个"哇"体验流程，以及它们在系统中的管理记录。又通过将收银与供应链系统的有机结合，逐步实现成本管控的合理化。

2）信息通道（如图6-24所示）

图6-24　信息通道

3）激励线（如图6-25所示）

图6-25　激励线

在信息通道打通的基础上，将激励线的工时数据、激励考核数据、流程执行过程管理通过人力管理动态让一线服务人员、营销人员了解收益数据。

宴专家ERP信息化系统如何把中国服务经营理念——七个"哇"的体验关键感受点梳理到相对应的服务体验流程中去，总而言之，就是要在认同理念文化的同时，通过绩效过程管理关键点的执行情况，让系统会提醒、数据会说话，如图6-26所示。

图6-26 七个"哇"实现关键点

以北京宴第一个"哇"为例，客人订餐后1小时之内当区助理/经理电话向客人报到，和客人沟通私人定制的想法，最后反馈给预订中心报到情况。目的是让客人感受到我们的专业，以及接触客人并拿到客人第一手资料。那我们的管家是否按时向客户报到了、是否拿到了客人的资料等信息，靠管理者现场检查是一方面，如今ERP系统给予了很大的帮助，帮助员工处理大量数据、优化处理流程，实现了在系统中操作结点动作的记录和文件资源的存储，让系统会提醒、让数据会说话，让系统帮助落实，知己知彼，做好四查、七落实的过程管理记录。

3.纵横驰骋——横向连接和纵向深耕，北京宴ERP信息化系统部分模块特性简介

1）智能预订服务系统

智能预订服务系统的核心作用，就是让预订更简单：提高获客效率，升级服务标准。获客预订—到店服务—餐后营销，这套系统就是要让客户惊讶的体验点贯穿于其中，如图6-27所示。

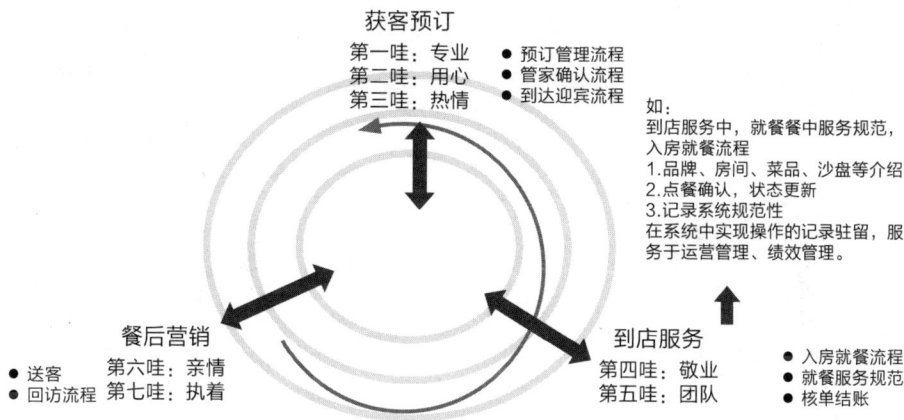

图6-27　智能系统与七个"哇"

（1）获客预订功能整合了全网预订接口，会聚更多渠道客源。包括内部获客渠道（例如预订员、店长、客户经理、兼职销售、全员销售）、第三方电话导航（例如116114、118114、12580）、第三方互联网平台（例如大众点评、订餐小秘书、团购网站）、自运营网络平台（例如微信公众号、百度直达号）等。基于移动端的智能预订系统让兼职销售、全员销售成为可能，让同事们可以成为客户关系维护的一员，同时享受营销带来的收益。

智能预订系统中实现自动接收全渠道订单——随时随地通过移动端处理

订单——智能分配餐位、自动通知客人、自动通知管家预订信息。这样，预订管理支撑标准服务流程，减少对人的培训，让管理层和员工的精力集中于对服务质量体验的提升上面，如图6-28所示。

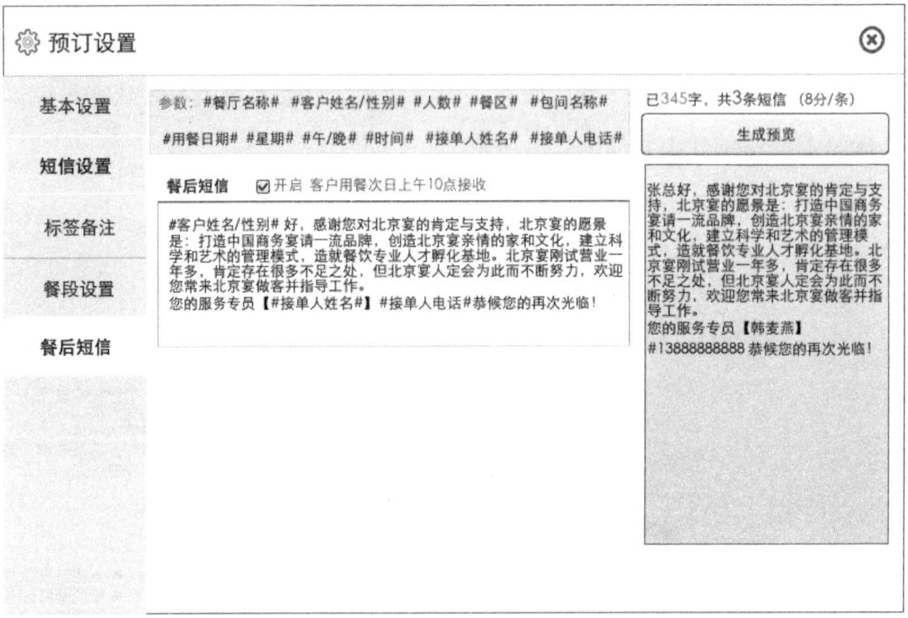

图6-28 智能预订系统

（2）到店服务功能能够确保客户服务标准实时同步响应岗位。服务中最难得的是一线执行的标准化，而智能预订服务系统实现了客户服务标准实时同步到响应执行，让系统成为有效的提醒者，通过一次、二次报到提醒，订制服务标签，服务信息修订，客户历史信息提醒等流程完成所有客服功能。

（3）餐后营销系统能在餐后次日自动发送短信，让顾客感受到我们的亲情和执着，使服务成为最好的营销。

系统实现全渠道智能化精准营销，能让营销更简单。它一方面实现精准营销，目标客户系统自动划分类别，随时发起精准营销，即发即到，如图6-29

所示；另一方面可以进行效果监测，自动监测营销效果，分析客户对营销的敏感度，如图6-30所示。

图6-29 营销系统——精准营销

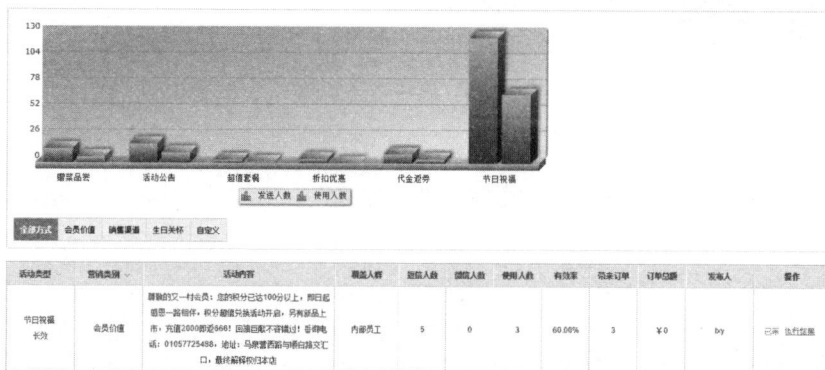

图6-30 效果监测系统

系统还实现了全渠道客户资源的智能化管理（如图6-31所示），将所有渠道的客户自动纳入餐厅统一管理：通过RFM（Recency，最近一次消费；Frequency，消费频率；Monetary，消费金额）数据模型，自动整合、梳理、分类全渠道客户资源；自动筛选高价值客户；实时掌握每个渠道客户的新增与流失情况，如图6-32所示。这里的RFM模型是衡量客户价值和客户创利能力的重要工具和手段。该模型通过一个客户的近期购买行为、购买的总体频率以及花了多少钱三项指标来描述该客户的价值状况。

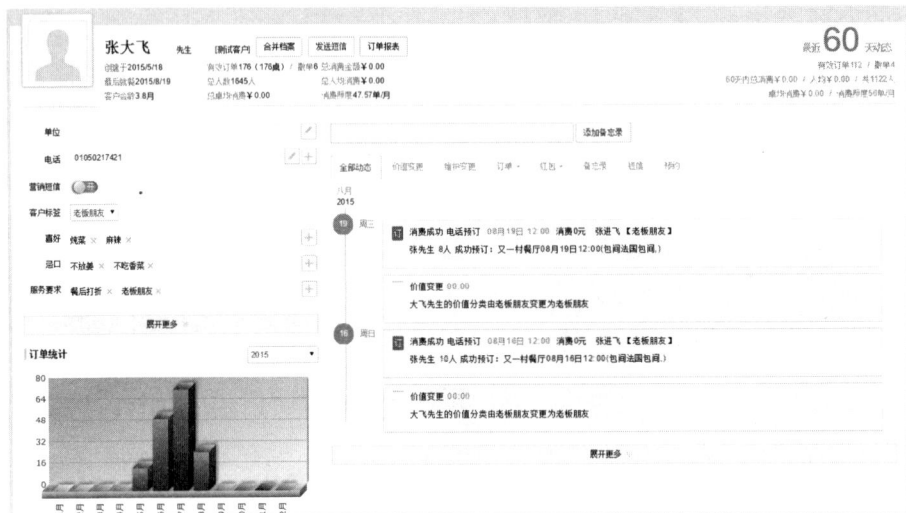

图6-31　客户资源系统

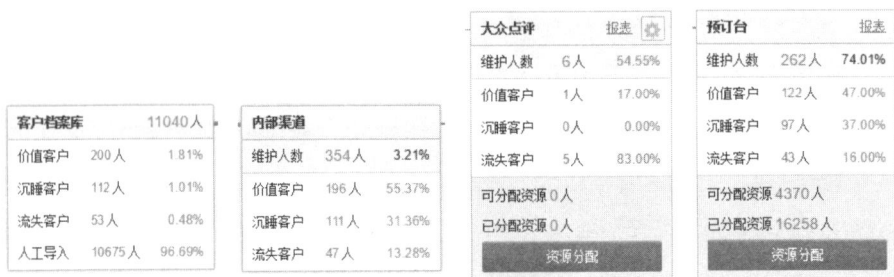

图6-32　客户数据库

除了全渠道客户资源的智能化管理，系统还实现了全渠道订单业绩及奖励机制的智能化管理：将所有渠道的订单按渠道自动统计后，自动统计渠道订单业绩，自动核算渠道奖励提成，做到服务过程透明化、绩效管理专业化、数据统计简单化。

2）智能收银系统

智能收银系统连接了四大对象：①与全系统无缝连接（其他系统有门店运营系统、后厨管理系统、预订管理系统、CRM会员管理系统等）；②与线上销售渠道的连接（线上销售渠道有微信自由渠道、外卖平台等）；③与客人活动的连接（客人的活动有微信点餐、在线支付、会员自助等）；④与数据的连接（有移动端报表、总部与门店数据连接、会员数据互通、成本数据互联等）。

系统别出心裁地为管理连锁企业的收银系统创立了"胖总部，瘦门店"的连锁管理思路：总部负责集中管控，以方便统一管理和报表跨店对比；而门店的职能尽量简化，门店要专注执行、负责采集上传。这套系统既支持多品牌管理，能够细分市场中的品牌，也支持门店差异化，归属一个品牌的门店收银档案统一管理，同时应用范围和属性可以有差别。

3）供应链系统

供应链系统的目标和其他系统类似，也是稳定地用最少的人，来让原材料产生更大的效益和价值。

所谓"稳定"，是指业务流程稳定。系统分业态、场景、最佳路径指导来保证业务稳定。同时它能完成所有单据扭转及预估管理以降低对人和经验的依赖。此外，它提供强大的预警体系，对于所有异常操作，系统会给予操作人及管理层通知，并形成报告。

所谓"用最少的人"，就是降低人员要求及数量。系统能依据最佳路径做岗位及人员的设置，在保证业务稳定的前提下，使人员配置最少。它强大的预警、预估管理、单据自动扭转体系，能降低人员要求，提升管理效率。如果再配合供应链移动APP，就能随时随地办公，提高录入实时性、准确性，各种分析报表一键查看，降低人员要求及数量。

所谓"让原材料产生更大的效益和价值"，就是要让原材料价值最大化。系统基于加工过程的损耗和菜品制作过程损耗等，提供自动的原料损耗分析。它基于BOM（Bill of Material，物料清单）的预警体系，帮助进行成本、菜品分析和销售指引。

供应链系统的核心功能模块如图6-33所示。

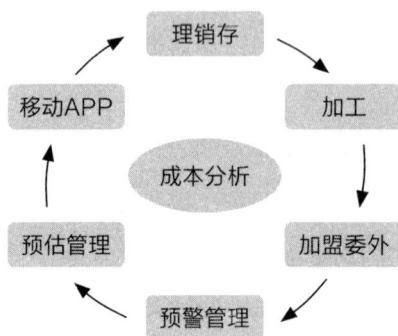

图6-33　供应链系统核心功能模块

供应链系统的核心特性如图6-34所示。

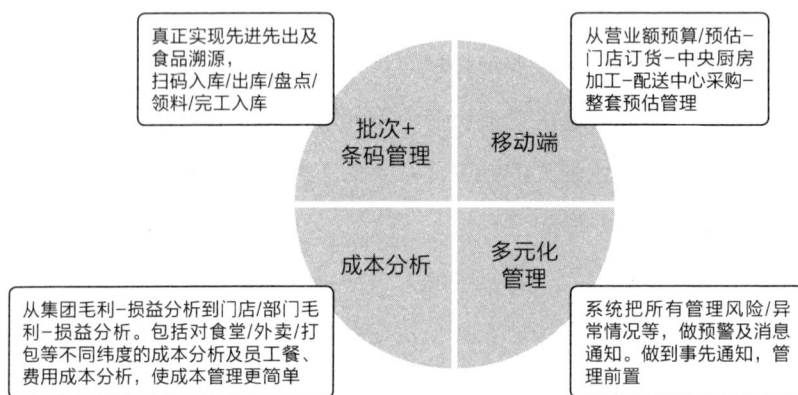

图6-34　供应链系统核心特性

供应链系统的创新特性如图6-35所示。

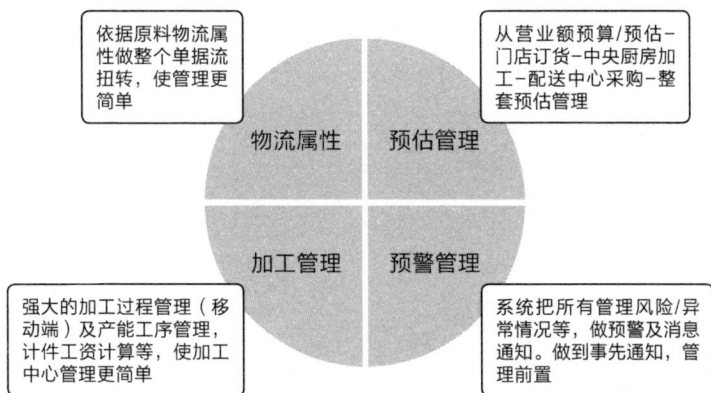

图6-35　供应链系统创新特性

4）人力管家

人力管家专注餐饮行业人力管理，通过持续的信息和数据整合，使员工量化自我，规划自我，进而优化人力成本，激活人力效率。

人力管家可以帮客户解决的问题：

（1）数据、信息、文档零散，电子化程度低，易丢失问题，可以使信息集中、实时共享。

（2）集团管控延时、子公司执行差，协同效率低下问题，可以达到集团管控、业务协同。

（3）合同未签、健康证过期、工时超法规、业务过期问题，可以智能预警、规避风险。

（4）HR陷入大量基础事务中，效率低且未体现HR价值问题，可以事务分担、提升价值。

（5）营运业务频繁零散、周期长，店长陷入具体业务问题，可以达到门店高效、管控成本降低。

（6）系统烦琐、操作复杂，员工望而生畏问题，达到操作便捷、容易上手。

（7）信息不透明不贴心、员工离职率高、满意度低问题，达到员工自助、提升服务。

（8）数据不准确、延时，老板无法实时获取问题，可以进行数据分析、支持决策。

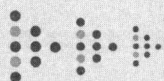

第七章　倾听，不放过任何
变得更好的机会

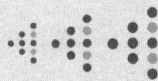

——顾客感知服务质量反馈："使他（她）疯、让他（她）炫"

【案例】北京宴的婚宴订制

·酒店正门贴上大大的红"喜"字，以烘托出喜庆的氛围。

·迎接婚车的保安，佩戴胸花、白手套，按酒店标准礼仪要求指挥车辆，营造高贵、仪式感。

·为参加婚礼的贵宾做好指引，明确所参加新人婚礼的场地位置。

·易拉宝、水牌紧靠一起摆放在大堂旋转门口处。

·GRO（Guest Relation Officer，客户关系主任）引导提前到来的新人的父母或奶奶、爷爷或外婆、外公，摆易拉宝上新人一样的pose合影。GRO把拍好的合影，第一时间发给美工，打印好送到宴会厅。

·提前让美工做好水牌放在出电梯的地方指引喜房位置，新人、伴郎伴娘或新人的家人到新娘房所在楼层，让他们能根据指示牌迅速找到喜房的位置。

·提前用喜字、婚礼对联装饰喜房的房间门。

·将新娘房的门牌号换成吉祥贺词等祝福的词语。

·提前在新娘房门两旁贴上婚庆对联，显出喜庆、温馨的气氛。

·新娘房内电视欢迎屏，以新人的婚纱照为背景，以名字+照片和藏头诗为内容，以此给予祝福的同时，体现两人的甜蜜爱情。

·早上新人到之前新娘房内摆五张两人的照片，婚礼结束新娘回房换服装前，把照片更换为婚礼中两位新人动情时刻的照片。

·提前准备方便挂衣的移动衣架到房间，以体现我们的用心。

·为新人准备更换的衣服备好挂烫机，方便新人把有些褶皱的服装进行熨烫，体现我们的用心。

·新娘房内循环播放《幸福的味道》等歌曲，使新人一直沉浸在甜蜜时光里，让心情放松。

·为新娘化妆特意准备梳妆台，对梳妆台进行小小的装饰，凸显温馨。

·梳妆镜上贴着"照见最美、最幸福的您"，让新娘始终保持愉悦的心情。

·提前用彩纸包好红枣、花生、桂圆、瓜子放在房间，客到后和爱心卡一起送上，寓意"早生贵子"。

·提前准备好客人自带或酒店的茶叶，客到后马上送上热茶。水果要在新人到房间后及时上桌，为保证水果的新鲜度，建议上带皮水果，如桂圆、荔枝、葡萄等。

·早点备好四人分量（新郎新娘伴郎伴娘），以水饺为主，三份水饺，两荤一素，配四种小菜：咸菜丝、萝卜丁、陈醋、油泼辣椒，用味碟跟上，以体现对新人的关心。爱心卡：×××：您好！恭喜两位今天喜结百年之好，今天两位是最幸福、最受人关注，也是最忙碌的人，猜想你们一早也是匆匆赶过来，没有吃早餐，特意为两位准备了饺子，饺子由面片合口而成。饺子又谐音"交子"，借此祝两位百年好合，早生贵子。爱您的北京宴人。

·爱心卡：×××：您好，经过一番打扮，两位是今天最美丽、最帅气的新娘和新郎，两位已经迫不及待地要走到婚礼殿堂中去了吧？我们知道，婚礼上很幸福，但也会很累，在上台之前，特意为两位准备了牛奶，有助于两位在婚礼中保持最棒的状态，把最靓丽的一面展现给亲朋好友。预祝婚礼圆满礼成。爱您的北京宴人。

·话术：恭喜两位新婚礼成，马上又要上去敬酒了，感谢各位亲朋好友的到来，自己的新婚宴席也没时间品尝，特意把宴席的主菜帮您送到房间，先垫垫肚子，免得一会儿空腹喝酒。

·欢迎屏：新郎、新娘婚纱照合影+诚挚欢迎参加××和××婚礼的至亲好友。

·签到厅的两个桌面上摆新娘、新郎的婚纱照。

·宴会厅入口的大门上张贴"喜"字，营造喜庆氛围。

·婚宴的主桌上摆"百年好合"等沙盘，突出宴会的主题和祝愿。

·把新人的长辈在大堂的合影摆在主桌上，在他们入座时，给他们惊喜。

·在新婚礼成前，酒店领导上台送两位新人一个寓意两口子恩爱一辈子的烤杯子。

·酒店领导上台代表新人向女方家、男方家、参加婚宴的亲朋好友送去祝福和感谢，并借此向到来的客人宣传本酒店。

·新人敬酒后，用今天婚礼上新人的照片，做一本小册子，写上序和祝福，记录今日的喜庆盛事。

·亲爱的叔叔、阿姨：你们好！感谢您二位能把自己孩子的大喜之事安排在北京宴，我们感到非常的荣幸。俗话说，姑娘是爹娘的贴心小棉袄，今天，嫁出了女儿，不是脱下了自己的小棉袄，而是迎回了一位英俊潇洒、心地宽厚的女婿陪伴女儿一生一世，使小棉袄的厚度又增加了两公分①，女儿一定会幸福到永远。今天是您孩子新生活的开始，也是您心愿实现的日子，我们特意送您一枚"平安果"，祝叔叔阿姨身体健康、平安幸福。北京宴，您永远的家，期待您常回家看看。爱您的北京宴人。

·亲爱的叔叔、阿姨：你们好！感谢您二位能把自己孩子的大喜之事安排在北京宴，我们感到非常的荣幸，俗话说，一个好女人旺三代，今天娶回

---

① 1公分=1厘米。

了这么一位如花似玉、心地善良的儿媳妇陪伴儿子一生一世，相信您的这个大家庭一定会人丁兴旺、幸福美满到永远。今天是您孩子新生活的开始，也是您心愿实现的日子，我们特意送您一枚"心想事橙"果，祝叔叔阿姨抱孙子的愿望早日实现。北京宴，您永远的家，期待您常回家看看。爱您的北京宴人。

·尊敬的××：您好，感谢您今天的到来。新郎新娘在婚礼前再三交代，一定把您服务好。他们说您是他们的贵人，在您身上学习到了很多。在您的证婚的发言中，的确感受到您对两人的期望颇深，相信两位新人从您的寄语中一定会领悟到生活真谛和相处之道。特按两位新人的嘱咐送您"橙心橙意"果，诚心诚意感谢您今天的出席，为两位新人证婚。也欢迎您常来北京宴。爱您的北京宴人。

·美丽/帅气的××：婚礼前新郎新娘向我们说感谢您今天能陪他们走过最幸福的时刻，说"有您真好"，再三交代说您今天一定也吃不好，会很累，让我们必须照顾好，可见您与新人的感情之深。我们特意把您与两位新人一起走过的幸福时刻，做了存留，送给您，作为情谊的见证。今天，您陪两位新人步入婚礼宫殿，见证幸福起航，北京宴全体家人期待为您打造婚礼宫殿，见证您幸福起航。爱您的北京宴人。

·把以上人员在婚礼进行过程中的照片冲印一张，送给他，并附上爱心卡，以表达对他工作付出的认可。如送给花童的卡片如下：亲爱的××小朋友：今天在您的陪伴下，大哥哥大姐姐走进了婚礼的殿堂，开始了幸福的生活，您今天的表现非常棒，为哥哥姐姐的婚礼增添了亮丽的色彩。我们已经帮您把刚才优秀的表现记录了下来，见证您的快乐成长。爱您的北京宴家人。

·亲爱的××：恭喜您接到了今天的手捧花，都说手捧花是幸福使者，谁接到手捧花，谁将是下一个最幸福的新娘/新郎。事实证明，前三年在北京宴接到手捧花的人，都在我们这里举办了婚礼，成了最幸福的新娘/新郎，我们也期待见证您的幸福起航，特意为您准备"心想事橙"果，祝您心想事成，有情人终成眷属。爱您的北京宴人。

· 小孩的儿童椅、老人的靠垫、孕妇的牛奶等，时刻追寻现场客人的需求。

· 每一年的12月份，都会给在北京宴举办过婚礼的新郎、新娘，用他们的照片和北京宴的照片做一份台历，台历上标注着两人的生日、结婚纪念日，有了宝宝以后，再标上宝宝的生日。

· 在每年的2月14日情人节或七夕节，把所有在北京宴举办过婚礼的新人和即将举办婚礼的新人再次请到北京宴，让他们重新走进爱的殿堂，上台重温当初的誓言，回首婚姻的起点。

北京宴人耳聪目明，在整个婚宴的进行过程中，工作人员每时每刻都在仔细观察，除了第一时间满足顾客的口头要求，还要不断汲取顾客在不经意间传递的隐式信息。比如，北京宴会派专人跟踪伴郎伴娘，还会特别关照接到手捧花的姑娘，为的就是一种口碑营销。这些人都是未婚的年轻人，让他们感受到了北京宴的优质服务，也许他们的婚宴就会选择在北京宴举办。另外，婚礼上的证婚人也是北京宴的重点关照对象，因为这个证婚人往往是新人单位的领导，或是家族中有威望的人，换句话说，就是具有消费潜力的人，是北京宴的潜在客户。那么同理，婚礼主持人通常在婚礼上是不被关注的，但他在主持圈又有一定的影响力，对主持人的照顾，又是一次宣传北京宴的好机会。对新人及其家人的照顾当然是重中之重，服务好了他们，也许等到他们家里有孩子出生或是长辈过寿的时候，北京宴又会成为第一选择，这就形成了北京宴包含了人生轨迹的"36宴"的良性循环。

每年的2月14日或农历7月7日，邀请曾经的新人回北京宴看看，品尝新品，彼此交流，活动名为"让爱回家"，让他们回忆起当初的殿堂。对北京宴来说，与客人的互动和反馈从不停止。

客户在使用服务之前，总是会思考企业是否能满足他的需求和期望，随后在企业与顾客的交互过程中，顾客可以感知整个服务过程的质量，再对比之前的服务期望，两者的偏差能反映出顾客对服务的满意度，在服务结束后，用户就会进行反馈。如果在接受服务的过程中，顾客感觉到自己是不被重视的，就会产生不满和抱怨，那么反馈的结果就是负面的；相反，如果企业在提供服务时，不仅能够满足顾客需求，甚至可以发掘用户的潜在反馈信息，就能为顾客带来惊喜，赢得顾客好感。顾客的反馈是另一种角度的关怀，提出问题的顾客往往才有可能成为回头客，顾客意见的反馈与解决，会使企业收获新的回头客。

为适应顾客更高层次的需求，企业与客户的交互过程显得尤为重要，服务反馈可以作为分析竞争环境和改善服务质量的参考。高效利用顾客反馈的渠道，反向思考现有问题，顾客感知服务质量的反馈信息对于服务性企业发现新的市场、改进产品和服务质量起着重要的作用，应当引起管理人员的高度重视。

在餐饮行业，服务高投诉率、管理高出错率、员工高流失率是困扰餐饮企业的三大难题。而北京宴为顾客提供的服务却能让顾客感动到必须写感谢信——北京宴平均每月收到顾客表扬信130封左右，有的顾客被服务员感动得要出双倍工资来挖人却挖不走。

北京宴的年员工流失率一直低于餐饮行业的一般水平，在中央提出"八项规定"的要求后，由于运营压力过大，很多高端餐饮企业纷纷裁员或放休，北京宴却依然坚持不裁员、不降薪、不变相放休，在关爱员工的同时，也注重对他们的培养。

在北京宴要求的"优秀员工八条"中，明确规定了"在任何时间、地点，行动以客为先""把每一次客人投诉视作改善服务的机会，倾听并用最快的行动解决顾客投诉，保证投诉的客人得到安抚""在工作中不断发现企业存在的缺点并提出独到的改进建议，使企业的服务和质量更加完美""真诚面对、坦诚沟通，消除部门之间的偏见，不要把责任推给其他部门和同事"。

服务行业中，酒店越来越多，发展越来越迅速，酒店间的竞争越来越激烈，手段越来越多，这就要求酒店加深对顾客的了解，想方设法满足其需求，因为只有优质服务才能创造经济效益。

倾听顾客与员工的反馈，是北京宴服务不断进步提升的活力源泉，北京宴强调"信息反馈是夺标的早餐"。一方面对顾客，认为顾客都是对的，不仅重视顾客投诉，还善于观察顾客的潜在需求反馈；另一方面对员工，强调每个人都要善于做公众承诺，把自己的想法说出来，为自己的言行负责。

第一节　用耳朵听（顾客显性反馈）

【案例】北京宴在处理顾客投诉的问题上有很强的执行力。曾经有客人投诉预订的房间被调换，且对助理、经理的处理都不满意，没解决问题。总经理听说之后，亲自到楼层听客人的抱怨。客人表示收到的确认短信是101房间，来了之后却被告知是105房间。总经理认为客人的反应是正常的，立即调查了原因。调查之后发现，客人是1月7日订的1月9日晚上的房间，1月8日又打电话说改在1月10日晚上，服务人员发短信时说"101房间改'如意厅'"，客人误会了，以为101就是如意厅。令服务人员更没有想到的是，其实订餐人有两个，而他们只通知了其中的一位，而另一位订餐人邀请的客人收到他转发的短信，纷纷找的是101房间，所以造成了场面的一度混乱。

起初客人非常不满，在105房间门口不愿意进去，总经理了解到事情原委之后，首先真诚地道歉，再邀请客人先进门，并让服务人员奉上茶水，还向客人提供了一个面积更大的房间作为备选，请客人先点菜，让厨房提前准备。与此同时，安排领班和经理都去酒店大门口等，对照每位寻找101房间的客人收到的转发短信的手机尾号，若与105订餐人的尾号一致，就由经理亲自带领前往105。

客人是因为觉得自己不受重视才投诉的，在看到总经理、所有经理、员工的努力之后，觉得时间也紧了，就决定了在105就餐。客人用餐时，北京宴的员工为客人提供了私人定制服务，表演手语操并拍摄了照片，最后打了很大的折扣。用餐结束，总经理与服务人员一起将客人送走。

一、顾客投诉

1.顾客投诉的行为

劣质的产品和服务必然会引起顾客的不满。失望的顾客可能会作出以下几种决策：①不采取任何行动，但不再购买服务性企业的产品和服务；②向亲友诉说自己的经历；③向服务性企业投诉；④向外部机构（新闻单位、消费者协会等）投诉；⑤向法庭起诉。

2.顾客投诉的渠道

1）线下反馈

线下的反馈主要是顾客通过传统途径进行的反馈，如遇到问题时的直接反馈与投诉，或在企业提供的意见簿或意见箱中留下反馈信息。服务性的企业通常会为顾客提供投诉电话，方便顾客监督服务质量。

北京宴接收到订餐人的信息之后，会用统一的模板将行车路线、导航、订餐电话、负责人电话给订餐人发微信或短信，顾客有任何问题，都有很方便的渠道进行反馈。顾客前来就餐，第一个报到的就是区域负责人，可以直接跟顾客对接，如果下一次顾客没有通过该负责人直接订餐，上级领导就会询问原因，看是否有令顾客不满意的地方，及时获取顾客的反馈信息。

2）系统反馈

部分服务性企业有自己与顾客之间的交互系统，在其中添加"用户反馈"板块，系统会根据顾客反馈的问题类型，将反馈内容推送给相应的员工，如投诉、表扬、服务评价等反馈推送给管理人员，菜品质量问题推送给厨师长，还可以分门店汇集反馈信息。问题得到解决后再把处理结果推送给相应的用户，用户收到相应回复后，根据实际情况可以继续反馈或评价此次反馈服务。用户也可以选择使用在线反馈功能，能够实现与客服人员的直接在线对话，这样反馈更加直接、迅速。

3）网络反馈

微博、微信等新兴社交工具的快速发展，使信息传递的方式越来越多样化，可以打破时间地域的限制，为顾客提供无障碍的反馈渠道。企业可以通过官方微博、微信给顾客提供最新的服务信息，同时也可以提供用户反馈功能。对于微博来说，用户可以通过@企业微博或向其发私信来反馈信息；在微信上，可以让顾客扫二维码关注企业公众号或企业号，企业可以在公众号内设置自动回复规则，或放上反馈链接。此外，在企业号中设专门的反馈板块也是十分便捷的。除此之外，如北京宴还设有专门的顾客反馈意见群，实现对顾客反馈的开放。

3.顾客投诉的原因

顾客是否投诉，会受以下因素的影响。

（1）不满程度。顾客往往会原谅服务性企业的轻微差错而不采取任何行动。越是不满的顾客越可能采取比较激烈的行为。

（2）产品和服务的重要性。产品和服务越重要，不满的顾客越可能投诉。

（3）预期的代价和收益。顾客会分析自己面临的问题是否值得花费必要的时间和精力向服务性企业投诉，要求服务性企业解决。

（4）顾客的个人特点。顾客的文化程度、个性特点、投诉时间等也会影响他们的决策。

（5）顾客责怪的对象。如果顾客认为自己也有错误，他们投诉的可能性就较小。如果顾客认为服务性企业应对自己面临的问题负责，他们就更可能投诉。

（6）服务性企业的态度。如果顾客认为投诉之后，服务性企业不会解决什么问题，他们就不大会向服务性企业投诉。

二、要重视顾客投诉

1.不重视投诉的后果

顾客的投诉是对服务性企业的信任，而且企业还可从投诉中得到顾客对感知服务质量的反馈信息，从而指导企业改进的措施和方向，使企业更加具有竞争力。

然而，不少服务性企业的管理人员害怕顾客投诉，他们既不愿投资购买必要的设备，方便顾客投诉，也不愿安排足够训练有素的员工，处理顾客的投诉。这些管理人员不采取必要的措施，解决顾客面临的问题，只会使不满的顾客更加不满，对服务性企业完全丧失信心，从而引起双方之间的关系彻底破裂。

服务行业存在一种涟漪效应，具体来说，就是一个不满意的顾客会将自己的不幸遭遇向10~20人诉说，而这些人又会进一步把这种不愉快的经历向更多的人传扬。

涟漪效应造成的后果是相当严重的，下面举一个例子：

王小姐在餐厅遭受了不愉快的经历，她向11个人诉说过，按照研究结论，这11个人平均会再向5个人进行传扬，这样就有1+11+（11×5）= 67（人）听到这个不幸的经历。

我们假设67人中有1/4的人不再来饭店消费，也就是大约有17人，再假设每人每周的消费仅为50元，那么饭店一年就损失17×50×52（周）=44 200（元），十年就会损失442 000元，这就是因顾客不满意而使饭店遭受的巨大损失和付出的代价。如若不重视顾客的抱怨，损失和代价只会越来越大。

现如今，移动互联发展迅速，社交媒体已经深入到了日常生活中，这是一个自媒体时代，一个人在网络平台上的抱怨，影响的就绝不仅仅是11个人，而是会引起成百上千人的关注，这样的后果是无法估量的。所以，企业必须对顾客投诉有足够的重视。

2.重视投诉需要的态度

发生问题并不可怕，重要的是问题发生后的态度和处理的方法，北京宴对顾客投诉有高度重视，针对出现的问题有"四不放过"原则。

"四不放过"原则第一条是"问题没有得到整改不放过"。如果想把投诉真正地解决，就要遵循两个原则：

（1）要针对问题本身进行解决，满足顾客的需求。

（2）要做额外的补偿，让顾客得到他期望值以外的服务，这样顾客才能惊喜、感动，才能成为我们的回头客。

北京宴也要求员工正视投诉的重要性，让员工学会感谢顾客的抱怨，承担自己的责任。

（1）你要感谢客户的抱怨，当客户愿意跟你抱怨的时候，代表他还是关心你的。

（2）你要负起个人的责任，而不是做另外三种事情：

责备——那是你的错：说都是顾客自己的错，跟我无关；

羞愧——那是我的错：顾客向我抱怨，我知道错了就躲起来，没有去负起责任；

辩解——那是别人的错：又不是我的错，我们酒店的规定就是这样，跟我无关。

在面对顾客投诉时，员工需要立即向上级反馈，由经理级及以上管理人员出面处理，由管理人员到现场耐心倾听顾客抱怨。时刻牢记"顾客永远是对的"的宗旨，在顾客不满和抱怨面前，管理人员不偏听偏信员工的解释，不找任何借口，认为顾客的感受都是真实的，顾客的要求都是合理的，总是站在顾客的角度思考问题，对顾客的抱怨表示感同身受的理解，并提出解决方案，如是菜品问题，则无理由退菜。

3.重视投诉带来的财富

服务性企业管理人员应设身处地为顾客着想，承认顾客投诉的合理性，充分认识顾客投诉处理工作的重要性。具体表现在如下几个方面。

（1）顾客是服务性企业产品和服务质量的唯一评委。顾客投诉有助于服务性企业管理人员发现产品和服务质量问题，为服务性企业改进经营管理、提高产品和服务质量提供宝贵的信息。因此，服务性企业应自觉地接受顾客的监督，欢迎顾客的投诉。

（2）顾客投诉为服务性企业改善市场形象提供了宝贵的机会。不满的顾客向亲友诉说自己的经历，是对服务性企业极为不利的口头宣传。顾客投诉，表明顾客仍然相信服务性企业能够改正错误，解决自己面临的问题。因此，服务性企业管理人员要真心实意地接受顾客的批评，想方设法恢复顾客的信任感，这样做可防止不利的口头宣传损坏企业的市场形象。认真做好顾客投诉处理工作，甚至还可改善服务性企业的市场形象。

（3）顾客投诉可使服务性企业发现新的营销机会。任何营销调研都不可能像顾客投诉那样为服务性企业提供大量针对性极强的信息。从顾客投诉中，管理人员往往可发现未满足的市场需求，形成新的产品构思和服务设计思想。

（4）服务投诉为管理人员将不满的顾客转化为服务性企业的忠诚者提供了宝贵的机会。不满的顾客"跳槽"，改购竞争对手的产品和服务，会使本企业永远失去向这些顾客销售的机会。管理人员应将顾客的投诉看成顾客对自己的信任，认识到顾客仍然希望与本企业继续保持合作关系。因此，管理人员应尽可能做好顾客投诉处理工作，以便与顾客保持良好的关系。可见，顾客投诉处理工作是服务性企业营销活动的一个重要组成部分。

三、顾客投诉的解决措施

与满意的顾客打交道，是比较容易的。将不满的顾客转变为本企业的忠诚者，就比较困难。顾客投诉在顾客感知服务质量的反馈中占据了相当重要的地位，因此，服务性企业管理人员应当充分重视顾客投诉处理工作，不仅应真心实意地感谢顾客的投诉，而且应采取一系列措施，为顾客排忧解难，以便留住本企业的顾客。

北京宴将问题管理分为上、中、下策，将提前准备作为强调的重点，同时要求努力做好问题发生后的补救。

上策：把问题消灭在萌芽之前——提前布置、提前调度、提前准备、提前演练、提前检查、提前到位；

中策：把问题消灭在发生之中——现场指挥、现场督导、控制关键、发现问题、及时纠偏（补位）、弥补完善；

下策：把问题解决在发生之后——主动反馈、积极平息（顾客抱怨）、针对问题找出原因、采取措施、迅速整改、建章立制、组织培训、跟踪整改。

1.解决投诉问题的上策——"四个之前"

鼓励顾客投诉，方便顾客投诉。不少顾客不知道自己在何处、用什么方法，如何向服务性企业投诉。不少服务性企业使用顾客意见簿和监督电话，供顾客投诉。许多旅游宾馆安排大堂副经理，专门处理顾客投诉。服务性企业应采取各种有效的措施，提前预测顾客需求，向顾客表明管理人员真诚地欢迎、感谢、重视他们的批评和监督。不同用户对反馈鼓励机制的偏好不同，但最受欢迎的是"奖励机制"。反馈通道的位置越易获取，用户越可能参与反馈活动。

每次顾客预订之后，北京宴就会把区域负责人电话、经理电话一起发送给订餐人，沟通渠道对顾客是完全透明的。北京宴对顾客的意见和建议一直保持非常鼓励的态度，还会向顾客提供升值服务，让顾客惊喜（比如提供订制的礼品、赠送新推出的菜品等），感谢顾客对北京宴的意见建议。北京宴不仅为顾客提供了无障碍的建议、投诉通道，也将处理顾客需求、抱怨提炼为优质服务的"四个之前"：

（1）预测顾客需求，要在顾客到来之前。

（2）满足顾客需求，要在顾客开口之前。

（3）化解顾客抱怨，要在顾客不悦之前。

（4）给顾客一个惊喜，要在顾客离店之前。

2.解决投诉问题的中策——"四个理解"

用户反馈的意愿度受多方面因素影响，其中，服务人员友好性对用户反馈意愿度影响最为明显。聪明的服务性企业会鼓励员工灵活地解决顾客面临的问题。管理人员应帮助全体员工掌握正确的投诉处理方法，使全体员工达成共识：在顾客犯错误之前，顾客总是正确的，教育员工不能为了赢得一次争论而失去一位顾客。不满的甚至是愤怒的顾客经常不讲道理，不愿接受合理的解决方法。要有效地处理顾客的投诉，服务人员必须首先平息顾客的怒火，应设身处地地为顾客着想，鼓励不满的顾客投诉，耐心听取他们的意见，真诚地承认服务工作中的差错，诚恳地表示歉意，最后取得他们的谅解。这就要求通过对服务人员的培训，使其掌握沟通技能，提高服务人员处理投诉的能力。

顾客在以"直接发表意见"的方式进行反馈时，是最期望得到服务人员的响应的，要迅速、及时、有效地解决服务工作中出现的问题，服务人员必须有较强的应变能力及丰富的服务知识和服务技能。在培训工作中，管理人员应鼓励服务人员创造性地为顾客解决各种服务质量问题。此外，管理人员应授予员工必要的权力，鼓励员工打破常规，主动、灵活地处理好顾客的投诉。

要想解决好服务中出现的问题，就要明白顾客真正需要的是什么，要了解顾客抱怨的根本原因是什么，然后才能对症下药、及时补救。北京宴要求员工面对已经发生的问题，能够时刻照顾到顾客的情绪，从顾客的利益出发，这样的措施才会是与顾客心意相吻合的。北京宴秉承着对顾客的"四个充分理解"，把为顾客排忧解难作为服务的重点。

（1）充分理解客人的需求。客人提出的要求虽然超出酒店服务范围，但只要是正当的，我们就不能说客人过分，而应看到酒店服务还有不足之处。对此，必须作为特殊服务予以满足。确实难以满足的，应当向客人表示歉意，取得客人的谅解。

（2）充分理解客人的心态。如果客人带着某种情绪或因身体原因在消费过程中出现过分的态度和要求，我们必须给予理解，以更优质的服务去打动客人、感化客人。

（3）充分理解客人的误会。由于每个客人的修养、气质、社会角色不同，有人对酒店的规定、规则提出种种非议或拒绝合作，这时必须与客人真诚地沟通，力求使客人消除误会。

（4）充分理解客人的"过错"。遇到某些客人有意找事或蛮不讲理时，不要去争是非曲直，必须秉承"客人至上"的原则，给客人以宽容和面子。

客人永远是对的，就是通过换位思考，站在顾客的角度，理解他们的需求，体会他们的感受，对顾客的要求、意见、抱怨和投诉永远不能说"不"。

在发现了顾客的不满情绪之后，要及时处理顾客的投诉。许多顾客认为服务性企业不会重视自己的投诉，也不会真正为自己解决什么问题。管理人员不仅应鼓励顾客投诉，而且应用实际行动表明自己对顾客投诉的高度重视。管理人员应亲自及时地处理顾客的投诉，听取顾客的意见，详细了解投诉的原因，向顾客表示歉意或作出必要的解释，及时解决好顾客提出的问题，恢复顾客对本企业的信任。当天投诉，当天解决，会使顾客感到服务性企业真正高度重视自己的意见，真诚地希望自己再次购买服务性企业的产品和服务。

在北京宴，当顾客投诉发生时，管理人员会亲自到现场与顾客沟通，努力解决问题。在处理顾客抱怨时，也有"四个之前"，这充分体现了北京宴解决投诉的及时性。

3.解决投诉问题的下策——"四个结果"

提高产品和服务质量。管理人员应根据顾客投诉和顾客意见调查中发现的问题，进行深入、系统的分析，找出根本原因，采取各种有效的措施，改进经营管理工作，防止今后出现类似的问题。全面提高产品和服务的质量，是服务性企业减少顾客投诉次数的关键性措施。

（1）永远不对顾客说"不"，因为顾客满意是我们的服务宗旨。无论顾客的需求多么难办，首先要以"办成"的态度去努力。

（2）在职权范围内能办的事情，立即向顾客承诺，并在顾客预期的时间内兑现；超出职权范围内的问题，按"119原则"火速逐级请示解决。

（3）对顾客的需求必须给予"答复"。要清楚，逐级请示只是过程，为顾客解决需求和困难才是目的。在经过努力确实无法满足顾客的需求时，要给顾客一个让他感到我们已尽心尽力的答复。

（4）要做好延伸服务。当顾客的需求超出酒店的服务能力（如酒店预订全满）或顾客有需要我们到店外办理的事情及在店外遇到困难时，我们也应主动为顾客解决需求和困难，使顾客满意。

（5）遇到"老、幼、病、残、孕"或其他需要紧急帮助的顾客，不必请示可全力投入援助，从第一个面对顾客的员工开始，"接力式"为顾客服务到底。

始终铭记：为顾客解决了困难和需求，是我们最大的愿望和成功。

在问题发生之后，北京宴提出了管理的"四个结果"，旨在监督问题的整改和服务体系的完善，以最终达到顾客满意的结果。

"整改问题"是督导检查的大结果；

"完成任务"是执行命令的大结果。

"一线满意"是二线工作的大结果；

"顾客满意"是全部工作的大结果。

北京宴让餐饮回归了服务业的本质，以"顾客"为中心，服务工作以"顾客满意"作为落脚点。北京宴专门为受到顾客赞誉的员工设立了奖励，针对顾客在微信、大众点评等网络平台上的评论，也规定了奖惩，目的就在于让员工重视顾客反馈，在日常的工作中注意点滴，完善服务质量。

第二节　用心感受（顾客隐形反馈）

【案例】北京宴所有员工都配有对讲机，每层楼的工作人员、管理人员在不同的频道。2013年的夏天，酒店为了吸引顾客，每餐会赠送酸梅汤。其中有一天，员工听到客人随口说："北京人哪喝酸梅汤啊，我们都喝绿豆汤。"于是快速反馈至助理、经理、厨房。此时大厨房却没有绿豆了，厨师长想到去看看员工餐厅有没有，员工餐厅马上反馈说最后一点绿豆熬给保安喝了，也没有剩余。北京宴的管理人员此时已经从对讲机了解了事情的经过，总经理与采购部管理人员对话，问能不能解决，此时从对讲机中已经传来了跑步的声音，原来采购部小郭已经跑去了旁边超市买绿豆。客人快走时，员工端上了绿豆汤，并向客人道歉，让客人大为感动。采购部经理认为断货是自己的责任，主动去买了绿豆。

顾客并没有直接提出要喝绿豆汤，但员工却捕捉到了，并进行了快速反馈，这是对顾客需求的充分理解，做到了顾客没有想到的事，给企业创造了为顾客带去惊喜、让顾客感动，甚至是崩溃的机会。

服务境界＝顾客来到酒店后的实际感受－顾客来酒店之前的期望值

针对实际感受与期望的差值，服务有三个境界。

1.让顾客满意

顾客认为必须做到的，我们按规范、程序、标准向顾客提供服务，通常就可以让顾客满意。

它的基本要求是：

（1）正确的理念：把客人当亲人，视客人为家人。

（2）积极热情的态度：在为顾客服务的整个过程中，始终要展现给顾客的应当是积极热情的态度。

（3）合乎规范、程序和标准的服务。

2.让顾客惊喜

顾客认为可以不做，但我们做到了，了解并使用了客人的喜好、忌讳等信息，就可以给顾客惊喜。需要强调的是，记住顾客的忌讳，比记住顾客的喜好更重要。

基本要求是：

（1）理念深化：客人就是亲人，就是家人。

（2）识别顾客潜在需求，挖掘顾客潜在需求，并且在顾客到来之前、开口之前及时识别和满足。

（3）凡是顾客提出的需求，无论酒店和个人是否有能力解决，都要尽最大的努力去做，这样，才会给顾客惊喜。

3.让顾客感动

顾客想都没想，或认为酒店不可能做的事情，特别是在顾客有困难需要帮助，同时认为这与酒店毫无关系时，我们帮助了他，就创造了顾客感动，这是服务的最高境界。

基本要求是：

（1）理念升华：客人胜似亲人、胜似家人。

（2）追求的结果：宁可牺牲酒店和自己的利益，也要为顾客排忧解难，尽管这些不属于酒店的服务范畴。

（3）想顾客所想，急顾客所急，帮顾客所需。

现在的北京宴已经不满足于"让顾客感动"，在"十八字真经"中，"使TA疯、让TA炫"是服务后顾客感知服务质量的反馈——顾客感知服务质量极大地超过期望。金杯银杯不如顾客的口碑，金奖银奖不如顾客的夸奖，令顾客惊喜的服务有利于为企业创造口碑效应，以及培养顾客极高的忠诚度，最关键的是有助于企业下一步服务的经验借鉴和质量改进。

· 使TA疯

每个人的内心都有一个世界，喜怒都是他的软肋，一旦被碰触，便会生发出火花，从而激情燃烧，所以，了解每一个顾客背后的故事，瞄准他的软肋，抓好情，再去布景，帮他说，助他做，邀请他参与其中，犹如身临其境，情不自禁，感情就会沦陷在我们导演的宴会中，即使他疯。

· 让TA炫

北京宴的企业文化理念之一——帮助顾客赢，我们才能赢，顾客的满意度提升了，也会给我们带来更好的口碑回馈，顾客的口碑和赞誉要比王婆卖瓜自卖自夸的宣传更达到事半功倍的效果。

在互联网迅猛发展的时代，微博、朋友圈、APP等，顾客可以通过各种平台告知他们自己圈子里的人，如果是好评，则一定会会聚我们的人气，比如，长江商学院老师在北京宴过寿宴的朋友圈，引来数十场寿宴的组织者都改变订餐地点，前来体验。

基于消费者的立场，而不是基于我们自己的立场。我们要做顾客最需要的价值最大化，而不是你的产品价值最大化。在服务过程中，很多顾客可能不会直接表达出自己的需求，服务人员若能细心观察、用心感受来自顾客的隐形反馈，喜顾客所喜、忧顾客所忧，为顾客带来意料之外的服务，就能更有效地吸引顾客，让客人成为我们的回头客。

一、为何做——"服务理念"

顾客需要得到物质上和心理上的舒适，与之相对应，顾客需求得到热情照顾和特殊要求的满足。"需要"代表着"一定、必须"，是服务的基础；而需求则意味着"应该、希望"，提供给顾客大大超出预期的服务机会就来了。让顾客完全得到他期望的服务后，再享受到超出他期望值的服务时，顾客才会感受到舒适。让顾客感到在与你有效地交流过程中，你始终关注他发出的信息，而且能够在感情上分享或分担他的喜悦和忧愁。

顾客的需求是一个随时移动的目标，他们今天对你的期望永远比昨天高，因为同类企业间的竞争为顾客提供了更好的选择。当你达到了这个目标时，他们又有了新的变化。除非你不断求好，否则他们就会离你而去。

作为优质服务的提供者，北京宴员工的用心做事是从顾客的角度出发，通过"查、问、听、看、用"充分挖掘用户需求，最终"让顾客崩溃"。北京宴将与顾客交互时的服务理念用几句话概括了出来：

（1）追求利润最大化，顾客满意就会最小化；顾客满意最大化，利润也会最大化。

（2）满足了顾客提出的需求，才能赢得顾客的心。

（3）帮助顾客赢，我们才能赢。

（4）顾客的意见和建议是对我们最大的帮助。

（5）有抱怨的顾客最容易成为回头客。

（6）与客人争辩，我们永远是输家。

（7）顾客的投诉就是火警，要按"119原则"火速处理。

实现优质服务，要坚持"以顾客为导向"的核心文化理念不动摇。把"家人"和"亲情"的概念作为它的基本内涵，在服务中注入情感元素，集中体现"把客人当亲人，视客人为家人，客人永远是对的"的经营理念。

二、谁去做——"三个最好"

在服务性企业中，一线员工与管理人员在流程中扮演着不同的角色，但要想提供极大超出顾客预期的服务，除了所有岗位的人员各司其职，相互之间的配合也是必不可少的。在面对不同的情况时，每个岗位的员工都有相应的优势和责任，在某一场合选择更加合适的人去主导、协调，能使整个服务过程更加完善。

北京宴在提供服务时，从经理到一线员工都会参与进来，一线员工要学会发现顾客需求，做力所能及的事，而管理人员需要在处理顾客需求，尤其是针对有不满情绪的顾客时，及时拿出重视的态度，让顾客感受到诚意。北京宴将"谁去做"这个问题赋予了"三个最好"的回答：

（1）为顾客用心做事，员工去做最好——让客人体会到每一位员工的亲情。要记住，越是级别低的员工去做，越能感动客人。

（2）满足顾客开口需求，助理（上级）去做最好——让客人感到受尊重。

（3）帮助顾客解决困难，化解顾客抱怨，经理去做最好——让客人感到受重视。

三、何时做——"三个机会"

在服务的过程中，时间点的把握也十分重要，员工要随时随地观察顾客的潜在反馈信息。对于顾客没有明确提出的要求，你捕捉到了；对于顾客没有想到的事情，你替他考虑了。学会把握机会，把提供超出客人预期水平的服务展现出来，感动顾客。

（1）当你准备向客人说不时，用心做事的机会就到了。

机会是做事的最佳时间和相应的外部条件。机会常常稍纵即逝，不会再来。做好服务就要有强烈的机会意识，善于识别和抓住机会。把准备说"不"变成不说"不"，你就抓住了用心做事的机会。

（2）当客人有个性需求时，让客人惊喜的机会就到了。

设法满足客人个性需求时，你就抓住了让客人惊喜的机会。

顾客认为你可以不做的，但你做到了，如为顾客过生日、了解并使用了客人的忌讳、喜好等与服务项目没有关系的信息时，就可以给顾客惊喜。

（3）当客人有困难需要帮助时，让客人感动的机会就到了。

帮助客人解决困难，你就抓住了让客人感动的机会。

顾客想都没想，或认为酒店不可能做的事情，在顾客有困难、正需要帮助的时候，你帮助了他，而且客人认为这是与酒店毫无关系的，你做到了，我们就创造了顾客感动。

四、怎么做

1.以顾客为导向

【案例】1978年改革开放刚开始，服务和被服务的界定不明显，那时住店还需要介绍信，到餐厅吃饭，也只有几个菜，主食凭票供应，有什么吃什么。后来外国人来了，那时的中国酒店从业人员还不明白"如何服务"，老外这样说——"顾客是上帝"。但对中国人而言，这句话是个灾难，因为国人并没有"上帝"的概念。老外再教，酒店人法则一，"顾客永远是对的"；法则二，如果顾客错了，参照第一条。但是在这样的法则下，酒店的微笑是训练出来的，是不真实的，不是发自内心的。北京宴的服务创造了一种思想的转变——把客人当亲人。比如，当客人中有老人时，就想象在家里是怎么照顾老人吃饭的，让老人坐里边、坐扶手椅、拿靠垫；客人中有孕妇，就想象在家里是怎样照顾怀孕的姐姐的，由此诞生了亲情化、个性化的服务。北京宴认为，"上帝"是外国人的信仰，而亲人之间是没有距离感的。

北京宴要求员工在停车场与客人道别，原来北京宴外围有栅栏，栅栏上开了一个小铁门，有一位在北京宴用过餐的老太太拉着员工的手，从小铁门走了出去，一直走到路口，直至过马路才道别。总经理看到这样的场景后，以为老太太是员工的家里亲戚，并没有过多地注意。临走时，老太太拉了一下员工的胳膊，提醒员工灯变了再走，员工过马路后，老太太竟然还在对面没走，向员工招手示意。员工回店之后，总经理询问，员工却表示并不是自家亲戚，是老太太拉着她的手不放。这就是北京宴员工与客人之间的关系，他们是彼此的家人。

完成优质服务需要四个步骤：①向顾客显示积极热情的态度；②识别顾客的需求；③满足顾客的需求；④让客人成为我们的回头客。由此可见，优质服务包含了"识别"的过程，要想完成优质服务，与"以顾客为导向"是分不开的，主要表现在以下六个方面：

1）情感——亲情服务

从感情上说，服务的文化是贴近顾客的亲情化的文化。

要求员工走出刻板的服务方式，转换角色，根据客人的年龄或特征和自己的家人、亲人做类比，把客人当成自己的家人、亲人，用对待家人、亲人的情绪、情感体验客人的需求，用心、用情关照客人，提供最优服务，让客人感到比在自己家里更舒适、更方便、更富有人情味儿，是充满亲情的"家外之家"。

2）态度——不说"不"字

从态度上说，我们的文化应该是对客人不说"不"字的文化。优质服务从不说"不"开始。

从广义上来讲，服务就是为他人做事情，做他人想要的事情；如果我们说不，就等于我们拒绝提供产品。

从狭义上来说，我们的文化是亲情服务文化，我们对满足顾客需求强调"最大限度的"满足，而不是"一般的"满足，时时处处动之以情，想顾客所想，急顾客所急，帮顾客所需，用亲情交换亲情，就能取得客人的信任。

不对顾客说不，使我们抓住了更多服务机会，创造和留住了越来越多的顾客。

3）利益——不让客人吃亏

首先，保障顾客利益最大化。帮助顾客赢，我们才能赢。

作为酒店代表，你就是卖方，讲的是诚信，卖的是信誉。作为顾客代表，你就由卖方变成了买方，是和顾客一起挑东西，买满意。这意味着，你要反映顾客的愿望和要求，帮助顾客做出合适的消费选择，让顾客买得物有所值，甚至是超值。

其次，客人永远是对的。客人是用来被感动的，而不是用来被搞定的。

顾客所提的意见、抱怨都是正确的，顾客的感受都是真实的，顾客的要求都是合理的。在遇到顾客不满意和抱怨时，不偏听偏信员工的解释，不找任何借口。

当你看到或听说顾客有错时，你要告诉自己：不是自己看错了就是听错了。如果没有看错、听错，那一定是因为我们先犯了错才使顾客出了错。总之，顾客永远没有错，有错都是我们的错。

4）方向——追寻顾客需求

服务就是为他人做事情，做他人需要的事情；顾客的感受就是我们服务的方向，倾听顾客意见，采纳顾客建议，我们才会找到正确的工作方向。

现今社会，顾客意见已经成为一种稀有财产，顾客的意见和建议是对我们最大的帮助，顾客不再对我们有意见和建议了，就意味着不再关心和选择我们了。

5）目标——追求顾客赞誉

追求顾客的赞誉路线图：

以体现细微、个性和亲情的优质服务给客人留下美好的第一印象，顾客就会喜欢我们。

诚心待客，对顾客开口的需求竭诚给予满足，对顾客交办的事情一诺千金，用心做好，让顾客放心，顾客就会相信我们。

处处主动为顾客着想，主动用心地发现顾客的个性化需求和困难，并及时解决，让顾客感到惊喜和感动，顾客就会信任我们。

用心记住顾客的姓氏、职务和个性化需求，建立顾客档案，在顾客下次来消费时主动识别出顾客并提供个性化服务，使顾客的感动再次升华，顾客就会依赖我们。

经营服务，就是经营顾客的心。

6）检讨——成功之母

古人说"每日三省吾身"，知人者智，自知者明。检讨是一种进步的途径。成功欲望越强烈的人，自我检讨的目的性和主动性越强。检讨是成功之母。

北京宴的厨师长是工作在一线的，在顾客的用餐时间，厨师长会在楼层巡视，保证菜品质量。厨师长的主要工作包括：

（1）菜品的二次加工在楼层完成，凡是客人对菜品有投诉，第一时间出现解释的是厨师，这也是让厨师长有一个第一时间的判断，有利于菜品的改进。

（2）客人走了之后，厨师长要进房间查看剩余的菜品，看哪个菜剩得多。如果这个菜并非偶尔一次被剩下，那就需要把它端回厨房分析原因，为下次排菜单提供参考。这就是通过顾客的隐式反馈进行的检讨，是员工主动去发现的。

北京宴的另一个关于顾客隐式反馈的例子是"睡菜"的发现，也就是菜单中顾客不常点的菜品。为什么不点这道菜？这样的信息顾客是不会表达出来的，而是需要工作人员去找出来，并且分析原因。由于厨房常备的"睡菜"所需食材积压，所以库存压力增加，偶尔有顾客点到，食材的局限性和操作生疏会影响菜品的整体质量，又容易引发顾客不满，此时好好利用顾客的隐式反馈就显得尤为重要。一方面，北京宴通过压缩菜单来将可能出现的问题扼杀在摇篮里；另一方面，北京宴通过话术跟进菜品（比如自家手掰豆腐来源与做法的介绍，能吸引顾客的消费欲），以及明星效应（比如冲汤海参是黄晓明婚礼上唯一的汤菜），重点推广招牌菜。专注于招牌菜，可以巧妙地根据每天的订餐情况、顾客的点菜习惯进行采购，从而控制食材数量，压缩成本。由此，北京宴几乎没有库存，并且每天的食材都是新鲜的，顾客常点的招牌菜总是能以一种精致的形态被呈上桌，又能进一步提升顾客的感知质量。

2.优质服务的七个突破口

（1）顾客提出难以满足的需求，要尽最大努力去做，就算没有办成，也能赢得顾客的心。

（2）对客人的需求，给予满足的难度越大，带给客人的惊喜和感动就越大。

（3）非营业时间（营业前或打烊后）满足了顾客需求，最容易给顾客留下美好回忆。

（4）检验服务是否成功，就看是否给顾客留下了美好印象和值得传颂的故事。

（5）没有给顾客留下美好印象和值得传颂的故事的服务是零服务。

（6）细微服务最能打动客人，细微之处见真情。

（7）我们麻烦了就会给顾客带来方便（舒服），我们方便（舒服）了就会给顾客带来麻烦（不舒服）。

在北京宴的金宝店，曾发生过这样的故事。晚上11点多，客人们吃完晚饭喝完酒后已经离店，但金宝店的刘经理出门却发现其中一位客人躺在路边，已经不省人事。此时刘经理选择陪伴在客人身边，并马上向上级反映。客人被立即送往协和医院，查出了高血压、酒精中毒等病症，还好就诊及时。等客人清醒后，北京宴的员工给客人的家里打电话道清原委，并拒绝了客人的回赠。在下班、打烊后为客人提供的服务，更容易让客人感动，这不仅仅是服务的升华，更是企业文化和企业的社会责任感的体现。

第三节 员工上下级反馈

一、顾客反馈信息传递

【案例】2016年11月24日晚，华贸店服务一部家人文鑫，餐前通过邓远平店总提前报到得知是中恒股份的李总请朋友张总用餐，便提前布置好房间，门牌更换为"中恒股份"，转盘上则用彩沙写下"桃花潭水深千尺，不及朋友你我情"的字样，欢迎屏上则展示了中恒股份的企业理念与LOGO。餐中从客人的谈话中得知当天是张总的生日，当房服务员迅速反馈给上级为客人订制生日蛋糕。随后，积极组织家人为张总过生日，送上长寿面和火龙果并附爱心卡。客人非常惊喜，连连表示感谢。邓总在介绍酒店特色菜品时又将对客人的祝福融入其中。之后又邀请彩妆演员到房间为客人演唱了"贵妃醉酒"的经典曲目并合照留念。餐尾组织家人一起为客人表演了手语操"感恩的心"以表达李总对张总多年情谊与支持的感谢。张总非常感动，离店前留下了表扬信。客人订餐时并没有提到过生日，这是就餐过程中，服务人员留心发现的，反馈过程又收到了管理人员的支持。

在提供服务的过程中，保障信息渠道的通畅是十分重要的，正如我们在前两节提到的，对顾客投诉的反馈要迅速，这样才能平息顾客的怒火；抓住顾客隐性需求的时机要迅速，这样才能给顾客带来惊喜和感动。当一线员工遇到了自己职权范围之外的情况时又如何解决呢？这个时候就需要管理层的人员积极配合服务工作了，一线员工要在第一时间将顾客需求反映给上级，及时拿出解决措施。

对于企业中上下级的快速反馈，北京宴是这样定义的：员工遇到自己无权限或无能力解决的顾客需求、抱怨或工作困难时，在最短的时间内向上级逐级反馈直至总经理，最终解决问题的行为。它总共包含了四个方面的内容：

凡是客人有开口需求（合法）或员工为顾客的事情向其他部门提出的要求，任何人不得说"不"，尽了最大努力确实不能给予满足的，必须立即向上级反馈，直至总经理。

凡是向顾客承诺没有兑现的（包括没有按照酒店的规定程序去做的），必须立即向上级反馈，直至总经理。

凡是客人有抱怨或投诉，任何人不得置之不理，必须立即向上级反馈，直至总经理。有关部门或领导必须在客人离店前给予满意的回复。

凡是对客服务中，遇到自己无权或无能力解决的事情，必须立即向上级反馈，直至总经理。

北京宴会为员工设置快速反馈奖，每周进行评定。这个奖项旨在鼓舞员工用心做事，充分理解顾客，让员工时刻思考，如何为顾客留下美好的回忆。北京宴强调"没有给顾客留下美好回忆和值得传颂故事的服务是零服务"，上下级之间对顾客反馈信息的快速传递，是优质服务中十分重要的一环。此外，北京宴还要求每个干部必须上交一条有效的用户反馈意见，包括服务、环境、菜品和管理等方面，这就意味着管理人员对员工的反馈内容也会有足够的重视。管理办公室则会将所有的反馈归类，以表格的形式明确整改措施，并细分到责任人，让顾客的反馈落到实处。

二、员工反馈信息传递

新员工到来，如何融入企业？在提供服务的过程中，也许做的很多事都是在助理的提醒下完成的，但是员工在实际操作中，收到顾客的反馈和感谢却是自己能真实感受到的，这就能让新员工体会到自己职业的意义。用心做事的员工，能站在企业的角度提出自己对酒店服务流程的建议，彼此相互促进。在工作过程中，不是麻木的接受，而是主动体验。北京宴认为，每次高资历实习生的到来，就当作对企业的一种诊断，酒店会抓住每一个提升的机会，每次实习生离店之前，都要提前一周开交流会，吸收他们的建议、分享实践经验。及时让员工传递信息，有利于企业改善管理机制、更好地培养员工、服务顾客。

北京宴为员工创造了无障碍沟通机制，随处可见总经理信箱，总经理电话号码对所有员工公开，员工可以畅所欲言，总经理会多渠道听取员工意见和建议，并在每周的企业文化大课上进行公开和回复，促进员工与最高管理层之间的无障碍沟通。例如，杨秀龙曾经收到一条短信：客人点的面半个小时没有上来，难道厨师是上帝派来折磨我们的吗？这一事件后来入选当周酒店的反面案例，厨师长在周企业文化大课上代表厨房进行了检讨和公开道歉。

北京宴还每月进行一次合理化建议的收集和上报，听取员工的合理化建议，并拿出切实可行的解决方案。此外，各部门、各班组负责人每10天要跟员工进行一次绩效面谈，耐心倾听员工想法，并把员工工作中的进步和不足告知员工，增进与员工的沟通，及时解决员工生活、工作中的各种困难，并详细记录在《管理人员工作手册》中，由职能部门进行检查。

沟通是达成共识、消除误解的桥梁，也是了解员工困难和心声的最好途径。北京宴定期组织总经理沟通会、部门沟通会、新员工沟通会、职能部门与一线部门沟通会及各种职能评议。

沟通会主要内容包括：

（1）征求员工对班组、部门、酒店的管理和机制方面的意见和建议。

（2）倾听员工在工作上、生活上存在的困难，需要上级帮助解决的事情。凡是属上级能保证解决的，必须向员工承诺解决时间；凡属上级无能力解决的，要积极向更上一级反馈，并跟催结果，给员工以明确的回复。沟通会上切忌不假思索地做出承诺，不可以把沟通会办成形式会，对员工的承诺必须兑现。

（3）通过沟通会，关键要了解员工的思想动态和情绪，并有针对性地加以沟通协调；要尽力化解员工的不满情绪，做通员工的思想工作，统一认识，达成一致。

（4）在召开沟通会之前，要根据近期部门员工思想动态及意识方面暴露出的问题，提前备课准备相关材料，以便在沟通会上除了与员工沟通并回答员工提问以外，有针对性地加以讲述、强调、贯彻酒店的理念和要求。

北京宴充分理解员工，让员工也能参与管理的调节和优化，培养员工的责任意识，让员工真正融入企业，为企业着想。企业管理机制的完善，实际上最终的受益者也是员工，鼓励员工反馈，重视员工的反馈消息，一方面有利于企业的发展，另一方面可以造福员工。

第四节　员工同级间反馈

【案例】××××年×月×日，来自云南的考察团来到北京宴，北京宴特地请了三位大书法家为三家店写了三幅字，刻成了不同的沙盘表示欢迎。考察团客人第一天在总店用完午餐后前往金宝店参观。

客人上车后，总店店长迅速地与金宝店的店长取得联系，将一行人的乘车顺序、车牌号以及总店的陪同人员等信息传递给了金宝店的店长，并提醒金宝店员工迎客于门外。

与此同时，两店的餐厅经理也完成了信息传递，金宝店得知客人中午在总店用过的菜品，以及在餐中总店为客人表演了手语操，并赠送了烤杯子，希望客人在北京干燥的天气中"多喝一杯水"。

此外，总店的厨师长也把客人的用餐喜好反馈给了金宝店，以方便准备。

在客人到达金宝店之前，北京宴总店的美工已经把在总店抓拍的照片发给了有更好修图技术的金宝店美工，客人一到店里就发现雾幕机播放着自己的照片，参观途中也发现照片遍布在店内各处，感到非常惊喜。

晚餐客人前往华贸店，金宝店的工作人员也将信息传递了过去，虽然客人下午并没有用餐，但所用茶点、水果甚至是果盘的摆放方式，都被反馈给了华贸店。

客人在前往华贸店的途中，随口说了一句"手机没电了"，细心的工作人员马上询问了手机型号并反馈给了华贸店，使客人一下车就见到了准备好的充电宝。有员工听到车上有客人咳嗽，便迅速作出反应，客人到店后华贸店员工就呈上了银耳雪梨汤给客人润喉。

华贸店提供了不同的菜品之后，还赠送给客人订制的团扇，客人十分高兴，纷纷称赞北京宴服务。

第二天考察团在金宝店用餐，金宝店准备了展现整个参观流程的小册子作为纪念品，客人被感动得连道感谢。

北京宴总店、金宝店、华贸店的店长、经理、厨师长等都有各自的微信群，方便彼此之间信息的反馈和传递。

对于同级别的企业人员而言，彼此是最了解、最熟悉的，因为日常工作的内容相同，接触的人群一致，承担的责任也吻合，他们知道对方的需要，最能感同身受。同级间的信息反馈与传递过程是一个事半功倍的过程，因为一个人发现了问题，提出了反馈，是对整个团体的提升，是容易被大家所认可的，企业应该为各部门之间提供这样的交流平台。

北京宴的员工之间都以"家人"互称，彼此关系紧密，充满关怀，员工互相都加的有微信，如果有员工发朋友圈说自己今天不舒服，其他人会主动送饭到宿舍，一碗热腾腾的烩锅面会让患病员工很感动，从而提高员工对企业的归属感。生活上是这样，在工作上，北京宴也为员工提供了许多交流沟通的机会，总结经验教训，表扬正面案例，为日后的工作提供参考，也督促计划的实施与完成，相互比较，共同提升。主要包括以下几方面。

1.每周班组企业文化学习

班组企业文化学习是对班组员工最好的文化意识教育和文化渗透的机会，要求各班组主力每周必须召开一次，召开前认真做好备课工作，主要学习内容包括酒店文化理念，酒店、部门正反事例，上周本部门严重问题及总结。要求各部门、班组每周六上报下周企业文化学习计划至管理部，且每次学习前通知管理部现场监督。

2.坚持召开案例分析会

部门总监、经理、助理在日常的检查工作中发现了问题，需要召集相关的管理人员、责任员工进行分析，从而达到教育下级提高管理和服务标准的目的，这种质量问题分析会就是所谓的案例分析会。案例分析会针对的问题主要有两大特点：一是普遍性，指在各部门、各管理人员或员工中普遍存在的问题，它的存在主要是由于标准低下产生的；二是严重性，指性质较严重、较典型的问题。由于是针对问题的现场分析，能够起到现场培训的作用且印象较深刻，要求各部门经理、助理要灵活掌握，根据检查发现的问题召开现场会，每班组每周一次。管理部负责考核，要求各部门、班组每周六上交当周案例分析会纪要。

3.管理人员经营分析会

北京宴每周二都会召开管理人员经营分析会，对交流的内容也做了相关的要求。首先，每个部门的汇报都要有数据的支持，因为数字反映的问题是最直观的，存在的优势和问题显而易见，便于查找自身的原因。其次，要说明本周的计划和重点工作，由于在会上作出的承诺会受到在场所有人的监督，这有助于目标的完成。管理人员还需对部门的所有人员进行评分，总结评分较低员工的问题产生原因，供员工自我反省和比较。除了对人员，还要对部门做的最好的工作和最差的工作进行点评，好的发扬出去，差的吸取教训。接着，各部门要汇总本周的顾客意见，将服务中遇到的问题在会上进行反馈，并展示反馈的跟进进度，在提醒其他人不要出现类似问题的同时承担自己的责任。部门间也是有相互反馈的，要选出"配合最好的部门"和"需加把劲的部门"，督促各部门相互配合，完成好工作，把最好的一面展现给顾客。

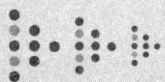

第八章　中国服务，满分体验

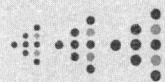

第一节　顾客买的不是产品，而是体验

一、从吃饱到吃好，从吃好到吃体验

近年来，我国服务业发展取得显著成效，成为国民经济和吸纳就业的第一大产业，稳增长、促改革、调结构、惠民生作用持续增强。当前我国进入全面建成小康社会的决胜阶段，经济社会发展呈现出更多依靠消费引领、服务驱动的新特征。但总体来看，我国生活性服务业发展仍然相对滞后，有效供给不足、质量水平不高、消费环境有待改善等问题突出，迫切需要加快发展。与此同时，国民收入水平提升刺激了生活性服务消费新需求，信息网络技术不断突破拓展了生活性服务消费新渠道，新型城镇化等国家重大战略实施扩展了生活性服务消费新空间，人民群众对生活性服务的需要日益增长、对服务品质的要求不断提高，生活性服务消费蕴含巨大潜力（《国务院办公厅关于加快发展生活性服务业促进消费结构升级的指导意见》）。

中国服务行业起步比较晚，还有很大的发展空间。中国改革开放30多年坚持"走出去，引进来"，中国服务在借鉴、融合西方发达国家标准化、规范化、程序化服务理论的基础上，结合中国家和文化的亲情牌以及现代社会人们的个性化需求，构建中国服务理论体系，创造顾客满分体验。

中国服务是一种理念，未来企业要牢牢抓住中国服务的理念，围绕老百姓的需求提供产品服务与美好的体验。中国服务业有理由、有自信能够立足于世界，从增强自身的竞争力着手面向更广阔的市场。未来中国崛起，要靠中国服务业的崛起，中国服务业未来的崛起需要中国服务理念。

以餐饮业为例，自1949年以来，中国经济迅速发展，老百姓收入渐渐增加，消费水平普遍提高，老百姓消费心理有了质的飞跃，渐渐从满足性消费向愉悦性消费转变。消费者的心理活动变迁大概可以分为三个阶段。第一个阶段是温饱，老百姓经济生活水平普遍较低，所以消费的时候很节俭、克制，讲究吃饱就好。随着中国经济水平的发展消费心理进入第二个阶段——猎奇。消费者收入增加，利用各种平台进行"炫"来满足虚荣心。但随着社会发展，消费者的虚荣心已经得到满足，于是有了更高的追求，也就是第三个阶段——理性阶段。这一阶段消费者更注重消费过程的愉悦感，吃的不仅要好吃，还要舒服，逐渐回归理性。这就是体验经济的诞生。体验经济是从生活与情境出发，塑造感官体验及思维认同，以此抓住顾客的注意力，改变消费行为，并为商品找到新的生存价值与空间。体验经济是以服务作为舞台，以商品作为道具来使顾客融入其中的社会演进阶段。由于服务经济也在逐步商业化，人们的个性化消费欲望难以得到彻底的满足，人们开始把注意力和金钱的支出方向转移到能够为其提供价值的经济形态，那就是体验经济。

如同服务经济从商品经济中分离出来一样，体验经济也是从服务经济中分离出来的。体验本身代表着一种已经存在但先前并没有被清楚表述的经济产出类型，它作为一种独特的经济提供物将为我们提供开启未来经济增长的钥匙。所谓的体验是使每个人以个性化的方式参与其中的事件，是当一个人达到情绪、体力、智力甚至于精神的某一特定水平时在意识中产生的美好感觉。体验策划者不再仅仅提供商品或服务，而要提供最终的体验，充满感性的力量，给顾客留下难忘的愉悦记忆。换句话说，农产品是可加工的，商品是有实体的，服务是无形的，而体验是难忘的。

可以认为，体验经济是一种全新的经济形态，它的提出展示了经济社会发展的方向，孕育着消费方式及生产方式的重大变革，适应体验经济的快慢将成为企业竞争胜负的关键。

二、顾客体验什么？

伴随着体验经济的来临，餐饮消费者的需求层次达到了更高的阶段，顾客已经不能满足于一般的产品和服务，餐饮消费者新的消费趋势正逐渐形成。

1.对情感的需求加大

消费者在消费过程中不再只注重产品的质量，更关心情感的愉悦和满足。人们进行餐饮消费的目的已经不仅仅是简单的填饱肚子，而更多的是要满足一种情感上的渴望。他们不只追求感官的体验，更要有心灵的感受，消费者更加关注产品与自己关系的密切程度，偏爱那些能符合自我心理需求的感性商品。星巴克的价值主张之一是：星巴克出售的不是咖啡，而是人们对咖啡的体验。在星巴克，咖啡只是一种载体，通过这一载体，星巴克把一种独特的情调传送给顾客。将产品本身的功能提升，让它与品尝它的人们达到一种情感上的默契。从起居室风格的装修，到仔细挑选的装饰物和灯具，煮咖啡时的嘶嘶声，将咖啡粉末从过滤器敲击下来时发出的啪啪声，用金属勺子铲出咖啡豆时的沙沙声，都是顾客熟悉的、感到舒服的声音，都烘托出一种"星巴克情调"。

2.更加关注个性化

体验经济时代，消费者追求更高层次的需求，大众化的标准产品日益受到冷落，他们更关注个性化的产品和服务。餐饮消费者越来越希望通过那些能够树立自己个性化形象、彰显自己与众不同的产品或服务，来张扬个性。

其个性化的要求不仅表现在产品的外观上，产品的功效和内在构成也要具备个性化的特征。体验是消费者内心的真实心理感受，由于每个人的年龄、性格、背景的不同，其对同一个事物会产生不同的体验感受。对餐饮企业而言，必须弄清楚消费群体的个性特征，并仔细研究目标消费者具体的体验需求。北京宴根据顾客的宴会目的，结合顾客背景资料，用顾客名字命名房间，用顾客照片装饰房间，为顾客制作藏头诗、欢迎屏等，为顾客私人定制独一无二的宴会，为客人带来不一样的体验。

3.更加注重过程的感受

消费者不但关注得到怎样的产品，而且关注在什么地方、什么情节、以何种形式得到这一产品。重视结果，又重视过程，更关注对过程的体验与感受。接受产品的过程更容易使消费者产生愉悦的感觉，获得持久的心理体验。往往是过程中的某些细节，令消费者在回忆难忘的"体验之旅"时记忆犹新。北京宴在为老人办寿宴的时候，安排儿子亲自为老母亲煮面，老母亲感动得泪流满面。生日宴上一碗长寿面是很平常的事情，但是，顾客参与其中，亲自煮出来的长寿面便有了不一样的意义，打动了顾客，这样的体验让顾客深深地记在脑子里。

4.绿色消费观念不断提高

社会的进步，生活水平的提高，使消费者的公益意识和环保意识不断加强，其自身素质也有了普遍提高。消费者在餐饮消费的同时，也越来越注重保护自己的生存环境，反对资源掠夺性开发和使用，追求持续性消费。消费者开始广泛认同建设"环境友好型社会"，并致力于努力改变原来生活中浪费资源、破坏环境的陋习，愿意为保护环境改变消费习惯，一次性餐具市场份额减少，环保购物袋的退出都充分证明了这一点。

5.品牌观念增强，品牌消费正在成为一种共识

在体验经济时代，消费者已经不再满足于注重产品质量的低级需求，更

加追求产品品牌与自我理想概念的吻合。同时，消费者不仅消费商品本身，还消费这些商品所包含的文化内涵。因此，人们更关注品牌与自身身份、地位等的关联度，偏好那些能与自身心理需求产生共鸣的感性产品品牌。麦当劳、肯德基等国外洋快餐很受中国年轻人的欢迎，这一方面是因为其提供了干净便捷的食品和细致周到的服务，另一方面是因为它们时尚、不断创新的品牌形象非常好地迎合了年青一代对自我实现的需求特征，从而能够引起他们的共鸣。

第二节　什么是优质的服务体验

随着体验经济的来临，顾客对餐厅服务提出了新的要求，对情感需求加大，顾客在消费过程中不再只注重产品及服务的质量，更关心情感的愉悦和满足。北京宴总经理杨秀龙先生说：没有给顾客留下美好回忆和可以流传的故事的服务是零服务。那么什么样的服务可以为顾客留下美好回忆和可以流传的故事呢？什么是优质的服务体验呢？由于体验的特殊性质，并没有客观衡量顾客体验的方法，那么，从哪些角度来衡量服务体验的质量呢？中国服务北京宴根据多年的营业经验，提出中国服务体验评价模型，便于衡量评价服务体验质量。该评价模型分为3个一级指标与21个二级指标，从硬件环境、菜品提供、软件服务三个方面来评价体验质量，如表8-1所示。

表8-1　中国服务体验评价指标

一级指标	二级指标
硬件环境	餐厅光线适宜
	餐厅温度适宜
	气味清新宜人
	装修美观
	卫生状况令人放心
	餐厅座位舒适
	文化氛围浓厚
	餐位数量充足

续表

一级指标	二级指标
菜品提供	食物数量充足
	新鲜可口
	绿色健康食物充足
	食物温度适宜
	当地特色菜肴品种适中
	食物品种丰富
	中西菜肴比例适当
	餐桌布置有特色
	饮品选择丰富
软件服务	饭店员工态度热情友好
	能主动帮助顾客安排座位
	重视顾客意见，并能及时处理
	适时清理顾客使用过的餐具

一、硬件是本命：改善用餐环境，打造美好体验

顾客不会因为你价格高而不买你，也不会因为你价格低就买你，关键是你的餐厅让他觉得"值得"还是"不值得"。当你的门店所有的呈现没有满足他的预期时，他就会失望以后再也不会光顾你的门店；当你的门店所有的呈现和他的预期相符时，可能他会继续光顾但是不会成为你餐厅的忠实客户；而当你的门店所有的呈现每一次都高过他的预期时，来店的顾客一定会成为你的忠实顾客。

1.全面考虑顾客五官感受

在用餐环境这一因子中，约有一半的因素和顾客的五官感受有关系，这

也是目前饭店环境管理领域比较重视和前沿的问题，使顾客五官都有舒适的享受，是餐饮业用餐环境打造的基础。具体来说，包括以下几个方面：视觉，即涉及餐厅的装修是否美观、是否能够与饭店整体风格相适应、是否体现档次品位、是否具有特色等方面，是顾客对餐厅的基本物理感受；触觉，顾客接触到的餐具、餐桌以及餐厅座位是否舒适，能够形成顾客基本的主观感受；听觉，餐厅在顾客用餐期间普遍播放轻柔舒缓的音乐，不过顾客在回答定性问题时，会提到"安静"这一要素，说明顾客密度、餐厅是否有噪声等问题也会受到现代顾客的关注；嗅觉，餐厅气味可能会包含食物的自然香味、饮品如咖啡的淡香，不适合再加入其他香味，而是以清新怡人为主，而不可有油腻等味道以影响顾客食欲；味觉，对于餐饮业来说，味觉主要通过菜品质量这一因子来体现。总的来说，从五官感受的角度来考虑餐厅用餐环境的打造，是环境打造的基本环节。

2.打造文化氛围及软环境

在用餐环境基本要素满足的条件下，文化氛围这一软要素已经成为顾客日益关注的要素，顾客提到的"了解饭店背后的故事""符合饭店特点的文化氛围或餐厅特色"等，都提出了对文化氛围打造的需求。文化氛围是否浓厚，是餐饮业管理中比较上层建筑的问题，将其打造为饭店具有突出吸引力的要素十分必要。也就是说，文化氛围的打造能够给餐厅在满意的基础上加分，给顾客留下深刻的用餐印象，而不是吃好即走、没有特别怀念的特色要素。文化氛围打造，可以考虑这几个方面：一是挖掘饭店本地的特色文化，当地特色文化的展示可以通过展台、餐台、餐厅入口等摆设以具象的方式加以体现，如黄山荣鼎大酒店，餐厅入口处比较立体美观地用食物模型展示龙游特色美食，结合当时全国比较红火的"舌尖上的美食"系列而展现地方特色；二是挖掘饭店本身的特色文化，现代营销卖的是"故事"，有故事的空间才有吸引力，如北京宴董事长在失意时来到芬兰散心，遇到一只受伤的驯鹿，于是帮它包扎伤口，在其康复之后送其回到鹿群中，实现其自身的价值，这让董事长重拾起了信心，短暂的休养是为了更远的跋涉，并不是所有的事情都可以逃避的，本来就是自己的梦想，即使受伤了也要有勇气继续，于是便有了北京宴总店大堂的驯鹿，也有了北京宴今天的辉煌成就；三是结合饭店自身特点进行文化氛围的挖掘与打造，如千岛湖开元度假村，结合临湖优势，将餐厅分为内外两部分打造使得美景尽收眼底，同时餐台布置有鱼米丰收之景象，使得开元的丰厚待客的文化得以充分体现。总体来说，在吃饱吃好吃健康的基础上，吃出品牌文化与背后的故事，是顾客更深一层次的需求，饭店可以利用这一点打造自身的亮点。

3.创造顾客放松舒适体验

除了以上方面，从顾客的角度来说，用餐环境问题还包括餐厅光线是否舒适，如有些餐厅能够很好地结合室内外光线，使得早晨的自然光线与室内的光线相结合，使得顾客刚起床不久后能感到比较清爽明亮；餐厅拥挤程度的问题是顾客关注的问题，饭店应注意灵活协调，使得顾客的用餐良好体验得以保证；卫生状况问题是顾客认为最重要的问题，也是最基本的问题，应得以保持。在顾客感受中，"放松"和"舒服"的感受与用餐环境有很大的直接关联，用餐环境的众多要素中，每一项都得到持续的保持和重视，才能保证顾客有放松和舒适的用餐体验。

北京宴总部

北京宴将五星级酒店的标准搬过来运用到社会餐饮中，把酒店中包括空气系统、灯光系统等优势部分留下，突出从内到外骨子里的高雅。北京宴聘请了国内著名设计大师陈林先生亲自担当室内装修主设计师，领衔十余家专业设计公司组成了北京宴的精英设计团队，选用了澳大利亚邦奇的调光系统，世界领先的大厅空气清新系统，QS级别的食品留样化验室，全自动的风淋设备，日本原装进口垃圾处理器，恒温恒湿的专业级别红酒屋，来自世界各地的装饰品、工艺品共计约2.5万件，影印故宫藏品画作近万幅，从世界各地淘来的旧书3万余本，使用各种纯铜翻模制造灯具千余件，铺设布查拉红、高斯波玉等名贵大理石3 000多平方米。竣工后的北京宴美轮美奂，成为欧式建筑的殿堂，如图8-1所示。

图8-1　北京宴总店门店、大厅、宴会厅

北京宴及鹿泉的由来

相传，在18世纪中叶，西方有一个童话王国，人民安居乐业。一天，老国王突然驾崩了，王子的叔父趁机夺权，要杀掉王子。幸亏大臣们拼命相助，王子突出重围。他身负重伤，逃到了东方神山脚下，倒在了一汪泉水旁。

山脚下住着相依为命的爷爷和一个小姑娘，以采药为生。小姑娘打水的时候，发现了泉水边昏迷的王子。于是，和爷爷一起把王子抬回家里救治。爷俩竭尽全力，王子却仍然昏迷不醒。于是小姑娘问月亮："月亮、月亮，我怎么样才能让王子苏醒呢？"月亮说："你只要爬到山顶采到神草，在一天之内给他服下就可以治愈"。

但是，山高坡陡，小姑娘爬不上去，只好又去求助月亮。月亮问她："你真的甘愿为素不相识的人去爬上山顶吗？"小姑娘说："我愿意。"于是月亮就把小姑娘变成一只小鹿，使之成功地爬到山顶，采回神草。王子醒来，看见陪伴他的是一只小鹿。王子依稀记得在昏迷中朦胧地看见救他的是一个少女，于是就问月亮少女在哪里。月亮就把少女变小鹿的事情告诉了他。王子又问："那怎么样才能把少女变回来呢？"月亮说："你只要答应娶她，并修一座宫殿作为聘礼，她就可以变回少女。"

于是，王子返回他的王国，集结忠心老国王的军队，打败了他的叔叔，成为新的国王。王子向圣诞老人借来九头麋鹿，拉着西方的建筑材料和能工巧匠，来到东方的神山下，以泉为中心，开始修建精美的宫殿。宫殿落成之日，小鹿变回了少女。当时，中国的皇帝乾隆听说了这个故事，并被西方王子和东方小姑娘的感情深深打动，颁下御旨，亲临他们的婚礼现场，并在他们大婚之日将自己坐过的龙椅赐予他们作为礼物，从此，王子和少女幸福地生活在了一起。圣诞老人派来的九头麋鹿和少女变的小鹿的雕像也被安放在了宫殿中泉水四周，这个宫殿被命名为北京宴。

这就是在欧洲广为流传的北京宴、北京宴鹿泉和北京宴龙椅的故事。

北京宴华贸店（如图8-2所示）

"窗内窗外两世界，戏里戏外两人生"，长安街往东，北京宴华贸店多种细节设计，贴心周到的服务，为您打造独一无二的私人用餐享受。

中国服务彰显中华传统文化：北京宴华贸店——时尚京剧餐厅，位于华贸购物中心2座东区四层，装修尽显中华民国时尚风情和国粹京剧神韵，是国内首家在室内营造出户外中华民国时尚风情的京剧主题餐厅。

欣赏中国建筑文化：走进北京宴华贸店，青瓦白墙、飞檐拱壁……若隐若现的优雅背景乐曲，诉说着久远的中华民国时的春色，会使顾客更加流连忘返。

图8-2 北京宴华贸店——时尚京剧餐厅

站在包房内，窗外便是巍巍十里长安街豪车绵延，行人如织，高楼耸立，一派现代化大都市的繁华景象；转身房间内，推开内窗，戏厅舞台国粹神韵，京味腔调十足，仿佛回到清代四大徽班进京的年代，宛如穿越百年时空。

不论是扶梯直达处首见的玉石桥、百花亭，还是直梯直达处呈现的剧照墙、石窟门，处处流淌着那个摩登岁月、花样年华的民国时尚。建筑隽秀悦目，京韵绕梁旋回悦耳，视听之觉与舌尖的味觉浑然一体，便是来北京宴华贸店的真实体验。

聆听中国戏曲文化：京剧《贵妃醉酒·海岛冰轮初转腾》是北京宴每天晚上的重要演出。每天晚上7点左右，专业京剧演员款款走上舞台，在台上对镜贴花黄，装扮起来：凤冠、点翠、珍珠、挑、五凤、蟒袍、水蓝色滚边、云肩、玉带……一样不少，将中国戏曲服饰文化呈现给来自五湖四海的宾客们。

北京宴管理部经理凌建介绍，京剧作为中国传统文化的精粹，蕴含着深厚的文化底蕴和艺术内涵。选择梅兰芳大师的代表作《贵妃醉酒·海岛冰轮初转腾》是向他致敬，当年是梅大师把中国的京剧艺术首推到了世界，使京剧在世界三大表演体系中占有了一席之地。

北京宴金宝店（如图8-3所示）

踱步餐厅，纷繁各异的电影场景交错呈现：绿意盎然的赫本后花园，细品与她生活息息相关的手稿、海报与剧照，其别样的人生经历样样真切，似在眼前。而拐角处节奏奔放的吉他声瞬间让人燃起洒脱与自由的情绪。

图8-3　北京宴金宝店

北京宴金宝店在风格界定上下了一番苦功，1 300平方米的空间、16间风格迥异的主题包厢、5处相得益彰的散座区，形神间营造出别具一格的光效果。客人在餐区就座时，看到的休息区灯光非常的温馨，灯上面的蜡烛象真的有烛光在跳跃一样，此时的感觉和刚才的感觉是完全不一样的。让客体验到，在一个很纯正欧式的建筑里，点着蜡烛，吃着美味佳肴。

北京宴每个包间都上了一套点歌系统，就是为了给客人提供方便，有些贵的客人可能很喜欢唱歌，可是却不方便出入娱乐场所，于是北京宴就精准备了一流的音响及专业的点歌台。北京宴一共有61个包房，其中40间都装了MCSHOW的音响，BBS的专业卡拉OK麦克风。当客人唱歌娱乐时，务员会把灯光相应地调至第三种休闲模式，让贵宾在休闲娱乐的氛围中一歌喉。当有客人过生日的时候，又会有专门的第四种生日模式。一般酒店客人过生日吹蜡烛的时候会把灯全部灭掉，很不方便，在北京宴，当服务推着蛋糕徐徐走来时，上面的烛光和我们壁灯上面的蜡烛交相呼应，在亲好友的生日歌声中，客人闭上眼睛，许下最美好的愿望，当大家一起吹蜡时，我们细心的服务员会用相机帮客人将这一幸福瞬间永久记录下来。这时候合适的灯光就显得尤其重要。所以说协调的灯光也会为用餐体验锦上添花，给整体用餐带来和谐的气氛。

硬件装修，在北京宴看来，并不是越豪华越好，而是在面向市场、面向顾客的同时，一定要深入挖掘历史和文化。用硬件装修去和顾客心灵上产生同频共振，让顾客体会到我们这样做，不是为了炫耀我们的大理石有多贵、我们的地毯有多贵，不是浑身珠光宝气的土豪，而是举手投足俱文化、点点滴滴皆故事，用心营造了一个充满历史、充满文化、充满想象的硬件环境在与顾客进行情感的交流。

二、菜品是生命：注重与时俱进，确保菜品质量

无论从市场调研数据，还是从顾客访谈及网络评价文本分析，都可以发

影魅力。而以经典电影为主题的包厢内更是令人满眼惊⋯
的旗袍，娓娓道来的经典台词，巧妙的道具传递出"花⋯
感；转入"霸王别姬"，那顶如意冠、那段唱词，胭脂⋯
份痴念；一系列的主题包厢——"教父""柏林苍穹下"⋯
莱坞""八月照相馆"⋯⋯一幕幕定格经典的片段，是悦⋯
身在现实。

当我们描述某一个人非常厉害、无所不能的时候，我⋯
雨"这个词去形容，但是在北京宴呼风唤雨只是最基本的⋯
置有一条大道叫作"星光大道"，顾客能够在这里真切地⋯
雷、电"的真实场景，忽而电闪雷鸣，忽而倾盆大雨，让厨⋯
人生如戏，如影随梦，戏如人生，如梦随影，人在戏中穿梭⋯
顾客更好地带进场景中，用情景交互拉升顾客的体验感。

北京宴的十几个包间都是以电影的名字命名装修的，如⋯
假日、天堂电影院等，都是中外电影史上的名作，每个包间⋯
影里的道具，如霸王别姬包厢里就有当年影片中"程蝶衣"⋯

灯光系统

北京宴专门聘请了英国莱亭迪赛设计公司设计的灯光，2⋯
会主会场、悉尼奥运村的灯光就是这家公司设计的。莱亭迪赛⋯
大堂和包房设置了四种不同的灯光模式。国内的餐饮企业采⋯
计，并采用国际知名的澳大利亚邦奇调光器的，只北京宴一家⋯
经过，透过我们的大门和窗帘看到的是神秘而优雅的华贵之气。

包间的灯光有四种模式，第一种模式是迎客模式，休息区⋯
亮，餐区的灯光则较暗。第二种是用餐模式，餐桌上面的吊灯⋯
以把桌子上的菜肴照得非常清楚，但同时又不会辐射到客人头顶⋯
到不适。这四种灯光模式是我们调光师进行反复的光线角度调整⋯

现，菜品本身的质量是顾客关心的核心和基础问题，毕竟，餐厅的功能性是满足顾客的用餐需求。通过餐饮食品的色、香、味、形、器等为顾客提供味觉体验和视觉体验。若食品价值未达到顾客的期望，顾客就会对食品乃至用餐过程做出否定的评价，并引发失望等负面的情感，降低顾客的体验价值。关于菜品质量，要能够在保持种类和数量的基础上，了解新时代的发展动向及保持自身的创新能力。

1.保障用餐安全，提供充足菜品

随着环境恶化等宏观环境的影响，现代顾客对于食品安全及卫生非常关注，这也成为高星级饭店需要高标准严格要求自己的基本线。在顾客最重视的问题中，得分最高的即卫生状况令人放心，而食品安全与用餐环境的卫生状况及食物品质新鲜度都息息相关，如今因为食品安全问题而受到广大消费者质疑和摒弃的案例不在少数，网络信息的传达速度使得这一问题更需要饭店方面提高重视程度，不断进行自查自检。而餐厅的菜品数量问题，是满足顾客吃得饱的最基本需求，通常情况下高星级饭店都可以做到比较好。但也有些情况会使顾客抱怨，如缺少的食物没有及时补充、食物摆放不合理导致顾客很难找到某种食物、遇到饭店高峰时期或旺季时来不及进行食物补充及烧制等问题，都会引起顾客不满。

2.丰富菜品种类，提升菜品味道

在吃得饱的基础上，顾客对于菜品种类是否丰盛的问题非常重视，从网评信息可以看到，关于食物品种是否丰盛的评价占到总评价数目的一半以上，说明菜品是否丰盛成了顾客心中最重要的评价指标之一。餐饮业面对的顾客众口难调，可以通过管理经验、调研访谈以及现场观察等方式，确定食物的品种。对于受欢迎的品种可以加强开发，而对于不受欢迎的品种可以适当下架，这样既能降低成本，又可以给顾客一种食物丰盛的感觉。在顾客最重视的因素中，食物新鲜可口和食物品种丰富均位列前三名。食物的口味能够达到美味的标准，更是难以做到。由于来饭店用餐的顾客来国内外，可谓五湖四海，在顾客定性描述"还有什么因素是您觉得很重要的"这个问题的回答中，有顾客提到需要考虑到南北方的饮食差异，而中西菜肴比例适当这一因素及相关因素也受到顾客一定程度的重视，饭店可以针对自身的顾客市场灵活处理此问题，如接待来自某国家的旅游或商务团时可以专门提供一些该国基本的菜肴。总体来说，餐厅的食物种类丰富、新鲜可口的问题，是顾客在吃得饱之后最关注的两个问题，目前是饭店需要继续努力的方面。

3.注入绿色要素，倡导健康养生

现代环境下，人们对绿色和养生的问题愈加重视，菜品是否健康养生是顾客日益重视的问题。绿色健康食物充足的问题是位于饭店应重点加强改善的范围内，并且在顾客定性问题的回答中，也有顾客认为"绿色"理念是其认为最重要的因素。由此可见，健康养生的理念已经不仅仅是未来的趋势，而是已经转化为顾客现实中迫切的需求和饭店急需加强的方面，一些饭店管理者也已经认识到此问题的重要性。随着人们生活水平的提高和生活方式的转变，慢性病和亚健康问题普遍存在，在外出用餐时，如果能吃得健康，想必对顾客来说是很满意的。同时，对于如今大量的家庭亲子型旅游者，孩子的饮食健康更是受到顾客的重视，同时还要想方设法引起孩子吃早餐的兴趣和欲望。从食物来说，近年来饭店的五谷杂粮、五谷丰登等菜肴受到很大程度的欢迎，饭店在实际运作中，可以加强养生理念，在不用明显提高成本的情况下打造健康饮食，而新鲜的水果蔬菜供应是必不可少的，这方面需要饭店考虑成本效益、尽量选用应季的蔬菜水果，使得成本得以管理、食物也更加健康。从饮品来说，现煮咖啡及茶品、鲜榨果汁如今已经比较普遍存在于高星级饭店中，当然同样应选择应季水果为主要原料类型以降低成本。总之，绿色健康的理念已经在现实意义上表现出迫切需要提高的需要，饭店方面需要加强管理与重视，给顾客健康，使顾客满意。

4.提升菜品品位，自主创造特色

菜品的品位与特色问题，可谓是经济基础上的上层建筑，饭店可结合自身实际情况及客源结构予以考虑。其实，做出特色并不是很难的事情，很多顾客有吃到当地特色菜肴与小吃的愿望，这是可以以比较低的成本实现的。而新菜肴的创新开发，是厨师团队需要考虑的问题，餐饮的特色化和个性化已经成为新的趋势，这些往往能够给顾客留下深刻的印象。而餐厅菜品的特色问题，可能与用餐环境的打造有一定关联，一个装修氛围独特的餐厅本来就可以给顾客留下"特色"和"独特"的基本印象。而从食物角度来说，特色包含了很多方面，如能够融入当地的特色食材或者菜肴、能够在节假日期间提供节日特色食品以增强节日氛围、能够定期开发新菜肴以给常客一种新意等。除此以外，也有顾客在访谈中对于特色及个性化提出更高的要求，如有些顾客希望对于特殊顾客比如老年人和儿童能够提供一些针对他们的食物，比如软食、有视觉吸引力的食物等。

北京宴讲究"口味一流"，但为何不是菜品一流？杨秀龙认为菜分两个字：味和道。大多数企业多注重研究"道"，如何装盘、怎样有意境等，但基于宴会性质和快速出餐的要求，北京宴更多将目光投到"味"上。"味"的表现除了突出食材的优势，北京宴采取了简单的裸烹方法做菜。摒弃了煎、炒、烹、炸等复杂工艺，把功夫都下在了汤和汁上，因此时间和口味均有所保证。

北京宴——中国味，这个灵感源于妈妈的味道。大部分人的心里都会有这样的共鸣：世界上什么饭最好吃？——妈妈做的饭！为什么？因为是用心做的，并且用了最新鲜的食材，所以这才是中国人最爱的真正的味道。不过好的味道也少不了背后给力的故事，所以北京宴的菜品口味体验还蕴含了深深的寓意。北京宴坚信，每一道菜都可以塑造出故事。造型可能不好看，颜色可能不鲜艳，但是北京宴的菜就是这样做的，北京宴人在食材上、烹调上加入自己的感情，比如冲汤活海参，打到活海参之后进行简单处理，放到暖瓶里面直接就吃了，北京宴把这个做法拿过来，现场给冲，基本上不破坏活海参的口感和味道。自家手掰豆腐，为什么有南北之分？因为水质决定了豆腐的口感。南方用石膏点豆腐，北方人吃起来豆花味道不够浓郁，北方人用卤水点豆腐，北豆腐比较干比较柴，但是豆花味道比较浓郁。北京宴用原始的手掰的方法自创自家手掰豆腐，既有南豆腐的滑润，又有北豆腐的味道。北京宴酱肉烤包子，是北京宴几个菜的代表。在北京宴荟萃了中国各地的新鲜食材和烹饪方法，厨师团队精心打造出不同凡响的"妈妈的味道"。

香浓丰腴——老北京熏货

老北京熏货，始于清末山东，盛于民国时期的北平，但是由于后来战乱不断，1949年以后，虽然还是有不少熟食店在经营着诸如熏猪耳朵、熏猪手等熏货，但是味道已经和最原始的老北京熏货相去甚远，而在北京再难寻到正宗的老北京熏货的味道，老北京熏货，成了很多老北京人心中的回味。

山东诸城当地一户王姓人家，祖上就以熏货为生，三代单传，熏货的秘方历来传男不传女，到了第四代，王家接连生了9个女儿，当家的一声长叹，唉，这就是命啊！于是，他就决定将这祖传秘方传给9个女儿。传方的那天，当家的把那锅已经有60年历史的老汤平均分成了9份，对9个女儿说，所有的秘方都在这锅老汤里，只要这锅汤每天生火开煮，就会保证熏货的正宗味道。倒也是，这9个女儿把老汤拿回家后每家都保持了熏货的品位。北京宴有位董事老家是山东诸城，他的邻居就是王家的四女儿，他从小就见证了这锅老汤的神奇，每天被邻居家熏货的香味所诱惑。

后来这位董事到北京以后，念念不忘小时候熏货的味道，家里的亲戚来北京，总是让他们带上点熏货。有一次，几位北京的大娘来串门，尝了熏货，感叹道："这不就是我小时候吃过的老北京熏货吗！就是这个味儿！"这才得知，老北京熏货的做法就是从山东传到北京的！

为了发掘老北京熏货这款美味，北京宴决定，一定要让老北京熏货再回到北京来！为此，北京宴的彭厨特地带队到山东诸城去，找到熏货的第四代传人，说明了来意，恰巧这位传人因为城镇化进程面临搬迁，意欲转行，于是彭厨得以成为熏货的第五代传人，并将这锅已经煮了上百年的老汤连夜带回北京宴。

老北京熏货是精选当日新鲜猪蹄和猪耳等原料，经多道工序全手工清洗处理，确保安全卫生。然后用那一锅百年老汤卤制熟透，浸渍入味，再经糖烟熏制而成，味道香浓丰腴，食后口齿回甘。老北京熏货，百年老汤，手工熏制，吃的就是这个味。

汤中极品——滋补响螺汤

汤，自古以来就是美食家的最爱，也是中华美食的精华之作，中餐素有"万味之源一锅汤"之说。炖汤有两种方法：一种是滚汤，即传统的煲汤方式，指把经过精细处理后的各种原材料，加水置放在锅内，架在炉子上，烧开炖煮，水上下翻滚成汤的方式；另一种是蒸汤，是指把经过精细处理后的各种原材料，置放在炖盅内，加入水，用保鲜膜密封，用中火或文火隔水蒸成汤的方式。蒸汤由于在蒸的过程中水分没有挥发，若以一碗水的量，蒸好时分量也是一碗，它的特点是既保证了原材料的鲜味，又保证原材料的营养不流失，具有汤清味醇、原汁原味、汤鲜味美、营养丰富四大特征。

北京宴滋补响螺汤，选用上等的美国深海螺头、海参，配以新鲜的鸡爪、赤肉、干贝、排骨、土鸡等原材料，经本店厨师精心挑选后，用蒸汤的方法每天上午十点蒸制，下午六点出品，蒸足8小时而成，每天限量供应，为的就是让爱好美味的顾客"饭前喝汤，营养又健康"，是一道不可多得的汤中极品。

自成一派——北京宴烤鸭

北京有着三千余年的建城史和八百余年的建都史，而北京烤鸭流传到现在，主要有两种流派：一种是以"便宜坊"为代表的焖炉烤鸭，距今有六百多年的历史；另一种是以"全聚德"为代表的挂炉烤鸭，距今约有一百五十年的历史。这两种流派的热源和烤制方式不同造成两种不同的结果。焖炉隔火外烘内煮，追求的是肉嫩；挂炉明火外烤内焖，追求的是皮酥。北京宴在总结了两种流派的特点后，选用金星鸭厂的顶级填鸭，研发了外烤内煮的独特工艺，使北京宴烤鸭达到"鸭皮酥松、鸭肉嫩滑、低脂少油、入口即化"的四大特点。相信再过几十年，人们说起北京烤鸭，一定会增加北京宴烤鸭作为烤鸭的第三种流派。

暖心滋补——北京宴炝锅面

北京宴炝锅面主要有三炝：第一炝是炝葱花爆锅，选用章丘大葱切片，油烧热，入锅爆炒，葱花由白变黄，渐变至深黄，这时的油香味和葱香味汇为一体；第二炝是炝汤，选用骨汤的二汤，去掉了头汤的油腻而保留了富含胶原蛋白的骨香味，直接倒入爆好葱花的热油锅内，烧开备用；第三炝是炝面，面团手工揉制过程中要不停地加入面粉，让面粉炝入面团当中，形成独特的蒜瓣面奇观。面条手工切好后，上面再撒上面粉，上下抖几下，让面条沾满面粉下锅，汤面同煮。煮熟后捞面盛汤即可食用，达到"骨汤浓郁，葱香回味，面香无穷"的北京宴炝锅面至高境界。

一带一路——北京宴酱肉烤包子

北京宴酱肉烤包子，外形上融合了山东大包子"薄皮大馅"的特点和形状，共有十八道折；采用陕西肉夹馍秘汁卤制8个小时的酱肉做馅；制作工艺上又采用新疆烤羊皮包子的方法烤制而成，从而使北京宴酱肉烤包子，达到"金色诱人，酱香浓郁，香软可口，外酥里嫩"的四大特点，吃一个北京宴酱肉烤包子等于遍尝山东、陕西、新疆三个地方的美食，是北京宴融合菜的代表菜之一。这个包子现在又被称为"一带一路"包子，因为"一带一路"就是从山东出发，途经陕西，出了玉门关，到新疆伊利，再经中亚哈萨克斯坦到达欧洲，古丝绸之路的文明凝结成了这个包子，所以，现在走一带一路，就要吃北京宴酱肉烤包子。

人间美味　脆炸黄金带鱼

带鱼，是生长在深海里的一种海洋鱼类，它一旦离开水面甚至到了浅海区，就会因为水的压力过小而肺部膨胀死掉，所以，带鱼在渔民当中有"出水死"的说法，带鱼也是世界上到目前为止极少数无法实现人工养殖的海洋鱼类，全部为野生，带鱼也和大黄鱼、小黄鱼、乌贼被称为中国特有的四大水产。北京宴脆炸黄金带鱼，原材料选用浙江舟山野生鲜带鱼，舟山的渔民在海上的一个出海捕捞周期一般为半个月，捕捞到带鱼后，不能养也不能入冷库冰冻，只能敷冰块冰鲜储存，每天由收鱼船集中运到岸边，然后当天空运到北京。做法上又融合了粤菜腌制的方法入味、湘菜风干的工艺皮干、鲁菜油炸的烹调技法使它色泽金黄，采用凉菜热上的方法将其呈现给顾客，菜品成品色泽黄亮，皮脆肉鲜，鲜中有味。所以，您桌子上的这道脆炸黄金带鱼离出水不足48小时，新鲜的食材加上融合的制作工艺，可以说在北京城任何地方，如果能够吃到这道不可多得的上天赐予的人间美味，我们都要感恩祖国的强大和现代物流社会带给我们的便利。前一阵钓鱼岛危机时，我们每一个有血性的中国人恨不能自己身披国旗到钓鱼岛上宣誓主权，但这显然是国家不允许的，大家可以多吃北京宴脆炸黄金带鱼，因为舟山的外海就是钓鱼岛海域，我们多吃，渔民就有收益，就会出海打鱼，我们的军舰就会保驾护航。所以，我们吃北京宴脆炸黄金带鱼，就是变相的到钓鱼岛宣誓国家主权的爱国行为。

北京宴·中国味，是立足食材本身，挖掘食材背后的故事与文化，而且融入中国服务一贯倡导的深入骨髓的"家国情怀"，围绕着一道道菜品营造了一个个场景化的故事，有非常强烈的带入感和正能量，让顾客不仅仅是吃美食享美味，而是在此基础上传承中华美食文化，延续中华优良传统，弘扬中华正能量。

三、服务是寿命：提升服务水平，打造友好形象

顾客对服务各因素的重视程度在所有因素中位于中上位置。虽然不同情况下，员工服务和顾客体验之间的关系强度不一样，但是专业性的高质量服务对于顾客体验和体验价值有积极影响。

1.热情友好，给顾客创造亲切感

无论是从顾客访谈还是从市场调研都可以发现，顾客对于服务人员是否态度亲切友好是非常重视而缺乏满意的。企业管理人员对于服务人员的理念意识是否加强培训引导、服务人员上班的状态是否调节到积极热情，都会影响到顾客的评价。顾客希望服务人员态度亲切友好、希望用餐时得到亲切问候和热情招待。服务态度除了包括热情友好以外，还包括管理人员及服务人员与顾客沟通的态度是否热情得当。

2.提高效率，给顾客创造舒适感

从服务行动的层面上来说，从顾客进入餐厅的带位，到餐具摆放得当、餐桌整理干净，再到顾客提出问题时有人回应、服务人员能及时清理顾客使用过的餐盘，这个过程中的每一项都很重要。在用餐高峰时间，服务人员忙于清理餐桌和摆上新的餐具，有时会无暇或者无法及时清理顾客使用过的餐盘，使得顾客的满意度降低。企业如何进行统筹安排，才能使得服务效率得以提高呢？一方面应该分工明确，虽然每位服务员都在负责任地认真忙碌，但是细化分工能够帮助解决服务高峰期的混乱场面，并提高顾客的满意度；另一方面应该加强培训，使得服务在态度友好的基础上，还能够比较有技巧性和高效率地处理好对客服务问题。同时，对于顾客给予的反馈意见能够及时处理，处理不了的能够及时与管理人员沟通，都是企业方面需要加强的，

由于信息不对称或者沟通不到位而引起的顾客误会或者不满意是没有必要的，应当尽量减少。

3.别具一格，给顾客创造惊喜

在顾客感知到企业提供的服务是热情友好的、亲切舒适的基础上，如何打造顾客满意基础上的惊喜呢？打造顾客惊喜，可以从服务方式的创新入手。服务方式的独到创新，在实践中可以从很多方面加以考虑。比如服务人员的服饰创新，一线厨师及服务人员的服装如何能做到令人赏心悦目，甚至秀色可餐，可以增强顾客用餐时的愉悦感受；比如现场制作菜肴的烹饪及提供方式，比如出菜方式给人耳目一新的感觉，将创新出菜与服务人员形象相结合，打造故事给顾客听；再比如特色的语言沟通方式等，都可以成为创新点。但是，在服务方式的创新中，要依据市场的基本特征来设定，而不是盲目照搬照抄他人的"新鲜"方式。通过别具一格的创新服务方式，可以给顾客带来惊喜。当然，这是在顾客已经对服务水平比较满意的基础上采取的措施。

4.加强沟通，重视顾客意见反馈

加强与顾客的双向沟通，收集有效的顾客意见或抱怨，是提升企业服务品质的有效路径，建立收集顾客意见的多种渠道和管理体系，对企业来说至关重要。顾客在用餐过程中及过程后，服务人员都可以与顾客进行沟通，或者细心观察有沟通意愿的顾客。有部分顾客是有一些具体意见可以反馈的，不管这些意见是积极还是消极的，对于企业来说都具有很高价值。这是一个全员进行的工作，比如前台服务人员，可能是顾客提供意见或抱怨的最常见的沟通对象，服务人员应加强沟通意识，遇到无法解决的问题及时主动与管理人员进行沟通，让不沉默的珍贵顾客的意见能得到及时传达和回应；比如厨房服务人员，顾客在选择现场制作食物时，会与厨房服务人员进行很多沟通；如果顾客无法吃到某一样菜品，是因为食材补充不及时，需要及时向厨师长汇报；比如餐厅管理人员，在加强双向沟通的基础上，还要多加走动，善于发现那些沉默的不满意顾客，主动出击，"寻找"意见。网络评价已经随着互联网的快速发展而成为顾客评价企业服务质量的主要途径，如何监控和管理网络评价，在虚拟空间与顾客进行沟通交流，是企业需要考虑的问题。企业需要注意以下问题：一是与顾客的交流要有针对性，不要用统一的模板来回复顾客宝贵的意见，是否用心回复与交流，顾客会明显能感觉到的。二是对于不满意的顾客，分析其不满意的因素。如果是顾客误会了，那么就及时解释清楚；如果是企业目前实际无法提升和解决的问题，就回复感谢顾客的宝贵意见等；如果是企业确实出现了服务漏洞与问题而顾客提供的宝贵意见能够帮助或提醒企业解决问题，提升服务质量，那么应该适当地给予顾客奖励，感谢顾客的意见及督促。三是长时间观察网络评价，会很容易发现一些共通的问题或者经常被顾客抱怨的因素，这些因素应该被定性定量整理，定期给企业管理者审阅查看，以便能够从根本上予以解决和提升。总的来说，顾客的意见对于企业服务质量的提升非常关键，企业需要结合自身实际情况，对顾客舆论、评价与抱怨进行充分了解，不仅能够起到收集信息的作用，还能够提升顾客的满意度，让顾客感受到企业方面的重视及诚意。

北京宴根据顾客群进行了大量服务产品的研发，提出没有给顾客留下美好回忆和值得传颂故事的服务是零服务，重在服务的创新性、体验性。服务好与不好是一个整体表现，星巴克卖的不是咖啡，是一种休闲方式；奔驰卖的不是汽车，是一种驾驶的快感和乘坐的舒适；北大创业训练营卖的不是文凭、不是知识，是大家对于创业的激情；北京宴卖的不是饭，是中国文化和中国美食的紧密结合。

私人定制就是北京宴一大特色

南山厅案例

"感谢北京宴，感谢北京宴工作人员的用心和真情，你们让我已经20年未流过眼泪的坚强的老母亲，再次流下幸福的泪水，也让我这个天天忙于工作和应酬，不经常着家的儿子在这个重要的日子，为老母亲做了一件有意义的事情，也为我创造了一个报答母亲的机会，感谢，太感谢了……"北京宴常客李先生临走时在大堂遇见北京宴总经理杨秀龙时激动地说到。

原来，2013年12月25日，李先生给我们的客服马晓梅经理打电话说："预订一个12人的房间，12月28日晚上家里人要一起给老母亲过80岁大寿，房间最好安排在一楼。"随后，客服马晓梅经理把房间预订信息发给了李先生，"尊敬的李哥，您好！12月28日晚上的寿宴已安排在北京宴贵宾'南山厅'，感谢您一直以来对北京宴以及我本人的支持，北京宴人恭候你们的到来！"当李先生收到预订信息时，立马给客服马晓梅经理打回电话，不悦道："晓梅，你太不认真了，怎么能把预订信息发错呢？我几乎天天在北京宴吃饭，房间号不全是数字吗？一楼是一开头，二楼是二开头，怎么发个南山厅呢？""李哥，您别生气，这是我们北京宴专门为您私人定制的房间，门牌号特意换为南山厅，意思是祝老母亲寿比南山，福如东海。对了，李哥，还要麻烦您一件事，能不能发一些老母亲的照片给我，我们在房间里营造一下气氛，照片越久远越好，跨年代的，最好是有故事的。""好，好，感谢你，晓梅，那就麻烦你了，那让我老婆把照片尽快发给你。"

12月28日晚，李先生和老母亲一进入北京宴，保安、GRO、服务员，甚至正在工作的保洁大姐都停下来，面带微笑地说一句："祝李妈妈寿比南山，南山厅这边请"。当李先生和老母亲走到房间门口时笑了，门牌号是"南山厅"，大门上用气球摆出一个"寿"的字样，两边门套上的气球上写着"福如东海，寿比南山"的对联；进入房间，老母亲和大家愣了一下，顿时脸上写满了惊喜，喜庆的红台布铺设的餐桌，餐桌转盘上摆着鲜艳的"寿"字沙盘，外围的花瓣围成一个心形；电视上的欢迎屏放着李老妈妈的照片并写着祝李老妈妈寿比南山，幸福安康；李老妈妈高兴地看着这些，意犹未尽，忽然，眼角的余光无意间扫到了书架上一张熟悉的照片，还是一张黑白的，转身走去，看到还不止一张，书架、茶几、书桌等地方共摆着6张照片，李老妈妈兴奋地用颤抖的手拿起那张黑白照片，边仔细端详着，边说："这是1963年，和老头子结婚十周年那年，我生日的时候在北海照的。"又随手拿起书桌上的照片，"这是1969年照的，我们一家在天安门的合影，那时小儿子才5岁，老大15岁，老二12岁，老三8岁，这一张是……"李老妈妈讲着每张照片背后的故事，似乎穿越了时空，又回到了过去。餐中，灯光暗下来，蜡烛点起来，音乐响起来，歌声唱起来，蛋糕推进来（李先生去备餐间打扮起来）。伴随着主持人的话语，李老妈妈配合地许愿、吹五福蜡烛、切蛋糕等，完成了一系列动作，此时《烛光里的妈妈》音乐响起（李先生着厨师服，戴着口罩走到预先准备好的餐车前煮面），主持人手持话筒，缓缓地、深情地旁白道："妈妈，您还记得吗？我们小的时候最爱吃您做的炝锅面了，每天都要缠着您去做，而您总能满足我们的要求。还记得有一次，下雨了，而且下得很大，伴随很大的风，我们又吵着吃炝锅面，而此时咱们家的面粉已经所剩无几了，您嘱咐好我们在家里好好待着，不许乱跑后，拿起一把伞就出去了，再等您回来的时候，全身都湿透了，但在您怀里的那一疙瘩面粉却是干干的！妈妈，为了我们，为了我们的孩子，您辛苦了！今天是您80岁的寿辰，就让我也为您煮一碗长寿面吧，这长长的长寿面，也寄托着儿女对您的挂念，请接受我们这一份迟来的爱吧！"（此时，李先生把煮好的长寿面端到老母亲面前）"妈，您吃面！"老母亲听到这熟悉的声音，扭过头，用手缓缓地摘下面前这个"厨师"的口罩，愣了……李先生用筷子夹起碗里的面条缓缓送到老母亲的嘴边，而此时，老母亲已经泪流满面，伸出颤抖的右手抚摸着儿子的脸，津津有味地吃着儿子亲手煮的长寿面……我们的摄影师把这一刻温馨的画面定格。

在客人临走出房门之际，服务员把酒店制作的台历送到李先生和老母亲的手里，老人家翻着一页页附有自己从青春到现在照片的台历页，感动得再一次流下眼泪。

走到大堂遇见了杨总，才有了上面李先生对杨总那番感动的、由衷的表述和感谢。

婚宴案例

2014年3月28日中午，张先生和钟小姐在北京宴大宴会厅步入婚姻的殿堂。新郎和新娘的婚纱照海报摆放在大堂鹿池旁边，照片旁边用玫瑰花瓣围成一个心形，摆放了相应的指示牌，指引婚礼现场的位置。当服务员得知新娘房安排在北京宴325房间时，便在前一天晚上进行策划和房间布置，首先我们将门牌号更改为"百年好合厅"，在大门上用气球围成一个心形的气球门，在房间用玫瑰花和红色的气球进行装饰，让整个房间从外到内透露着喜庆、温馨、浪漫，并把提前收集的关于新郎和新娘从相识、相知、相爱到步入婚姻殿堂的各种照片，摆放在房间，并用照片制作成电视欢迎屏循环播放，附上北京宴人对新郎、新娘的祝福"执子之手、与子偕老"，用心形的爱心卡片制作了一个爱情小天地，上面写满了他们对彼此的承诺和祝福。新郎和新娘步入房间的那一刻，被眼前的一切感动了，感觉不像是酒店而是到了自己的另一个新房，当新郎和新娘看到茶几上为其准备好的爱心甜点，并附上爱心卡（尊敬的张先生和钟小姐：你们好！想到二位一上午要比较忙碌，没时间吃东西，特此为二位准备了爱心甜点，希望对两位新人有所帮助，更祝愿两位新人爱情甜甜蜜蜜，事业顺顺利利。爱您的北京宴家人）。

当婚礼即将开始时，新娘房的服务人员将一对新人送至电梯，鞠躬送祝福。婚礼现场，当证婚人为两位新人做见证送祝福后，服务人员便代替新人为证婚人送上"诚心诚意果"，附爱心卡：尊敬的刘先生：您好！感谢您在百忙之中抽出时间来为新人做爱情的见证，我们坚信有了您的祝福和见证，新人一定会互相扶持、互敬互爱，以一枚诚心诚意果，来表达我们及新人对您的祝福和感激，祝您身体健康、万事如意！爱您的北京宴家人。当一对新人为双方父母献上改口茶时，北京宴人借此机会为双方父母送上"平安果"，并附上爱心卡：亲爱的叔叔、阿姨：你们好！感谢您二位能把自己孩子的婚礼安排在北京宴，我们感到非常的荣幸，今天是您孩子新生活的开始，也是您心愿实现的日子，就在今天您又新添了一个优秀的儿子（美丽大方的女儿）来孝敬你们，现在作为孩子我想他们最大的心愿就是父母身体健康，送您一枚"平安果"祝叔叔阿姨身体健康、平安幸福。在新人典礼结束后，服务员会送上用两人的婚纱照制作的台历，并在台历上这个结婚的日期特意标记新婚，作为两位新人永恒的幸福见证。

中国人注重体验，北京宴注重仪式，中国人羞于表达夫妻之间的爱、子女对父母的爱，北京宴通过策划、通过一些手段，帮客人把这个表达出来。让他疯狂让他高兴，让他炫，让他拍照发朋友圈，这就是口碑宣传，也是粉丝的传播，北京宴所有地方、所有房间每天都流传着这种故事、这种照片。

第三节　中国服务体验评价方法

餐饮服务质量评价体系是由硬件环境、菜品、软件服务三部分构成的。服务质量的好坏不仅取决于企业硬件环境的好坏及菜品质量，更取决于各岗位服务人员的服务水平，如服务员的服务态度、服务技能、服务效率等，即软件服务水平，评定服务质量好坏的主体（即顾客），在评价服务质量时常带有较强的主观性，体验式服务质量评价更具有挑战性，因此，需要在多种评价方法的组合中，构建科学的评价体系。评价方法包括：问卷调查、网评、打赏机制、朋友圈分享以及转化率。

一、评价方法

1.问卷调查

在客人用餐结束后，征得顾客同意，为顾客发放调查问卷，了解顾客对本次用餐体验的评价。通过顾客对体验质量评价指标的评分，了解顾客需求，推出符合消费者需求的新产品新服务，为目前服务水平的不足作出调整，将顾客满意度作为员工绩效考核标准之一，提升员工积极性。如表8-2所示为北京宴宴会服务满意度调查表。

表8-2 北京宴宴会服务满意度调查表

宴会服务满意度调查表					
宴会名称			年	月	日
姓名：	桌号：		联系方式：		
首先对您光临北京宴表示真诚的欢迎和诚挚的问候，真心希望您在北京宴用餐愉快，通过用餐期间的感受，恳请您在百忙之中，给我们提出宝贵的意见和建议。					
项目	很好	较好	一般	差	极差
菜品口味	☐	☐	☐	☐	☐
菜品精致度	☐	☐	☐	☐	☐
上菜速度控制	☐	☐	☐	☐	☐
餐具卫生	☐	☐	☐	☐	☐
服务人员态度	☐	☐	☐	☐	☐
服务人员仪容仪表	☐	☐	☐	☐	☐
服务规范性	☐	☐	☐	☐	☐
满足需求及时性	☐	☐	☐	☐	☐
细微服务	☐	☐	☐	☐	☐
舞台效果	☐	☐	☐	☐	☐
设备设施	☐	☐	☐	☐	☐
整体环境效果	☐	☐	☐	☐	☐
主动替客人解决困难方面	☐	☐	☐	☐	☐
您对我们的接待和服务有什么意见、建议？					
非常感谢您的宝贝意见，期待着您的再次光临					

2.网评（大众点评）

客人用餐结束后，在网上点评本次用餐体验，对于商家来说，消费者评价是值得合理利用的宝贵资源。商家可以利用评价，高效为消费者提供真实的消费决策参考信息，同时也可以了解自身经营情况、进行顾客调研互动，进而有针对性地改进服务质量。顾客的评价就像一面镜子，可以多维度反映问题，而互联网是一个公开的平台，顾客在网上评价体验质量更加方便快捷，大众点评的消费后评价已成为传统商家与消费者进行沟通的重要渠道，这种沟通更为直接有效。北京宴对大众点评的消费者评价非常重视，会依靠评价内容进行考核：预先支付相应的负责人2 000元作为网络点评的每月预付奖金，只要出现一封网络差评，则相应全部负责人将预付奖金归还公司；另外，每出现一封网络差评，直接负责人现金捐款1 000元，相应区域总监或店总现金捐款500元。图8-4所示为北京宴的网上点评。

图8-4　北京宴的网上点评

淡蓝阳光 👜👜
⭐⭐⭐⭐⭐　　口味：4　环境：4　服务：4

给孩子过两周岁生日，选的北京宴。宝宝周岁就是在这过得，那时候就感觉很不错，没想到这次服务更令人惊喜！

先说服务，房间是按照宝宝的名字命名的，房间布置的很有生日氛围，到处放着宝宝的照片，超有爱！最令人惊喜的是给宝宝准备了成长笔记，笔记里不但有宝宝的照片，还有美女主管邢换换手写的成长祝福，感动！还给宝宝制作了有宝宝照片的马克杯！很多的感动不细说了，以后还会来过有意义的日子！老人和孩子都很开心，因为是生日宴，还专门给我们安排了庆生仪式并照了全家福！满满的感动！

再说菜品，因为芝麻虾球，红烧肉，手扒豆腐等等，口味很不错。

很满意，很惊喜的一次生日宴！非常感谢今晚服务的李栋栋，还有安排房间和庆生项目的美女邢换换，为高品优质的服务点赞！

收起 ∧

查看全部8张

01-09 更新于17-01-09 22:39　　北京宴•总店　　　　　　　　赞(8)　回应　收藏　举报

my21strings 👜👜
⭐⭐⭐⭐⭐　　口味：4　环境：4　服务：4

新年第一个晚餐带爸妈来北京宴证明是很对的选择～电话订座时说希望看京剧，于是座位就被安排在舞台旁第一排，很惊喜～弥补了上次带朋友来没有看到表演的遗憾。

菜品口味质量仍然是上乘，手撕豆腐、红烧肉、奇妙虾仁尤其惊艳。最简单的食物最能体现水准，我爸说豆腐绝对是手工制作的传统味道，连最基础的烤鸭面饼也是面香满满，口感筋道，诚意十足。可惜当天没有香格里拉火腿冬瓜这道菜，可能是季节问题，下次再尝试了。

大厅环境复古精致，厅外还有亭桥琴雀，古香古色的氛围提升了就餐体验（和拍照的好看程度～）

价格比较亲民（至少大堂是），私人小聚人均200-300就够了，如果是商务聚餐也有很多合适的菜可选。

收起 ∧

查看全部9张

图8-4　北京宴的网上点评（续）

一片属于我的天 👤👤 VIP

★★★★★ 口味：3 环境：4 服务：3 人均：300

1.一直久仰大名，今日得以大饱口福和眼福，已电影为主题的一个餐厅。

2.角落有一名歪国滴驻场歌手，虽然比不上中国新歌声但也别有韵味，美食与音乐完美的融合。

3.今天很巧，黄晓明，baby在店就餐，从过道经过，第一次这么静距离的接触明星，不过发现一个问题，baby没有我家老婆漂亮（嘻嘻，勿喷）

4.口味：

（1）5个人点了很多菜有五谷海参，北京烤鸭等，说句实话北京烤鸭真没吃出什么味

（2）菜肴的装盘和出品还是非常精美的，看图说话

5.环境：

（1）.刚出电梯映入眼帘的喷雾状的投影，放着电影大师-卓别林的作品。

（2）.大厅向左行走有一条"会下雨的室内过道"服务员说这样的设计就是为了映景。我们5个人在过道右侧落座，周围用纱布遮挡，过道的装饰，过道的人通过纱幔的渲染自成一景。

6.服务

（1）专人服务，该服务人员非常专业，职业的微笑，专业的操作，没有什么可挑剔的

（2）可能都是分餐的原因（我们点的菜比较多），5个人4个人都到了柠檬水，没有给我倒，还是有点伤心的

（3）上烤鸭时厨师走到包厢操作，动作很轻，一开始没有看到，挺好的。如果能在操作的过程中提醒一下我们就好了，我一定放下筷子欣赏一下

好了，总体很满意。总体评价：精致，专业，花钱值了。

喜欢的菜：小米辽参 自制酸奶 牛肉 炝锅面　　　　　　　　　　　　　　　　收起 ∧

图8-4　北京宴的网上点评（续）

3.打赏机制

"服务满意，请您打赏！"

去餐厅吃饭，经常发现餐厅的服务员身上都佩戴有二维码胸牌，上面写着"大拇哥微赞赏""扫一扫打赏"等字样。通过微信扫一扫，就可以为服务员打分、评价、打赏等。这就是最近流行的餐厅服务员打赏机制。引入打赏后，店内服务质量比以前有了很大的提升，服务员也比以前更有激情、活力了。他们能想客户之所想、急客户之所急，客户满意度有了很大的提升，带来了服务的良性循环。服务员最多一个月可以增加七八千元，少的也有几

百元，除了物质上的收获，还能够感受到顾客对他们工作的认可，让他们更有成就感。

打赏机制除了满足增加收入的需求，激发员工动力之外，当消费者扫描二维码给服务员评价、打赏时，能调动服务员和顾客的现场感，让消费者感受服务的存在，同时增加更多的趣味性。

除此之外，如果餐厅不具备打赏的氛围条件，也可以只保留评价、点赞功能，这样也可以避免打赏中出现尴尬。对于评价非常高的服务员，餐厅给予相应的激励，也可以收到同样的效果。

通过点赞、打赏的方式瞬间搭起了顾客与服务员之间的心灵桥梁，服务员的工作得到肯定，顾客也有了参与感和成就感，餐厅服务品质大幅提升，还获得服务质量精准考核评价，实现了多方共赢。

4.朋友圈分享

人人自成媒体，分享是一种状态，更是一种态度，顾客在虚拟的社交网络中，通过分享来塑造一个形象，如顾客分享一道菜式，去哪里吃饭，展示的是他的生活状态。顾客通过分享朋友圈来评价用餐体验的质量，非常具有说服力。如果餐厅的环境、菜品或服务足够有说服力、有创意，那么顾客总会在朋友圈去传播，告知朋友发现了一家让人惊叹不已的餐厅，从而吸引点赞和评论。另外，还能引起消费者共鸣。所以朋友圈分享是评价体验质量的最直接的方法。图8-5所示为北京宴的朋友圈分享。

图8-5 北京宴的朋友圈分享

5.转化率（当餐转化）

顾客在用餐过程中，体验餐厅的硬件环境、菜品质量与软件服务水平。如果顾客对餐厅各个方面都非常满意，用餐体验非常好，他们便会在用餐过程中直接预订新的订单，即当餐转化，转化率=新订单/当天总订单。转化率是一种量化评价用餐体验质量的方法，为体验评价提供直观的数据。

二、顾客体验评价的发展趋势

世界是平的，告诉我们随着现代网络在人们生活中的普遍运用，人与人、人与周围世界之间的沟通已经变得触手可及，世界上任何事件的发生都能在最短的时间内被大众所知。"吃、穿、住、行、娱"五个主要的细分，其中四个领域在互联网时代已基本进入"深入区"，而唯独与"吃"相关的餐饮业一直在互联网的门口兜兜转转，未入法门。

互联网具有大容量、高速化、互动式的特征，它改变了我们过去受空间、时间限制的服务方式和较低的服务效率。如今使用信息互联网，一方面，使顾客有了充分的信息来源，让客人选择餐馆产品的范围和权利大大提高，并且能够通过大量的图片、短片、动画等形式事先"体验"了饭店产品，直观明了；另一方面，饭店也获得了更强大的信息处理和传输能力，使之对市场的调研和市场细分更加深入与可靠，并不受空间、时间限制，及时满足消费者的个性化、特殊化的需求，实现"一对一"的特定营销，更加符合顾客的需求。

信息网络技术的发展，使饭店与顾客之间的沟通得到强化，而且变得更自由更方便。与此同时，基于互联网的用餐体验评价方法也会向多样化、信息化、智能化方向发展。顾客通过多种渠道制造大量数据，企业则可以利用这些信息来实现更为个性化的服务体验的提供，大数据为实现基于顾客个性的交互提供了可能，通过理解他们的态度，并对其他一些因素（如实时位置）进行分析来帮助实现多渠道服务环境中的个性化。

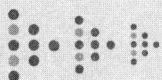

第九章 做"无孔不入"的服务人
建中国服务可持续提升模型

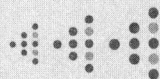

在整体服务设计和提供的过程中，与最优的服务的差距可能会来自5个方面，如图9-1所示。

最终的差距，即顾客想获得的服务与实际经历的服务之间的差距（图9-1中差距5），是服务过程中出现的其他差距共同作用的结果。

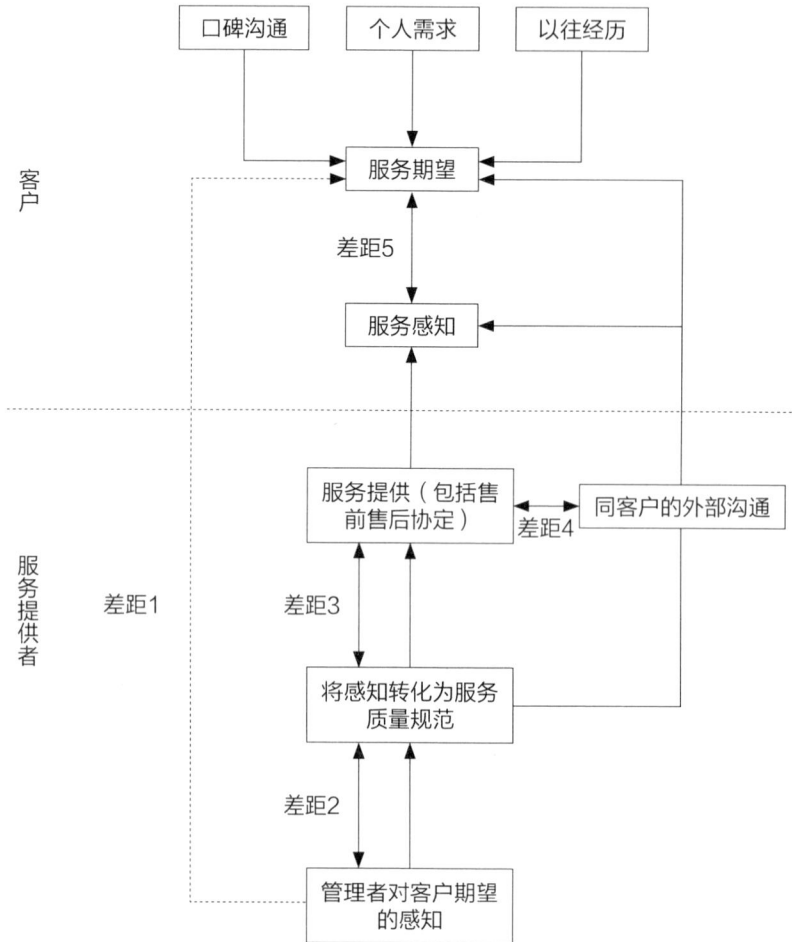

图9-1 中国服务可持续提升模型

第一节　修建顾客与管理层的直通车（管理层与顾客差距）

这家餐厅绝对不会再去，也会建议周围朋友不要去。本节所讲的是如图9-1所示的差距1：管理层与顾客差距，也就是管理层想要提供的服务与消费者期望的服务之间存在差距。当这种差距存在时，即使员工按照管理层的要求100%地落实，也未必能达到令顾客满意的效果。

在北京宴的每一次宴会中，管理层与客人的交集从订餐开始。在客人订餐之后，助理级管理人员会打电话向客人报到，在当天午餐10：00/晚餐16：00之前又再次报到，汇报私人定制情况并表达对客人的期盼，同时可以修订私人定制情况。在客人来到时，助理或经理在大堂迎接客人，若因故不能到大堂迎接的，也应在到客后一分钟内向客人报到。在用餐过程中，一方面，助理级管理人员应根据服务员所反馈的客人开口需求进行支持；另一方面，经理级管理人员应根据服务员所反馈的客人投诉和不满进行处理，让服务升值。客人离店时由管理人员送客，次日由管理人员发送短信。在顾客从订餐到下次订餐之前，管理人员至少会与顾客进行三次接触。但管理层天然与客人有一定距离，可以针对不同的问题，进行制度上的弥补。

一、不可忽视的问题

【案例】孩子周岁和姥姥的60大寿在这里办的。我们从机场那么远的地方特意赶到这家店是因为有好友推荐。但是，我们坐下开始点餐的时候，就闻到了烟味，而且这个烟味一直贯穿整个用餐过程，没有服务员主动去管。我问第一个服务员，该服务员表示并没有闻到，过了十分钟后问第二个服务员，该服务员称是烟道里的味道，他们餐厅不允许吸烟。直到我抱着孩子无意间走过一个很密封的包间时，从栅栏空隙处发现里面的顾客在抽烟，与此同时正好有服务员进去，我一直等到服务员出来，她都没有对该顾客提出禁止吸烟的问题。用餐完毕去买单时我问那里的服务员，她找来当班经理，当班经理称原则上他们不管包间的客人吸烟，他们的态度是不制止。同是做服务工作的我很明白其间的苦衷，但是并不表示你不制止他，就要忽略我的问题，就不帮我解决问题。其实需要他们做的很简单，帮我换一个离他们远一点儿的餐桌就好。当时我们用餐，三分之二的桌子都是空的！

以上是一个来自大众点评网的真实评论，在这个案例中，服务员没有用心做事，在有烟味时没有主动去管；当客人提出开口需求时，并没有员工将情况报告给助理来满足需求，管理层没有接收到客人信息；直到顾客产生不满情绪，经理也没有认识到某些客人吸烟会使其他客人感到不满，没有妥善解决以及安抚客人的情绪，管理层错误理解了甚至忽略了客人信息。

通过对类似案例情况进行归纳，我们发现，在管理层和客人之间对于服务的理解上，通常存在以下3方面问题：

（1）管理层接收不到客人信息。具体表现为由于组织层次过多而造成的向上流动的信息中断或歪曲，以及消费者向上传递的信息不好或不存在。

（2）管理层接收到不准确的或理解错了客人信息。原因可能来自市场调研和需求分析的信息不准确或对有关期望的信息作了不准确的解释。

（3）管理层忽略了客人信息。即经营管理时未做需求分析。

二、纠正法宝

（一）三级例会制度

采取三级例会制，可以解决管理层接收不到客人信息的问题。以北京宴为例，所规范的三级例会为酒店例会、部门例会、班组例会。具体如下：

1.酒店例会

（1）时间：每天晚上21：00。

（2）地点：各店非营业区域。

（3）主持人：各店总经理。

（4）参加人：各店一线、二线部门负责人、经理。

（5）注意事项：因特殊情况无法参加酒店例会的必须向总经理请假并安排临时负责人代替。

2.部门例会

（1）时间：每天上午8：30，管理部为上午9：00。

（2）地点：各办公室。

（3）主持人：部门负责人（经理或总监）。

（4）参加人：部门全体管理人员（经理或助理）、二线部门为全体员工。

（5）注意事项：召开例会必须使用例会提要表；因特殊情况无法参加例会的必须向会议主持人请假并安排临时负责人代替。

3.班组例会

（1）时间：每天部门例会后。

（2）地点：各班组工作间或指定地点。

（3）主持人：班组负责人（助理）。

（4）参加人：部门全体员工。

（5）注意事项：召开例会必须使用例会提要表。

部门及班组会议流程为：

全体背诵店训；检查仪容仪表；酒店正反案例点评：参会人员出列叙述案例并结合自身进行点评；传达酒店及部门例会精神：对前一日酒店晚例会及当日部门例会主要内容进行传达；传达昨日或上一班工作情况总结：对出现的问题进行分析总结，避免问题再次发生；传达当日工作任务安排及注意事项：任务安排要责任到人，有明确的完成时间限定或检查时间；结束礼：宣布会议结束，喊口号，员工在例会提要表上签字。

最后，管理部负责对各部门、班组例会进行检查、汇总，并以书面形式向总经理汇报。

（二）倒金字塔模式（适度员工授权）

采用倒金字塔模式，可以有效解决管理层接收到不准确的或理解错了客人信息的问题。这个倒金字塔模式是：上道工序不对下道工序说不，二线部门不对一线部门说不，上级不对员工提出的困难说不，下级不对上级的命令说不，被检查者不对检查者提出的问题说不，全员不对客人说不。在这种模式下，顾客的需求永远被放在第一位（北京宴的服务理念），在服务上谁越靠近顾客，谁的指挥权就越大。

具体来讲，"最接近顾客的是服务管家，因为他们是直接与顾客沟通、给顾客做预订的，也是最了解顾客需求的；再下面是前厅部、服务部；再后面是二线的厨政部、管理部等；最下面的是总经理。上面对下面说的话是指令，下面对上面说的话不是指示，要让听得见炮声的人去指挥战斗。"杨秀龙说。在北京宴，一线服务员的权威最大，而总经理是全酒店最大的店小二。当客人有抱怨时，服务员可以指挥经理赶快到房间；当客人有特定的需求比如需要雪梨汤时，服务员可以指挥厨师长赶快准备好。

在餐饮业，厨师很难管理，高档饭店给厨师长的月薪可以高达10万元。为了笼络厨师，餐饮企业通常会给厨师另租较好的房子，单独开小灶，厨师可以抽烟喝酒，可以不遵守酒店政策。而在北京宴，厨师工资不过万，厨师长跟服务员一样睡上、中、下三层铺的员工宿舍，厨师同服务员一样要吃员工餐，而且服务员批评厨师时厨师不能反驳。杨秀龙管理厨师的办法就是通过倒金字塔模式打开厨师的内心格局，让厨师明白菜品再好，如果没有团队的帮助，也产生不了价值；另外，从对厨师的考核上来进行保障——对厨师一是考核菜品的毛利率，设定每个菜品的毛利率达标指数，明确可上下浮动的百分比；二是根据酒店的月度营业额完成情况来考核，如2012年11月，如果酒店营业额完成900万元，每名厨师奖励500元；当月营业额每增加100万元，奖金增加300元，依此类推，上不封顶。目的是推动厨师去和一线搞好关系，求着一线卖自己的菜品，从而提升厨师的工作积极性。

（三）信息反馈是夺标的早餐

在服务过程中，除员工适度授权之外，需要及时迅速将顾客需求向管理层反馈，避免管理层未做需求分析。有效的顾客信息是对客人优质服务的基本条件。具体来讲：

（1）在服务过程中，凡是客人有开口需求（合法）或员工为顾客的事情向其他部门提出的要求，任何人不得说"不"；尽了最大努力确实不能给予满足的，必须立即向上级反馈，直至总经理。

（2）凡是向顾客承诺没有兑现的（包括没有按照酒店的规定程序去做的），必须立即向上级反馈，直至总经理。

（3）凡是客人有抱怨或投诉时，任何人不得置之不理，必须立即向上级反馈，直至总经理。有关部门或领导必须在客人离店前给予满意的回复。

（4）凡是对客服务中，遇到自己无权或无能力解决的事情，必须立即向上级反馈，直至总经理。

例如，2015年8月6日晚，华贸店VIP7房间客人提前2天预订响螺汤、养生南瓜。用餐时，客人一共催了三次养生南瓜。在第二次催时，当房服务员说还需要20分钟，最后却告知客人没有了，而且砂锅菜品的砂锅也没有加热，这一系列服务引起客人严重不满。案例中，客人预订酒店的任何菜品，服务员必须和客人认真核实、沟通。

案例中，预订信息表里没有记录服务员核实任何信息，在出现不能解决的问题时没有及时向上级反馈解决问题，以致引起了客人的严重不满。杨秀龙在同一文化课中分析此案例时说："希望大家以后认真核对客人需求，及时与客人沟通，遇到不能解决的问题及时向上级反馈，直至总经理，直至问题解决，杜绝此类问题再次发生。"

例如，2012年8月23日晚，宴会七部员工王慧敏在319包间服务，客人点了普洱茶，喝了一口后，便生气地说茶是假的，王慧敏便立即将其反馈给助理，后反馈给客服部张总监。张总监再次检查普洱茶的有效日期，确定了普洱茶的品质，认为客人可能不习惯普洱茶的味道。为安抚客人的情绪，张总监及时把自己的大红袍拿来给客人泡上，并给客人免了普洱的钱，在离店前王慧敏又给客人送了"张静诚心诚意果"，附爱心卡向客人道歉，客人感到非常意外，说："下次还来北京宴用餐。"

案例中，王慧敏在客人投诉后，将其及时反馈给上级，并跟踪服务。这样做不但化解了客人的不满，还得到了客人的肯定，将有抱怨的客人成功转化为酒店的回头客。

从这两个案例可以看出，管理层面对顾客抱怨时，机会就到了。不好的处理方式使顾客流失，好的处理方式反而能够使顾客成为回头客。

第二节　胜在起跑线（服务标准和管理层理解差距）

一、检视错误

"服务标准和管理层理解差距"由"管理层与顾客差距"的大小决定，即使组织中存在着关于消费者预期的充分而准确的信息，所制定的服务标准依然可能失效。可以从以下四个角度来理解这个差距。

（1）从消费者角度，管理者不重视消费者最重视的质量。高层管理者未对服务质量真正承担起义务，没有视服务质量为最优先考虑的问题。

（2）从员工角度，管理者服务标准未重视员工可行性。管理层计划错误或不完备的计划步骤。

（3）从供应商角度，管理者服务标准未重视供应商认同度。目标和质量设置未得到供应商认同。

（4）从社会角度看，管理者服务标准不重视政策法规。

二、纠正法宝

（一）视质量为底线

必须明确一点，对于缩小质量说明的差距，管理层与服务直接提供者都要信奉服务质量远比僵硬的目标设置和规划程序重要得多！因此，管理层在其议事日程上把对质量的承诺放在优先位置是十分必要的。从企业最高管理者出发，将质量视为底线，避免管理者因不重视消费者最重视的质量而制定出不合适的服务标准。

在浮华奢靡的浪潮袭来时，餐饮业纷纷以至精、至奢、至豪来定位自己，在不知不觉中将服务的发展滞后了下来。而北京宴认为餐饮业最终要回归本质，餐饮业的本质就是"北京宴"的核心产品：餐品与服务，为顾客创造价值。在北京宴，所有餐品都依照传统的炮制方法，选用最纯真的原材料，经北京宴名厨精心制作而成；在北京宴，所有服务都依照顾客心灵深处所有的期待而展开，带给用餐的客人一份温暖的回忆。

长久以来，一代代餐饮人为服务事业的发展付出了自己的青春与热血，却没有赢得社会的尊重。这不是社会的错，是服务人员还没有做出让社会尊重的事情来。杨秀龙说："北京宴的使命，就是要将我们努力建立起的中国服务的文化、模式，推广到全行业，让整个行业行动起来，以赢得社会对我们的尊敬，让服务更有尊严！"

（二）增加服务标准可行性

一方面，要选取具有代表性的员工参与服务标准制定，充分听取一线员工的意见和建议，避免质量标准过于复杂或过于僵硬、死板，同时避免员工不赞同服务标准；另一方面，要增加服务标准的柔性。

1.无障碍沟通机制

为了改进服务标准，公司必须对不同的顾客群使用不同的沟通方法，以确保全面地听到顾客的声音并及时反馈顾客的建议。重视聆听一线员工的意见和建议，避免质量标准过于复杂或过于僵硬、死板。试图改进管理者所不能直接接触的三种顾客的声音：第一，已经经历了该公司服务的外部顾客；

第二，公司想争夺的竞争者顾客；第三，内部顾客（雇员），他们为自己的内部员工提供服务。没有这些群体的声音来指导在服务质量改进方面的投资，公司服务质量的改进必然收效甚微。

在服务质量的沟通管理方面，公司需要对不同的顾客群使用不同的方法，建立不断发展的聆听系统。每一个单独的服务质量研究都是从某一特定角度、在某一特定时刻进行的，是一种静止的定格，而更深入的研究和更明智的决策的制定需要通过不同的角度，使用不同的研究方法进行连续的动态的考察，这就构成了系统倾听的本质。

2.永远有plan B（增加服务标准柔性）

不论什么标准，即使再完美，也不会万无一失，因此，要增加服务标准的柔性。

例如，在GRO迎宾时，人员最齐备的流程是：在大堂门外，由1号岗迎客并询问订餐房间；在门内，2号岗的两名员工为客人旋转门到合适位置，并等待于旋转门左右鞠躬问好；3号岗等待在门内侧3~5米处，鞠躬问好并询问私人定制姓名、手机尾号、订餐人这三个信息；衔接4号岗按电梯后回到电梯对侧，在关门至二分之一处鞠躬；进入用餐楼层后，5号岗将客人带至用餐房间，祝客人用餐愉快后轻轻合上门，一次迎客就结束了。一次完整的迎客需要5个岗位6个GRO，在中午11：20之前和12：30以后，下午17：20之前和18：30以后由于不是用餐的高峰期，理论上在5个岗位都会配备人员。但是，在用餐高峰期，会由3号岗完成自己的迎客任务后，将客人直接带至房间，这被称为一站式服务。除此以外，还给每位GRO配备了对讲机，时刻方便了解各岗位的情况，当看到与自己对接的下一个岗位不在时，要一直送到有下一位对接的员工为止。这样充分增加了服务标准的柔性，也增加了标准的可行性。

整个流程的各个环节都是可以找差距的地方。以GRO迎宾为例，北京宴的迎宾服务标准是具有柔性的，除此以外，还有更多北京宴尚未考虑到的环节，有待去完善。

（三）甄选供应商

打造一流品牌的酒店离不开一流的供应商，同样一流品牌的酒店也能塑造一流的供应商，所以说酒店与供应商是合则两利，分则两失。甄选供应商，同时也敞开门来制定和修改服务标准，避免目标和质量设置未得到生产者认同，引发质量问题。

对待供应商朋友，讲一个"真"字。北京宴的经营理念中有一句"把供应商当朋友"，北京宴本着"公平、公正、公开"的原则，公平对待所有供应商，对所有供应商实行"三个公正"（态度公正、称重公正、验收公正）和"四个公开"（价格公开、验收标准公开、采购量公开、结款方式公开）。

与供应商合作，讲一个"实"字。北京宴不仅是合作共赢的倡导者，更是积极的实践者。北京宴在自身发展的同时，始终向供应商提供力所能及的支持和帮助，开业近一年，就向多家同行推荐了诸多供应商的产品。

解决合作中的问题，讲一个"诚"字。北京宴的合作理念中讲到"真诚面对，坦诚沟通"。对出现的问题，我们在相互平等的基础上，本着相互尊重、合作共赢的精神，加以妥善解决。

（四）梳理定位，及时转型

执行国家的政策，响应政府的号召，弥补行业的缺陷，避免管理者服务标准不重视政策法规，从而缩短企业的生命。打造核心竞争力。

2013年北京宴也曾经历过最惨淡的几个月，经过思考后决定，最初的"行当"不能变，最初严守的目标不能随波逐流，唯一的出路就是找准变化的市场。目光转回餐饮业，部分高端餐饮企业也纷纷关闭了店面。而北京宴在这样灰暗的大环境下，不但生存了下来，而且还逆流而上，逆势开设两家新店面。看到这一幕，很多人会问：这是为什么？这是因为北京宴执行了国家的政策，响应了政府的号召，弥补了行业的缺陷，得到了百姓的认可，这就是北京宴的核心竞争力。

对此北京宴重新梳理了市场定位，找到了适合高端餐饮发展的六大客群市场：EMBA市场、婚宴市场、同行市场、企业会、家宴市场，并且北京宴均为这些客群设置了特定的场景，让他们在北京宴的消费都能有一个价值的体现。中国服务对全社会开放，帮助企业提升服务质量，让服务人员更有尊严！

第三节　帮员工做到（服务标准和员工执行的差距）

一、产生原因

（1）员工不重视服务标准，违背质量标准的行为却受到控制系统的鼓励。

（2）员工做不到服务标准，员工对说明与规定的理解有误、员工对消费者的愿望与需求的理解有误；员工工作负荷过重；员工工作得不到充分支持。

（3）员工忽视服务标准。

（4）服务标准与现有的企业文化不一致，由于目标和质量标准与现存的企业文化不适应而不能贯彻执行的情况也时有发生。

二、纠正法宝

（一）评估考核机制与奖惩挂钩

员工辛苦工作，即使有再大的精神力量，最关注的也是自己的工资与奖励，因此，将质量标准与员工奖惩挂钩，能避免员工不重视服务标准。北京宴的评估考核机制，包括上级评估下级，下级评估上级，一线评估二线，全员评估职能部门，部门经理之间互相评估等。评估结果将汇总公示，并与绩效挂钩。根据考核结果，北京宴设立了周用心做事奖、周快速反馈奖、周争得荣誉奖、周拾金不昧奖、周标兵宿舍奖、周命名案例奖，月度金银铜奖、月度优秀员工奖、月度优秀团队奖、月度优秀管理人员奖等奖项。对月度、季度、年度评选出的优秀员工进行表彰，表彰形式多样，或请员工在酒店吃大餐、感受服务，或请员工父母到酒店参观，并由高管陪同吃饭，或组织优秀员工及其父母、管理人员外出旅游等。奖项评选材料均来源于《管理工作手册》《优质服务手册》及员工各项考核，环环相扣，相辅相成。避免违背质量标准的行为受到控制系统的鼓励，甚至还有可能得到奖励。

除了这些"事后奖励"，北京宴还有一项"现场奖励"制度。考核应是有奖有惩，北京宴的惩罚机制叫作捐款复活制度。更重要的是，北京宴有一个公平、清晰，能让员工看到希望的晋升机制。

（二）科学的选人、用人、育人制度

科学选人，避免员工态度不端正；科学用人，避免员工工作负荷过大；科学育人，避免员工对说明与规定的理解有误、员工对消费者的愿望与需求的理解有误。

1.选好员工

如果把不适合的人选安排到了第一线，或者把尚不具备按照服务标准操作的工作人员安排到了第一线，那么纵然服务标准十分正确也无济于事，因此，纠正的办法是改进补充新雇员的渠道，以杜绝人事方面的错误决定。

选人至关重要，北京宴的选人原则就三条：热爱餐饮行业，认同北京宴的事业，勤奋好学。避免员工态度不端正。餐饮不是高科技的行业，不需要什么高、精、尖的技术人才，但必须充分热爱餐饮这个行业，认同北京宴的

事业。如果员工连这个行业都不热爱，或者根本就不认同北京宴的愿景，员工就不会全身心地投到工作中去，更谈不上投入精力来研究了。

2.用好员工

雇员的工作负荷也是个问题。有了合适的员工，还要让员工做合适的事情。例如，过多的文字工作或管理任务，使说明书中规定的质量标准难以执行，因此，服务人员不能像期望的那样把足够的注意力放在顾客身上。纠正的方法可通过明确员工的分工，对特别重要的任务给予格外注意，以便不影响服务质量。

选好人是团队建设成功的第一步，并不是选好了人之后就万事大吉了，这是万里长征的第一步。第二步就是如何把选好的人用好。岗前培训、师傅带徒弟、上岗证考试。避免把不适合的人选安排到第一线，或者把尚不能够正确按照操作规程工作的技术人员安排到工作岗位。同时避免员工工作负荷过大。

3.培养员工

一名学生学习不好，原因可能会有很多，但把所有的原因进行归类，你会发现，实际只有两种原因：一种是不想学；另一种是学不会（不得法）。在他压根不想学的时候，我们给他请来语文家教、数学家教，只会使他越来越有逆反心理。所以，要想解决学生学习不好的问题，首先要解决学生"想学"的问题，只要他想学了，总能学得好。同样，一名员工工作干得不好，也只有两个原因：一个是不想干；另一个是不会干。在他压根不想干的时候，再好的培训也没有用，因此必须先解决内心想干的问题。杨秀龙提出三个必须，即必须讲给员工听；必须做给员工看；必须带着员工干。起到带头作用。他认为现在餐饮业的人太浮躁了，老想挣快钱。但一台车即使再新，总得有一个磨合期，慢慢磨合才能跑得快。餐饮是靠人来衔接各个过程，没有哪个餐厅一开业不经过调整就能走得很远的。北京宴一辈子就是要做好中国服务，我们要将它当成一个平台，来推行我们的理念，让更多的人认识并参与到中国服务中来。

（1）周一企业文化学习+班组例会正反面案例评述：服务的标准化、规范化异常重要。北京宴是面向政务、商务人士的高端餐饮企业，因此如何保证酒店标准化的服务流程，尤其是酒店的文化理念能融入员工的心里面？杨秀龙的办法是每周一面向全体员工开办企业文化学习渗透活动，其主题是针对每周工作中出现的问题进行批评总结和案例式教育。避免员工对说明与规定的理解有误、员工对消费者的愿望与需求的理解有误。

（2）社团活动：酒店为每个社团设立基金，对于员工的合理建议和意见尽全力满足，员工有了成就感，自然归属感增强，大大促进员工的稳定性。

（三）走动式管理

走动式管理，又叫"现场管理""面对面管理""现场巡视"。酒店服务是面对面的客我接触活动，而且要求一次做好。由于顾客直接参与服务生产过程，现场督导与控制显得十分重要。发现问题，解决问题，避免员工忽视服务标准中的某些环节和细节，避免某些标准环节在实际工作中缺失。

首先，与生产活动不同，服务过程暴露在顾客面前，成为顾客感知的一部分，服务生产过程中的任何疏漏都可能给顾客留下不好的印象。其次，顾客作为服务的合作生产者，他们的投入对服务的顺利进行至关重要。对于某些比较复杂的服务或者新的服务项目，顾客对他们承担的角色和所需要的投入常常缺乏了解，因此，现场的帮助和引导是有必要的。另外，当顾客遇到的问题超出一线员工的职权范围时，更高层次的管理人员在现场的出现有利于问题得到及时解决。

现场巡视不仅要发现问题，纠正偏差，同时要做到6点，即要求做到：

（1）了解情况，掌握动态。

（2）发现问题，纠正偏差。

（3）解决困难，协调关系。

（4）联络感情，现场激励。

（5）指导工作，发现典型。

（6）及时补位，示范服务。

通过以上这些方法，减小由员工培训不够而造成的服务在提供或传递过程中与服务质量说明存在的差距。

（四）让企业文化做功

让企业文化做功如图9-2所示。

图9-2　让企业文化做功

通过认同、领悟、渗透，加以行动，避免由于目标和质量标准与现存的企业文化不适应而不能贯彻执行的情况。以下对认同、领悟、渗透加以详细说明。

1.认同

文化认同是指每个员工认知并肯定酒店的文化和优质服务的理念。何谓同志？同志就是"志同道合者，有共同的信仰"，不是一家人，不进一家门。招聘新员工时，要向应聘者介绍酒店文化和优质服务的理念，录用后进行入职前的文化培训，认同的留下。

一个企业是有寿命的，百年企业是个梦想，什么样的文化能在有限的企业生命中对时代产生影响力呢？比如"家和"文化，要视员工为家人，把客人当亲人，视社会为恩人，把供应商当朋友，视股东为兄弟。通过这种文化可以把所有人的心凝聚在一起。

2.领悟

就是从理论和实践的结合上阐述企业文化，让员工明白道理并诚心接受和愿意亲身实践。

例如，2014年4月19日晚，酒店宴会厅接待多场宴会，在人员不足的情况下，管理部、保安部、财务部、管事部家人，积极投入一线传菜的工作当中，保证了酒店的正常营业。行动纲领是"众合力、心联盟、共铸餐饮长城"。北京宴是一个大家庭，只要有需要，北京宴人随时随地都会把家里的事情承担起来，当成自己的事情来处理。二线家人们在酒店需要帮助的时候主动到一线帮忙，用实际行动验证了北京宴"众合力"这一精神，相信只要各部门全部行动起来，共同努力，北京宴"打造中国商务宴请一流品牌"的目标一定能够实现。

3.渗透

就是通过耳濡目染，潜移默化地统一员工的思想观念，是"润物细无声"、功到自然成的不断下"毛毛雨"的过程，最终让企业文化成为员工遇到事情后本能的第一反应。

（1）企业文化渗透的八种途径。

（2）正反面案例。

（3）手册日常使用。

《企业文化手册》：员工工作指导思想。

《岗前培训手册》：岗前一周脱产培训。

《员工手册》：员工应知、行为准则。

《优质服务手册》：记录案例、考评反馈。

《管理工作手册》：管理人员工作指南，每日、每周、每月表格。

（4）多渠道文化宣传。

酒店宣传栏、各班组宣传栏、电视屏、卫生间文化、小便斗文化、床头文化、电脑文化、手机文化、墙面文化、桌面文化。

（5）企业文化学习。

由文化理念配上相应的案例，通过案例加深员工对文化理念的理解，再去规范员工行为。

（6）案例分析会。

管理者主动发现问题并召开现场会，针对顾客意见和建议召开分析会，各部门例会上报问题进行分析。对案例进行"四不放过"的分析，通过案例找到相应文化理念学习，用理念再去规范员工行为。

（7）榜样激励。

奖项评选材料均来源于《管理工作手册》《优质服务手册》及员工各项考核，环环相扣，相辅相成；周会上颁奖，现场激励，文字材料照片宣传栏张贴；月度奖项致函员工家属。

（8）社团活动。

员工自愿参加；社长为员工，秘书长为管理者；架构清晰、愿景明确；酒店全面支持但不干预社团工作；各社团每周都要举办社团活动；每个月举行一次全店社团活动；各社团轮流主持。

（9）十字评估沟通。

总经理信箱、总经理手机、一对一沟通、部门沟通、上级对下级日考评、下级对上级月评估、同级之间月评估、职能部门月评估、一线对二线月评估、对职能部门月评估。99%的错误都是误会，99%的误会都是沟通不畅。员工不可越级请示，可越级投诉；上级不可越级指挥，可越级补位；真实面对，坦诚沟通。

　　总之，帮员工做到增强执行力，执行上级指令：服从是天职，执行是关键；服从是无条件、无障碍的，不理解、不认同也要绝对服从；既然知道不得不执行，还不如用积极的心态去执行。把你认为上级合理的要求当成是锻炼，把你认为上级不合理的要求当成是磨炼。执行力是企业管理成败的关键，而服从、速度、用心又是执行力的关键。通过以上几个方面措施，可增强服务标准执行力，减小服务标准和员工操作之间的差距。

第四节　想到，说到，做到（外部营销和实际服务的差距）

一、实际现象

（1）外部营销不为门店带来预期收益。

（2）外部营销活动和内部计划间缺乏协调的配合。

（3）外部营销以服务标准宣传，实际服务未做到。

（4）外部营销浮夸与过分许诺，实际按标准执行。

二、纠正法宝

（一）不赔本赚吆喝

1.市场调研不可缺失

在策划一场营销活动之前，对公司的客户群进行市场调研，评估预期收益或亏损，将尽可能科学有效地避免外部营销不为门店带来预期收益。调研所需要的是数据越精准越好。在市场调研时做到以下几点会提高数据的精准度。

（1）付费、送礼品等有偿的调研可能会获得比较好的效果。

（2）大量调研，对调研数据进行科学分析。

（3）调研内容简短，言简意赅，确切地体现需要结果的问题。

例如，麦当劳在每一次优惠活动或其他营销活动进行之前，都会由市场调研部进行专门的市场调研，通过针对自己的客户群发放问卷和利用大量网络数据，得到精准的盈亏数据。在对一次优惠活动的市场调研中，得到如果北京市参加，并不能为门店带来收益，反而会带来亏损，且从长期而言也较难带来收益的调研结果。于是，北京市不参加优惠活动。能够给门店带来收益的外部营销，才会为门店管理层及员工带来积极性，从而有效避免外部宣传和顾客实际感受之间的差距。

2.将数据转化为信息

餐饮行业每天接触巨大的客户数据，将庞杂的数据转化为可以使用的信息，将信息加以解读以强化宣传效果，也是避免外部营销不为门店带来预期收益的途径。近日，中国饭店协会、零点有数集团联合在济南举行的第十七届中国美食节上发布《2016中国餐饮消费市场大数据分析报告》，该报告通过对消费者评论的分析，得出以下三方面发展趋势：

（1）产品口味在未来仍是消费者关注的重点，是餐饮企业竞争力的核心。

（2）消费者正从"价格敏感型"向"价值敏感型"转换。如何在产品、服务和环境等全方位打造高价值感的就餐体验，是值得当下餐饮企业深思的问题。

（3）互联网工具的发展大大满足了消费者便捷性的需求。随着互联网技术和工具的不断升级，线上点餐、等位和支付，以及线下快捷配送给消费者的就餐带来了更多的便捷性。

以北京宴为例，每日有大量的客人偏好数据、客人购买数据、客源数据等，通过与互联网公司的合作，将数据转化为信息。

数据到信息：

35~45岁的人群占到40%以上；

35~45岁的人群公众号阅读者仅为6%。

信息到应用：

主客户群只有6%的人群阅读公众号，用面对面宣传和纸媒会强化宣传效果。

（二）制订计划（计划单）

活动策划人及递推人员应对活动流程心中有数且职责明确，同时以计划单的形式将任务落在纸面，督促完成，避免外部营销活动和内部计划间缺乏协调的配合。

有一个客人在微信上抢到了由北京宴感恩顾客所派发的小礼品，按照微信上的指南在规定的时间内到店领取，进入店内后，随机地问到一位恰巧迎来的服务员，便请服务员兑换礼品，这位服务员由于事先不清楚这次的宣传活动，给客人造成了尴尬，没有及时满足客人兑换礼品的需求。

在这个案例中，如果门店对这项宣传活动有充分的员工培训，使每一位员工知晓了这项宣传活动，并且能够在顾客兑换礼品时以准确的流程在准确的地点使顾客完成兑换，即使顾客没有在店内用餐，也给了客人最好的服务，避免了顾客的尴尬，从而使其成为北京宴的潜在顾客。

这是在宣传活动的内部培训环节出现的问题，事实上，在一次宣传中不仅是内部培训这一个环节，所有环节都需要以计划单的形式落实到纸面，增强外部营销活动和内部计划间的配合，缩小更多的差距。

附：

28期培训班计划单

页数：2 密码：

活动名称：28期培训班

日期（时间）：从11月27日至11月30日

酒店经办部门（人）：管理部　　　　发出通知单时间：11月1日

签发：×××

责任部门	服务要求	部门签收
总店各部/保障中心	1.参观路线。 2.各部门在11月27日22：00前清理好各自区域。 3.各部门负责人或指定人员在参观区域等候，待客人到达时，陪同参观。 4.欢迎宴及十大主题宴会用餐包间：暂定一、二楼，根据人数变动再调整	
管理中心	1.田建良27日前制作完成学员胸卡，并配备好文件袋、培训教材、笔。 2.王云卿负责协助同行预订住宿客房。 3.王云卿负责11月29日同行到金宝、华贸的大巴租赁。 4.路敏、邵幸珠负责协助同行入住房间并记住团队房间号，准备欢迎卡等派发。 5.郝倩负责27日同行报道接待。 6.田建良负责接待凤凰卫视全程拍摄及欢迎屏的制作。 7.王云卿、乔海洋负责协调同行接送站。 8.刘亚平、李帅真和一名收银在大堂设立。 9.郝倩26日检查各参观区域，27日复查督导完成整改	
保障中心	1.音控：11月27日22：00前，6层宴会厅准备好音响、麦克，确保电脑屏幕、音频线调试无误。 门口制作欢迎屏，内容为：　　　　相约北京宴 　　　　　　　　　　　　　　　　助力中国服务 2.配合做好讲课音响、屏幕、课件协助工作。 3.保安部7日上午预留大门口西侧车位，提前按摄影师要求摆好宴会椅协助摄影师摆位拍照	
老北京	做好28—30日的早餐以及28日晚餐、30日午餐（要求：在吃饱的基础上提升顾客的体验值、保质保量）	
财务中心	1.财务部负责上课期间，28日下午开始在6层宴会厅摆放酒店企业文化书籍，并安排专人做好收银。 2.11月27日在大堂安排一名收银协助做好收费工作。 3.根据实际用餐人数，按接待标准给各店结账	

续表

责任部门	服务要求	部门签收
总店	总店负责（陈奎义总） 1.王发华负责27日前厅部，协助做好同行报道引领，28—30日上课、用餐引领。 2.接待好28日体验午餐接风宴，每个房间至少3件用心做事，店训、手语操感恩的心+晓明唱歌。（要求：宴会厅固定服务人员，保持微笑和服务礼仪） 3.27日报名单，29日午餐十大宴会的设计、展示，每个宴会安排助理讲解。 4.30日，签约人员午宴（暂定108房间）。 5.各管理人员跟从引领、就餐、参会等所有环节，提供用心做事服务。 6.管事部马亚刚负责酒店公共区域卫生的清理，尤其是上课期间6层洗手间。 7.厨房27日清理好各区域卫生，做好菜品留样。（熊玖） 8.王发华安排美工负责根据主题协助设计好28—29日同行用餐私人定制	
金宝、华贸	1.金宝店11月28日下午收拾好区域卫生，雾幕机设计好欢迎图片，马保华做好定点参观式讲解工作安排和培训。 2.华贸店11月28日做好参观准备，雾幕机设计好欢迎图片，邓远平、徐宁宁、李义平做好定点参观式讲解工作安排和培训。 3.11月29日戏厅摆好分餐长条桌，提供商务宴分餐，做好服务接待工作，18：30结束用餐，翻台正常接待。 4.29日晚餐戏厅，厨房注意出品速度及出品质量	

（三）细致的考核，严格的监督

我是看评价和宣传去的，真实的感受与宣传差距较大！到了房间没有服务员、没有菜单，出去喊几次才过来人，点完菜就不见了，还给推荐了一道价高质次的菜品，最后服务的不是服务员，大概是后勤人员，服务可想而知。房间更没有什么电视、卡拉OK、照相什么的，什么服务如何如何的好，质疑那么多称赞的来源。最重要的是没有投诉渠道，只能打订餐电话反映，后来有人打电话过来也没有什么解决办法，只是说以后来不会了。以后？？？（来自大众点评网）

以上是一条来自大众点评网的真实评价，顾客明确指出真实的感受和宣传之间存在很大的差距。建立严格的监督管理体制，帮助员工按照标准执行，避免外部营销与服务标准宣传、实际服务产生差距。

据不完全统计，北京宴共有处罚条例三则：细则388条、食品卫生安全处罚条例、消防安全处罚条例；厨房相关规定；六项考核规定：预订单、沽清会考勤、交办落实、话术介绍、联系方式、生日卡规定；质检部对各部门检查明细等近三百项细致考核规定，实现了监督员工的功能。

（四）给顾客一个温馨提示

在餐饮业，为更好地刺激消费者的食欲，会在宣传海报等媒介上有一定的夸张，在客人见到实际物品之前，给客人一个温馨提示，避免外部营销浮夸与过分许诺、实际按标准执行，缩小外部宣传和实际标准的差距。

例如：

（1）产品及包装以实物为准。

（2）数量有限，领完为止。

（3）活动时间：节假日除外，仅限周一至周五。

（4）实物标准：大份，中份，小份。

（5）领取后请尽快食用。

（6）到店领取，不包括配送。

在这些温馨提示的基础上，还要不断提高自己：顾客的需求是一个随时变化的目标，他们对你的期望永远今天比昨天高，因为同类企业间的竞争为顾客提供了选择最好的机遇。当你达到了这个目标时，他们又有了新的变化。除非你不断求好，否则他们就会离你而去。顾客的需求是不断变化的！

第五节　把让顾客惊喜当成习惯（顾客期望和实际感受的差距）

2016年11月16日晚，总店宴会五部家人李洁在211包间为顾客服务时，餐前通过助理打电话报到得知客人是朋友聚会，便提前与客人沟通私人定制的对接，换门牌"缘聚厅"，做了"感恩心诚北京宴，谢意情浓缘聚厅"的欢迎屏以及桌面用彩沙画的沙画和"青春在走，时光在老，友谊在长久"的诗词，并配上背景音乐；餐中，发现有位女士咳嗽，便立即让厨房准备一碗姜汤并附爱心卡送给客人，客人看到后欣喜地点头表示感谢；随后组织家人为其送上手语操"感恩的心"，并为主宾位客人送上一个"平安果"附爱心卡；看到有一位男士喝酒较多，便及时送上"蜂蜜水"，客人很开心；餐尾，为客人送上合影，客人很感动，离店前特地留下表扬信，并在大众点评网上给予好评！中国服务的三个境界："让顾客满意，让顾客惊喜，让顾客感动"。识别客人潜在需求，把服务提升到一个更高水平。

一、服务境界

服务境界=顾客用餐实际感受-顾客用餐前期待

从这个公式可以看出，当顾客的实际感受和顾客期望持平时，服务境界为0，即没有给顾客留下美好回忆和值得传颂的故事的服务为零服务。只有想方设法提高顾客来到酒店后的实际感受，才能提高服务境界，因为顾客的期待是很难改变的。

服务境界，也就是差距5，它是由之前所造成的四方面偏差共同作用而成的。

服务境界小于0时，会造成 "口碑"差、败坏企业名声和影响公众形象，甚至会失去生意。企业需通过识别差距、填补差距来提供更好的服务。服务境界大于0，即顾客用餐实际感受值大于预期值时，则有中国服务的三个境界。

二、中国服务三个境界

中国服务的三个境界："让顾客满意，让顾客惊喜，让顾客感动"。

1.做到能做到的：顾客满意

顾客认为必须做到的，我们按规范、规定、标准向顾客提供服务，通常就可以让顾客满意。

它的基本要求是：

（1）正确的理念：把客人当亲人，视客人为家人。

（2）积极热情的态度：在为顾客服务的整个过程中，始终要展现给顾客的应当是积极热情的态度。

（3）合乎规范、程序和标准的服务。

例如，2012年7月12日午，杨浩在102包间服务时，得知客人用餐是家人团聚，一派其乐融融的景象，于是便与厨房沟通，问有没有卤过的核桃，厨房说有，杨浩便立即通知客服经理下一小份，为客人上水果时一同上桌，并附上爱心卡"尊敬的贵宾您好，欢迎您来到北京宴用餐，感谢您对北京宴的肯定与支持，餐前得知今天是家庭聚餐，我们特意为您准备了象征合家团圆的吉祥果——'核桃'，希望您'核'家欢乐，团圆美满。爱您的北京宴人"。这一举动让顾客非常满意。

2.做到能想到的：顾客惊喜

顾客认为可以不做，但我们做到了，了解并使用了客人的喜好、忌讳等信息，就可以给顾客以惊喜。给顾客惊喜的"五字方针"：查、问、听、看、用。查——查看客史档案；问——询问客人要求；听——倾听客人谈话；看——观看客人行色；用——用是关键。

其基本要求是：

（1）理念深化：客人就是亲人，就是家人。

（2）识别顾客潜在需求，挖掘顾客潜在需求，并且在顾客到来之前、开口之前及时识别和满足。

（3）凡是顾客提出的需求，无论酒店和个人是否有能力解决，都要尽最大的努力去做，这样才会给顾客惊喜。

例如，2015年11月15日午，金宝店家人杨萌在515房间服务时，提前通过助理报到得知客人是为父亲过寿，便提前布置房间，换门牌"南山厅"，听说有小朋友，便提前准备了宝宝椅，客到后非常惊喜；餐中为客人准备厨师服，给老父亲煮了一碗长寿面，一家人非常感动和开心；餐中为几位小朋友送上棉花糖，并为一位孕妇送上热牛奶，餐尾为全家合影拍照，并赠送全家福相片，客人非常高兴，临走前留下表扬信。

案例中，金宝店家人杨萌细心观察客人需求，把学到的知识和方法加以运用，餐中为客人做了一系列的个性化需求，最终收获了顾客的赞誉。

3.做到想不到的：顾客感动

顾客想都没想，或认为酒店不可能做的事情，特别是在顾客有困难需要帮助，同时认为这与酒店毫无关系时，我们帮助了他，就创造了顾客感动。让顾客感动是服务的最高境界。

基本要求是：

（1）理念升华：客人胜似亲人、胜似家人。

（2）追求的结果：宁可牺牲酒店和自己的利益，也要为顾客排忧解难，尽管这些不属于酒店的服务范畴。

（3）想顾客所想，急顾客所急，帮顾客所需。

三、让顾客尖叫（七个"哇"）

中国服务在宴会接待中的工作准则，通过服务工作中的七个"哇"，让顾客形成以下七种印象：专业、用心、热情、敬业、团队、亲情和执着。避免顾客失望，给顾客惊喜。

1.第一个"哇"：专业

目的：让客人感受到我们的专业。

通过和客人的接触，沟通宴会的具体事项，让客人感觉我们很专业，同时拿到我们所需要的关于本次宴会的第一手资料。

具体如下：客人订餐时，预订台或接预订人员要和订餐客人预约楼层助理向客人报到的时间，并将约定的时间准确及时地传递给楼层助理。当区助理/经理按约定时间打电话向客人报到，和客人沟通本次宴会的具体环节和私人定制的想法，最后反馈给预订中心报到情况。向客人报到之前，助理/经理必须做到"知己、知彼"。

（1）知己——四知。

（2）知彼——四查七知。

2.第二个"哇"：用心

目的：让客人感受到我们的用心；再次确认客人人数、到店的时间等。

助理/经理在当天午餐10：00/晚餐16：00之前一定要给客人打电话报到，既汇报私人定制情况，又表达对客人到来的期盼，并再次修订顾客预订信息等。

这样做是为了我们提供主动式的服务，而不是被动式的服务。在客人即将到达的一个半小时左右，向客人进行电话报到，这个时候客人基本都能确定谁能来，谁不能来，具体的客人人数和自己即将到店的时间，也告诉客人，我们为今天的宴会已经做好了准备，随时恭候大家的到来。再者，如果客人临时有事，此餐要取消，又没有及时告知我们，通过这个电话报到，我们能及时作出调整，把房间重新预订出去，避免空房，提高上座率。

3.第三个"哇"：热情

目的：让客人充分感受到我们的热情。

助理/经理在大堂迎接客人，因故不能到大堂迎接的，要在楼层迎接，不能在楼层迎接的，要在房间门口迎接，实在不能迎接的，要在客到后一分钟内到房间向客人报到，与订餐人交换名片、为客人点单、将当房服务员介绍给客人等。

三个做到：

（1）向提前到来的订餐人或客人介绍自己、介绍私人定制情况。

（2）落实当餐菜品、酒水，修订"七知"的情况。

（3）介绍当房服务的管家，向服务员介绍当餐客人，一定借此机会抬高客人。

好的开始，就保证这一宴会成功了一半。通过三个做到，把私人定制背后所包含的意义介绍给客人，菜品安排好，酒水提前准备好，并和房间管家做好交接，会使他的工作有条不紊。

在介绍房间管家和客人时，先介绍客人，可以这样说："小王，这就是咱们总经理杨总经常提起的李总，他就是酒店的VIP，更是我们的贵人，他对北京宴帮助非常大，从开业就给予大力支持，在'国八条'后，北京宴处在最困难的时期，李总也是和我们一起，帮我们宣传，给他所有的朋友介绍北京宴,这就是咱们杨总经常说要感恩李总的原因。"这样,就把客人与北京宴的感情捆绑在一起,并把他的地位抬高,让他觉得受到重视。在介绍房间管家时,可以说:"李总,这个姑娘,叫王唯唯,您叫她小王就可以了,她是我们北京宴最优秀的服务员之一。今天您来,特意把她安排到这个房间为您服务,当然我也会一直关注咱们的房间。假如我一会儿忙起来,您有事就安排小王,也可以让小王通知我,我会第一时间赶过来。"通过这样把房间管家介绍给客人,就把自己解放了,自己就可以关注更多的房间了。

4.第四个"哇":敬业

目的:让客人感受到我们的敬业。

助理/经理餐中向客人介绍灯光、菜品、《人民日报》、央视新闻等话术,让客人感觉到我们不只是把餐饮业当成一份工作,更是当成一个事业来做。

通过在餐中介绍这些话术,不仅宣传了北京宴,也把客人的身份进行抬高,把客人想要表达的感情表达出来。

比如长峰医院的一个主任,请该医院的领导用餐,我们的话术就会这样介绍:

各位领导,打扰一下,请允许我用两分钟时间介绍一下咱们北京宴的特色及文化,咱们北京宴一共有17 000平方米,61个房间,格局不一样,颜色也不一样,唯一相同的就是咱们包间灯光的四种模式(第一个广告位,介绍北京宴的整体概况)。在客人刚刚进门的时候是坐在休息区休息,这个时候灯光处于第一种模式,我们叫迎客模式,迎客模式时休息区的灯光比较亮,而用餐区和其他区域的灯光及休息区的灯光是同等亮度,因为这个时间客人还没有到齐,大家坐在休息区等客人,喝喝茶聊聊天。常规酒店只会有这么一种模式,但咱们北京宴总共有四种模式。第二种模式是当客人到齐后,从休息区起身并在用餐区落座以后,我们的灯光会立即切换到第二种模式,第二种模式叫用餐模式,用餐模式时餐桌上方的灯会越来越亮,大家再回头看看休息区的灯慢慢变暗。人们说：菜想要好吃，首先要好看，而要好看，亮度起了决定性的作用，一般酒店餐桌面照度是300勒克斯，而咱们的桌面照度达到500勒克斯，所以相同的菜品在咱家的灯光照射下会显得更加光鲜诱人。另外，大家都知道，灯泡有两个参数，是多少伏多少瓦，其实还有第三个参数不被大家所关注，是什么呢？度数！就是灯光照射的角度，常规的灯泡是36°，而我们测试过，36°的灯泡从天花板这个高度照下来不但照亮桌子上的菜和您面前的餐盘，还会照在客人的头顶上，就像头顶上顶着一个大太阳，光呼呼的不舒服。您看在座的各位脸上的灯光都很自然，没有光。这是为什么呢？这是因为咱们发现这个缺点以后，全是定做的德国欧斯朗的灯泡，只有24°，照下来时只会照到转盘上的菜和桌子边，不会照到您的身上和脸上，所以有很多客人来北京宴吃饭的时候感觉到舒服，他说不上来哪舒服，这就是我们给顾客设置的舒服的一个点。

当客人吃完饭要想说说话，聊聊天，咱家61间包房中一半以上的房间都配有卡拉OK。唱歌时，灯光太亮会显得过于正式，太受拘束，没有氛围，咱们就设置了第三种灯光模式，叫休闲模式，休闲模式时，灯光会慢慢地变暗，这个时候灯光比较柔和，大家唱唱歌、聊聊天，非常有气氛，也让人很放松。

当有客人过生日的时候，一般的酒店是关灯，而关灯以后我们开闪光灯照相时就会有红眼，为了避免这种现象，咱们酒店专门有第四种模式，叫生日模式。当开启生日模式的时候，灯光会再暗一些，这个时候，灯光暗下来、蜡烛点起来、蛋糕推进来、歌声唱起来、掌声响起来，寿星的眼泪就流下来了，这个时候我们的专业摄影师"咔嚓"一张照片，就留下这永恒的瞬间。

目前，像这样一套澳大利亚邦奇的调光系统，北京宴是唯一的一家在所有61个房间内都使用的酒店（第二个广告位）。而我们所做的这些都是向咱们长丰医院学习，永攀血管瘤的高峰，北京宴也争做餐饮业的长丰医院（此处把客人带入话术中，抬高顾客地位），咱们北京宴所有的房间不设最低消费、不收房间费、自带酒水不收开瓶费。就是吃碗面，我们也让客人吃出高雅、吃出品位（第三个广告位），所以我们经常说一句话：星巴克卖的不是咖啡，是一种生活方式；法拉利卖的不是车，卖的是一种驾驶的快感；而北京宴卖的不是饭，卖的是高雅和品位（第四个广告位）。习主席常说的一句话是：人民群众对美好生活的向往和追求，就是我们努力工作的方向。中国梦说白了是人民的梦，人民有什么梦啊，有一个好房子住、有一个好身体、有一口好饭吃，而我们取消种种对顾客在消费上的限制，并把饭菜做好，长丰医院把人民的身体照顾好，您我都是习主席所倡导的中国梦坚定不移的圆梦办。

我们再看看转盘中间的沙盘，今天听说各位要来，来之前×哥／×姐一再打电话交代一定要摆上这个沙盘，×哥／×姐说：因为有您，心存感激。所以×哥／×姐感激在座的各位对他生活和事业的支持，我们也感谢一直以来您对我们的支持。所以有"因"有"心"组成了一个"恩"字，×哥／×姐感恩大家对他（她）的事业的支持，我们感恩×哥／×姐和在座的各位对北京宴及我本人的支持（再一次带入顾客，抬高顾客地位）。这是咱们全世界首创的一个沙盘。如果今天是过生日，我们就摆一个"生日快乐"；如果今天是订婚，我们就摆一个"百年好合"。

5.第五个"哇"：团队

目的：让顾客感受到我们的团队。

通过策划，服务员在餐中至少用心做三件事，让客人感受到北京宴不仅是管理者在做，员工也一样在用心工作。

前四个报到，基本上都是管理人员在做，给客人留下了专业、用心、热情、敬业的感受，员工通过在餐中运用查、问、听、看、用五字方针，时刻追寻顾客需求，并且满足顾客需求，最终让顾客惊喜和感动。比如，当在餐中发现客人感冒咳嗽时，就为客人送上姜汤，附上爱心卡：敬爱的××：您好！刚才发现您有些咳嗽，也没怎么吃东西，猜想您有可能感冒了，特意让厨房为您熬制了姜汤，希望对您有些帮助，爱您的北京宴人；当发现客人抽烟比较多时，可以送上一杯银耳雪梨汤，附上爱心卡；当发现客人喝酒喝得比较多时，就给客人送上蜂蜜水，在客人允许的情况下，帮客人换上爱心酒，等等。让客人感受到，不仅管理人员在关注着他，员工也一样。这让客人感觉受到重视和在北京宴能享受舒适。

6.第六个"哇"：亲情

目的：让顾客感受到我们的亲情。

客离时管理人员要送客至门外，原则上谁接入谁送客，接入者不能送客时，必须由比其级别高者出面送客。

我们常说，送比迎更重要，让客人时刻感受到受重视，北京宴规定，客走时，负责接待的管理人员和当房管家必须送客到餐厅的大门外，直至鞠躬后，目送客人远离。假如接待的管理人员，在当房管家通知客走时脱不开身，不能送客，必须第一时间反馈他的上级，甚至直至总经理，代替他送客，并代其向客人致歉。

7.第七个"哇"：执着

目的：让顾客感受我们的执着。

客离后给客人发送短信或微信，通过短信三板斧拉近与客人的关系，打造回头客。

第一板：客人用餐后次日发送。

××总好，感谢您对北京宴的肯定与支持，北京宴的愿景是：打造中国宴会文化一流品牌，创造北京宴亲情的家和文化，建立科学和艺术的管理模式，造就中国服务人才孵化基地。北京宴营业刚刚三年多，肯定存在很多不足之处，但北京宴人定会为此而不断努力，欢迎您常来北京宴做客并指导工作。

　　姓名：×××　　　　　电话：××××　　　　北京宴·中国服务

　　第二板：客人回信息后发送。

　　北京宴，您永远的家，欢迎您常回家看看。

　　姓名：×××　　　　　电话：××××　　　　北京宴·中国服务

　　第三板：熟客回信息后发送。

　　您客气了，是我应该感谢您才对，感谢您对北京宴及我本人长久以来的肯定与支持，您现在已经成了我们北京宴的义务宣传者，到处替我们做义务的宣传和推广，我们铭记在心，北京宴，您永远的家，欢迎您常回家看看。

　　姓名：×××　　　　　电话：××××　　　　北京宴·中国服务

　　差距分析模型能够引导我们分析并找出服务质量问题的症结所在，同时发现合适的方法去缩小差距。正像一些西方学者总结的那样："差距分析是判定服务活动中厂商与顾客之间不协调性的一种直接和合适的途径。分析这些情况是制定使预期与实际相一致的战略战术的一种逻辑基础，这样做可以提高顾客满足感和正面质量评价的合理性。"

参考文献

[1] 崔立新. 服务质量评价模型[M]. 北京：经济日报出版社，2003.

[2] Christian Cronroos. Service Management Marketing[M]. Lexington Books，1990.

[3] Lewis R C，Booms B H. The Marketing Aspects of Service Quality in Emerging Perspectives on Service Marketing[R]. Chicago：American Markting Institute，1983.

[4] Christian Gronroos. Strategic Management and Marketing in the Service Sector [R]. Boston：Markting Service Institute，1983.

[5] Lehtinen U. Service Quality：A Study of Quality Dimensions[R]. Finland：Service Management Institute，1982.

[6] Thomas D R E. Strategy Is Different in Service Businesses[J]. Harvard Business Review，1978，56（4）：158-165.

[7] Chase R B. The Customer Contact Approach to Services：Theoretical Bases and Practical Extensions[J]. Operations Research，1981，29（4）：698-706.

[8] Schmenner R W. How Can Service Businesses Survive and Prosper？[J]. Sloan Management Review（1986-1998），1986，27（3）：21.

[9] Lovelock C H. Classifying Services to Gain Strategic Marketing Insights[J]. The Journal of Marketing，1983：9-20.

[10] Sasser W E, Olsen R P, Wyckoff D D. Management of Service Operations: Text, Cases, and Readings[M]. Allyn & Bacon, 1978.

[11] Quinn R E, Rohrbaugh J. A Competing Values Approach to Organizational Effectiveness[J]. Public Productivity Review, 1981: 122–140.

[12] Churchill Jr G A, Surprenant C. An Investigation into the Determinants of Customer Satisfaction[J]. Journal of Marketing Research, 1982: 491–504.

[13] Grönroos C. An Applied Service Marketing Theory[J]. European Journal of Marketing, 1982, 16（7）: 30–41.

[14] Lehtinen U, Lehtinen J R. Service Quality: Q Study of Quality Dimensions[M]. Service Management Institute, 1982.

[15] Christian Cronroos. A Service Quality Model and Its Marketing Implications[J]. European Journal of Marketing, 1984, 4, 18–40.

[16] Parasuraman A, Zeithaml V A, Berry L. L. A Conceptual Model of Service Quality and Its Implications for Future Research[J]. Journal of Marketing, 1985, 49, 41–50.

[17] Parasuraman A, Zeithaml V A, Berry L L. SERVQUAL: A Multiple-Item Scale for Measuring Consumer Perceptions of Service Quality[J]. Journal of Retailing, 1988, 64（1）: 12 –40.

[18] Stevens, P, Knutson, B, & Patton, M. DINESERV: A Tool for Measuring Service Quality in Restaurants[J]. Cornell Hospitality Quarterly, 1995, 36（2）, 56–60. (Retrieved from ProQuest database).

[19] Parasuraman A, Zeithaml V A, Berry L L. A Conceptual Model of Service Quality and Its Implications for Future Research[J]. The Journal of Marketing, 1985: 41–50.

[20] Parasuraman A, Zeithaml V A, Berry L L. Servqual: A Multiple–Item

Scale for Measuring Consumer Perc[J]. Journal of Retailing，1988，64（1）：12.

[21] Grönroos C，Heinonen F，Isoniemi K，et al. The NetOffer Model：A Case Example from the Virtual Marketspace[J]. Management Decision，2000，38（4）：243–252.

[22] A. H. Maslow. A Theory of Human Motivation[J]. Psychological Review，1943（50）：370–396.

[23] [美]马斯洛. 激励与个性[J]. 心理评论，1988.